U0885467

王习胜◎主编

主编教你怎么学

《逻辑与思维》

学生用书

安徽师范大学出版社
ANHUI NORMAL UNIVERSITY PRESS
·芜湖·

图书在版编目(CIP)数据

主编教你怎么学.《逻辑与思维》学生用书 / 王习胜主编. —芜湖:安徽师范大学出版社,2021.11(2022.4重印)

ISBN 978-7-5676-5251-4

Ⅰ.①主… Ⅱ.①王… Ⅲ.①政治课—高中—教学参考资料 Ⅳ.①G634

中国版本图书馆CIP数据核字(2021)第125922号

主编教你怎么学.《逻辑与思维》 学生用书 王习胜◎主编

ZHUBIAN JIAO NI ZENME XUE LUOJI YU SIWEI XUESHENG YONGSHU

责任编辑:陈贻云　马飞飞　　责任校对:晋雅雯
装帧设计:丁奕奕　　责任印制:桑国磊
出版发行:安徽师范大学出版社
芜湖市北京东路1号安徽师范大学赭山校区
网　址:http://www.ahnupress.com/
发 行 部:0553-3883578　5910327　5910310(传真)
印　刷:安徽芜湖新华印务有限责任公司
版　次:2021年11月第1版
印　次:2022年4月第2次印刷
规　格:880 mm × 1230 mm　1/16
印　张:14
字　数:452千字
书　号:ISBN 978-7-5676-5251-4
定　价:60.00元

前　言

《普通高中思想政治课程标准(2017年版2020年修订)》颁布之后，新一轮统编教材的编写工作便紧张而有序地开展起来。在多方的共同努力下，经历几年的艰苦工作，新编教材已经投入使用。"逻辑与思维"也与其他思想政治科目同时成为广大中学生的选择性必修课程。

从普通高中思想政治科目"逻辑与思维"的师资培训及其意见反馈的情况看，教师和学生反映的比较集中的问题是《选择性必修3 逻辑与思维》的"教"与"学"辅助材料太少。就教师而言，如何教好这门课程，既要充实逻辑与思维方面的知识储备，也要知道适当地展开教材内容进行有效教学的方法。就学生而言，既有"教的方面"的问题，即授课的老师对这门课程的把握尚待熟悉和深入的问题，也有"学的方面"的问题，即自己如何才能学深学透这门课程。面对这些现实而迫切的"教"与"学"的问题，也为了更好地实现这门新课程的教育教学目的，真正达到训练中学生的科学思维、提升中学生的科学思维素养、培育中学生的科学精神的效果，"逻辑与思维"教材的主要编写者决定合作编写这套"逻辑与思维"的"教"与"学"的辅导书。

目前，市面上"逻辑与思维"的辅导材料不仅种类不多，而且在学科的科学性解读方面也不够准确。"教"与"学"是相辅相成的，只有适用于"教"的教辅材料是不够的，还必须有适当的"学"的材料。我们受安徽师范大学出版社的约请，就教师教学中存在的亟待解决的教学设计方面的技术层面的问题，编写了《主编教你怎么教.〈逻辑与思维〉教师用书》，以满足老师们的需求。后本书编写组反复讨论，大家认为，针对中学生学习"逻辑与思维"课程中可能存在的困惑，有必要编写《主编教你怎么学.〈逻辑与思维〉学生用书》。本册学生用书设计了"思维导图""学霸笔记""典型题例"和"实战演练"等四个栏目，意在帮助中学生把握教材内容的重点难点，并能够做到举一反三，触类旁通，真正把"逻辑与思维"学深悟透。"思维导图"意在把握课文的框架结构，"学霸笔记"旨在传授学习心得，"典型题例"是结合原理进行的示例解析，"实战演练"是为每一框的知识学习留下的实际"练手"的靶子，以检验学习的成效。这样的成效应该有正确的评判标准，所以我们特地附上了参考答案。

值得一提的是，本册学生用书对教材的每一框题进行了科学的规范解析，这是其他类似的辅助材料难以做到的。我们真诚希望本册学生用书能够给广大中学生甚至一线教师带来帮助；我们真诚期待与广大师生共同努力，把"逻辑与思维"课程讲好讲透、学好学透，让广大中学生真正受益，真正实现这门新课程的教育教学目的。

参加本书编写工作的人员是：王习胜(逻辑与思维教科书和教师教学用书主编，二级教授，博士生导师)、杨希(逻辑与思维教科书和教师教学用书核心作者，副教授，硕士生导师，博士后)、余多星(逻辑与思维教科书和教师教学用书核心作者，副教授，博士后)、戴家芳(逻辑与思维教师教学用书作者，副教授，博士，硕士生导师)、季爱民(副教授，博士，硕士生导师)、陈勇(副教授，硕士生导师，博士后)，葛为群副教授、2020级学科教学(思政)硕士生牛芝慧、姜会会也参与了相关工作。

目　录
CONTENTS

第一单元　树立科学思维观念

第二单元　遵循逻辑思维规则

第三单元　运用辩证思维方法

第四单元　提高创新思维能力

1

第一单元 树立科学思维观念

★ 第一课　走进思维世界

★ 第二课　把握逻辑要义

★ 第三课　领会科学思维

★ 综合探究　学会科学思维　提升思维品质

第一课　走进思维世界

第一框　思维的含义与特征

思维导图

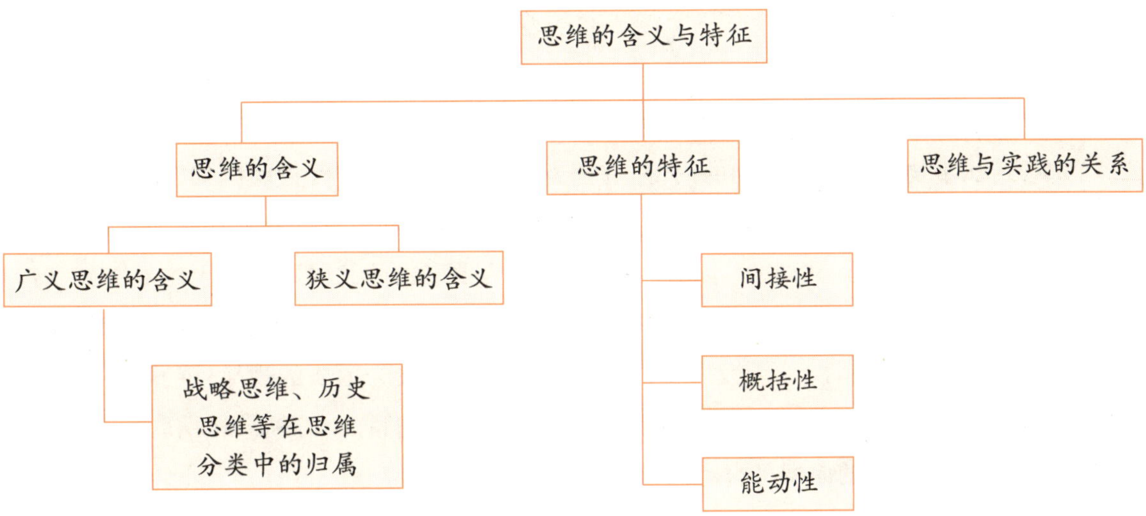

学霸笔记

学习要点

1.思维的含义

思维是人脑对现实世界的间接的、概括的、能动的反映过程。思维是人脑在实践的基础上，借助感性材料，通过由此及彼、由表及里、去粗取精、去伪存真的分析和综合而反映对象的过程。思维是大脑的产物，与大脑有着不可分割的联系，但不能因此把思维活动完全归结为大脑的生理活动。思维是社会实践的产物。思维只存在于与社会劳动及语言活动不可分割的联系之中。近年来，随着人工智能的发展，人们在用自动机器模拟人类思维行为以扩大和延伸人脑的智能方面，取得了很大进展，展示了可以把思维过程的一部分职能移交给机器去履行，即所谓的“机器思维”的现实可能性，从而不断加快思维发展和思维获得新成果的进程。但是，“机器思维”并不是与人的思维相脱离的某种独立的思维，而仅仅是从属于人类思维的一个方面，是人的思维活动的一种物质手段。思维的主体是人，是从事社会实践活动的人。

2.广义思维的含义

广义的思维与意识同义。意识是与物质相对应的概念，是人脑特有的机能，是物质世界长期发展的产物，是对客观存在的主观映像。广义的思维包括感性认识和理性认识两个阶段。感性认识是认识的初级阶段，包括感觉、知觉和表象三种形式，是人脑对客观事物的现象和外部联系的反映；理性认识是认识的高级阶段，包括概念、判断和推理等形式，是对事物的本质及其规律的反映。

3.狭义思维的含义

狭义的思维与理性认识同义,是对事物的本质及其规律的反映。

4.战略思维、历史思维等属于何种思维?

战略思维、历史思维、辩证思维、创新思维、法治思维、底线思维等,是人们认识事物本质、把握事物规律的重要的思维方式,是认识的高级阶段,属于理性认识阶段的思维方式,是狭义的思维。

5.思维的特征

特征是一事物不同于其他事物所表露出来的征象或标志。事物的特征既有差异性的特征,也就是一事物所独有的特征;也有共同性的特征,就是某类事物所表现出来的共有的特征。教材中所说的"思维的特征"指的是人的思维所共同具有的特征。人的思维共同具有的特征也有很多,教材是就其主要方面来说的,即间接性、概括性和能动性。教材将个体之间的差异性特征称为"思维风格",并且指出,不同的人有不同的思维风格。不同的思维风格在速度、方式、质量乃至结果上有很大的差异。这种差异当然是不同的人在思维上的差异。就人的思维的共同性特征来说,思维的间接性是思维能够透过直接的感性的材料,从现象到本质,从事物的外部到事物的内部,并能运用已有的经过实践检验的知识,无须借助感觉、知觉等直观手段获得的直接经验而推出新的知识。人们能够从多种事物及其各种各样的属性中,舍去表面的、非本质的属性,抓住内在的、共同的、本质的属性,把握一类事物的共同本质。思维具有概括性是指思维能够对感性阶段获得的材料进行加工制作,从大量个别现象中概括出一般的、普遍的认识,从许多非本质的特性中概括出本质性的特性,从无数多样性的联系中概括出较为本质的规律性的联系。思维的能动性是指思维对对象并不是机械的刻板的反映,而是按照思维主体的目的和需要,运用联想、想象等方式进行加工和改造,获得既有对象的原型又有不同于对象的新的认识。

6.思维与实践的关系

对于思维与客观对象之间的关系,哲学上有唯物主义与唯心主义的分野。唯心主义认为意识是第一性的,其他的东西都是意识的衍生,是观念的摹本。唯物主义认为物质是第一性的,意识是人脑的机能,而人脑是物质的产物,意识是人脑对客观对象的反映。马克思主义哲学是辩证唯物主义的,在社会历史领域也将唯物主义贯彻到底,是历史唯物主义。马克思主义不是从一般意义上谈论物质与意识的关系,而是从现实的人出发,从社会实践出发,看物质与意识、存在与思维的关系。以这样的出发点看思维,思维(意识)反映什么,怎么反映,能否正确反映,都与人们的社会实践紧密相关。实践是认识的源泉,实践也是检验认识真理性的标准。认识分为感性认识和理性认识,这种意义上的认识本质上就是人的思维。所以,教材上说:"思维在实践中产生,在实践中发展,又反作用于实践。正确的思维能够帮助人们在实践中实现预期的目的。"

教材引用了毛泽东的话,作为"点题"之笔:"任何英雄豪杰,他的思想、意见、计划、办法,只能是客观世界的反映,其原料或者半成品只能来自人民群众的实践中,或者自己的科学实验中,他的头脑只能作为一个加工工厂而起制成完成品的作用,否则是一点用处也没有的。"这就是强调物质对意识、存在对思维、实践对思维的决定性作用。

学习心得

1.识记方式

(1)比较识记法。"逻辑与思维"是一门新课,但也不是完全"新"的课,而是在"哲学与文化"课程的基础上延伸和深化的课程。理解"思维"这一概念时,我们可以将其与"哲学与文化"课程中所讲的"意识"

“思维”等概念进行比较，看看两门课程在解释“思维”时有哪些相同之处，又有哪些不同之处。这样就比较容易理解思维的含义。同时，我们还可以对教材中的一些知识点进行比较，比如广义的思维与狭义的思维之间的比较，战略思维、历史思维等与思维的关系比较，思维的不同特征，如间接性、概括性和能动性之间的比较。通过比较，我们可以看到它们的相同或相似之处，也能够看到它们之间的差异或区别之处，这是学习和识记知识点的好方法。

（2）案例解析法。这一框设置了四个“探究与分享”，每一个“探究与分享”都对应着教材的主要内容，都有设置它们的目的，理解了其中的目的，就更容易理解教材。第一个《庄子·秋水》的案例，设计意图是引出学生对思维问题的思考。这里的“思维”与“哲学与文化”课程中说的“思维”是相近的，是广义上的，包含感性认识和理性认识两个阶段的。所以，设问中有“除了亲历感知之外，我们还有哪些办法突破井底之蛙、夏天之虫的思维局限?”这就是要引出理性认识中的理性思维。第二个“探究与分享”是典型的逻辑思维案例。逻辑思维是理性思维。在这两个案例的基础上，教材给出了广义的思维和狭义的思维含义。第三和第四个“探究与分享”是分别就思维的间接性和概括性的特征进行的举例。

（3）内省辨识法。思维是人人都有的，但思维又不能直观显现，让人们观看和解剖。人们只能通过思维的产物或载体，比如，一篇文章、一段发言、一个行为等，去分析人们的思维方式和过程。所以我们在理解思维的时候，可以通过对自己的思维进程进行反思以理解思维究竟是怎样进行的。古人有云：“运思如转轴，格格闻其声”，这就是对自己的“思维”进行的反思，知道自己在“用脑子”，但还没有进一步分析自己的思维有什么风格和特征。如果能够进一步自觉地分析自己的思维风格和特征，扬长避短，那就可以最大可能地发挥思维的潜能了。

2. 主要特点

本框是全书的开始，是从宽泛的意义上讨论什么是思维。本书的主题是逻辑与思维，逻辑思维是思维的一部分，要弄清楚逻辑思维，首先必须明确什么是思维。因此，这里讲思维便从广义和狭义两个方面进行说明，最后引出逻辑思维。其实，广义的思维不仅包含逻辑思维，还有非逻辑思维。比如，直觉、灵感、想象等思维方式。这里之所以没有突出非逻辑思维，一方面是本书的主旨所限——主要讲逻辑思维，另一方面是科学研究的水平所限——科学界还不能像揭示逻辑思维那样，去准确地揭示非逻辑思维。但是，这并不是说非逻辑思维不重要，也不是说逻辑思维是排斥非逻辑思维的。教材后面的内容就特别说明了抽象思维与形象思维及二者之间的关系问题，同时在创新思维中特别介绍了联想、想象等非逻辑思维的方式。

3. 核心观点

思维是人所特有的，是人脑的机能，是在实践中产生并反作用于实践的。思维在反映其对象时具有间接性、概括性和能动性的特征。人们对思维的理解有广义和狭义之分，广义的思维与物质相对应，是与意识同义的。狭义的思维主要指认识中的高级阶段即理性认识，是对事物本质和规律的反映。

4. 比较分析

需要进行比较分析的主要有两个知识点：一是广义的思维与狭义的思维，它们之间有哪些共同点和不同点；二是思维的特征，在间接性、概括性和能动性之间，有哪些共同点和不同点。这三个特征之间，指出它们的共同点很容易，难点在于辨析它们之间的差异，辨析得越充分，越能够将它们区分开来，越能够理解思维的特征。

5. 强化理解

第一，强化理解广义的思维和狭义的思维，通过对思维含义的理解，学会将不同类型的思维进行归类。比如，战略思维、历史思维等究竟是广义的思维还是狭义的思维。第二，强化理解思维的特征。理解了思维的特征，我们就可以区分狭义的思维与广义的思维，为后面的学习打下基础。

学习诀窍

1. 了解一些有关科学的思维的知识

目前,关于思维的知识很多,比如,右脑思维、创造力开发、思维训练等,这些思维不能说完全是错误的、没有道理的,但也很难说是科学的、准确的、正确的。了解一些科学研究方面的思维知识,能够帮助我们学习本框内容,可以阅读一些思维科学、逻辑思维等方面的书籍。

2. 课前预习与课后复习

提前预习是为了上课时更轻松、更有目的,使学习效率更高。预习的时候,自己已掌握的知识可以不看,关键是将不懂的问题记在书本或笔记本上,这样在课堂上就能有针对性地听讲,从而解决预习时遇到的问题,把握相关的知识点。就本框内容而言,课后要对上过的知识点进行复习,特别是其中的核心知识点,比如怎么理解广义的思维和狭义的思维,思维的特征有哪些,怎么理解思维的特征等。

3. 积极思考与练习

思考是内化知识的必经环节,练习是重复性记忆的最好方式。积极思考和刻苦练习,就可能将所学知识融会贯通,将来在考试和应用的时候就能够举一反三、得心应手。在这一框中,有些内容是科学界还在探讨的,比如思维的含义;有些内容只列举了部分而不是全部,比如思维的特质。这都为我们进一步思考和探索留下了空间。就目前而言,学懂、学好教科书上的知识点是未来深入思考和研究的基础和前提。

典型例题

简答题

1. 下列叙述中的“意识”属于广义的思维还是狭义的思维?

(1)意识是人脑的机能。

(2)她不高兴啦? 我并没意识到。

(3)子之所陈,心存意识,或欲周知,何从皆得?

(4)众人阔略,寡所意识,见贤圣之名物,则谓之神。

答案解析:

第(1)(3)小题中的“意识”属于广义思维的范畴。第(2)(4)小题的“意识”属于狭义思维的范畴。第(1)小题中的“意识”是与物质对应而言的,第(3)小题中的“意识”是指“观念”,也是一种与物质相对应的概念。第(2)小题中的“我并没有意识到”,这里的“意识”有“反思”的意思,而反思是理性认识的表现。第(4)小题中的“寡所意识”,这里的“意识”是“见识”,而“见识”是在经验基础上形成的对事物的本质和规律的认识,是理性的认识,因此属于狭义思维的范畴。

2. 一般动物也有思维,思维不是人所特有的。

这个说法是否正确? 为什么?

答案解析:

从思维的生理机能或神经状况看,一般动物的确有某些“思维”的表现,比如经过训练的灵长类动物,可以对客观事物的现象和外部联系进行反映,也可以进行简单的劳动活动。但是从狭义的思维也就是认识的高级阶段,即对事物本质及其规律的反映来说,一般动物是不具有这样的能力的。因此,就逻辑与思维而言的“思维”,并不是一般动物所具有的。

3.指出下列陈述中主要体现了思维的什么特征。

(1)人们每天都要与商品打交道。人们打交道的是一个一个的具体商品,如洗衣粉、牙膏、汽车、电脑、鸡蛋、玉米粉……“商品”这个概念,是在把握了商品这一类事物的共同本质,即“用来交换的劳动产品”之后才形成的。

(2)在牛顿之前,科学家们已经在行星绕日、月亮绕地、物体落地等方面取得了许多认识成果。牛顿的伟大之处就在于,他把这些表面上看起来毫不相干的现象联系起来得出了“宇宙所有物体之间,都有相互吸引的力相互作用着”的结论,这就是万有引力定律。牛顿还用其出色的数学才华,对万有引力作了定量的表述:

$$F = G\frac{m_1 m_2}{r^2}$$

其中,F代表引力,G是引力常量,m_1m_2表示两个物体的质量乘积,r是两个物体之间的距离。

答案解析:

第(1)小题主要体现了思维的概括性特征,“商品”这个概念舍弃了每一个具体商品的特性,而概括了它们共同的特质,即“用来交换的劳动产品”。第(2)小题体现了思维的间接性和能动性,其中的间接性体现在,牛顿并不是对科学家们已经在行星绕日、月亮绕地、物体落地等方面取得的许多认识成果进行感知,而是从他们的成果中进行总结;能动性也是思维的创造性,是思维对认识对象的情况进行的再加工、再认识。牛顿概括出了“万有引力”,还发挥思维的能动性给出了万有引力的定量的表述,为人们解释事物之间的引力提供了科学的方法。

选择题

下列选项体现思维能动性的是(　　)

A.为了检验皇冠的真伪,阿基米德冥思苦索很长时间仍找不到好的办法。一天,他在浴盆里洗澡时,身体浸入水中,他感到自己的体重减轻了。他突然意识到:水有浮力! 于是,他一下子从浴盆里跳起来,光着身子跑到大街上,手足舞足蹈地高喊:“尤利卡! 尤利卡!”(有办法了!)

B.人有不同肤色,比如,白种人、黄种人、黑种人……;有不同国籍,比如中国人、美国人、韩国人……人是有语言、有思维、会制造和使用工具的动物

C.下大雨之后,地面就容易湿滑,行走要当心

答案解析:

A　思维的能动性也是创造性,是思维对感知的材料进行再加工,从而实现对事物本质和规律的认识。三个选项中,A体现了思维的能动性。故本题选A。

实战演练

选择题

1.(多项选择题)井底之蛙、夏天之虫的思维是(　　)

A.广义的思维

B.狭义的思维

C.感性思维

D.理性思维

E.逻辑思维

2.古希腊克里特岛人伊壁门尼德说过一句著名的话:所有的克里特岛人都说谎。想一想,伊壁门尼德究竟说了一句真话还是假话?(　　)

A.真话

B.假话

C.既是真话,又是假话

D.既不是真话,也不是假话

E.无法判定是真话,还是假话

参考答案:

1.AC　　2.C

第二框　思维形态及其特征

思维导图

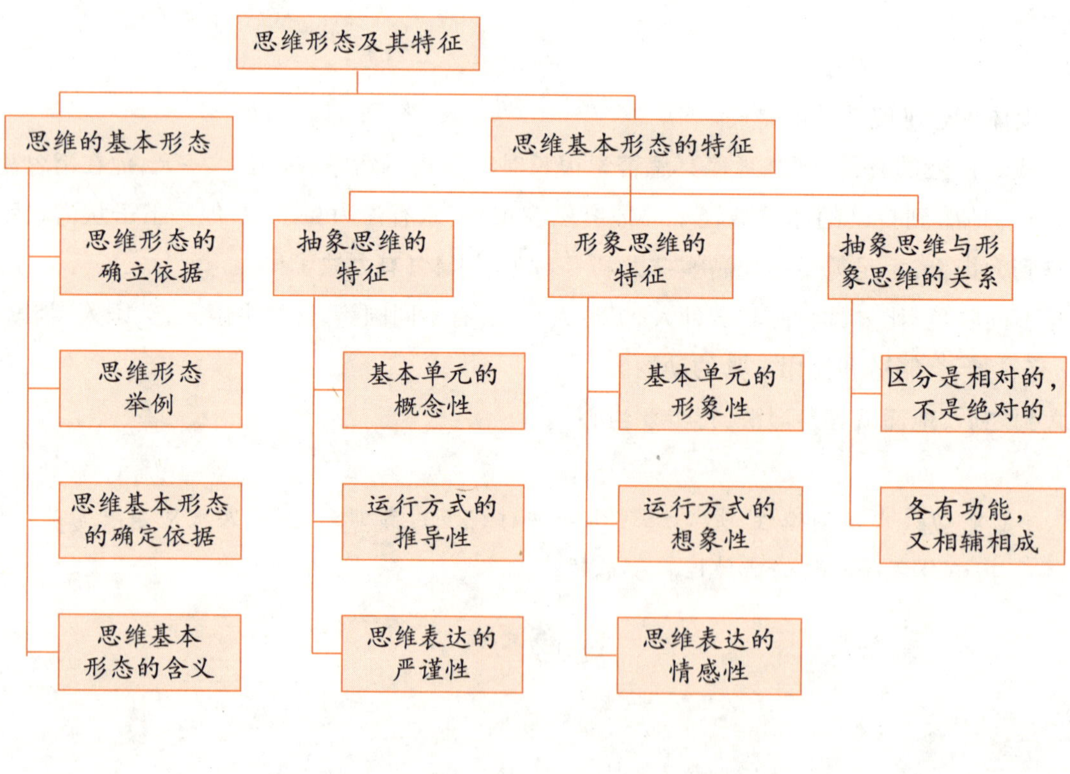

学霸笔记

学习要点

1. 思维形态

要理解思维形态，首先要理解形态。形态是形象词，即事物在一定条件下存在的形式或状态。形态是可以把握、可以感知、可以理解的。比如，人们把美丽的姑娘比作花；再如，人如花、花似人；又如，如果一个社会中，特别富有或特别贫穷的人占少数，而中产阶层占大多数，这样的社会叫作橄榄型社会。同样，思维也有存在的形态。比如，抽象思维形态、形象思维形态。抽象思维形态是指人的思维抽象、概括了事物的共同属性，通过语词巩固下来，形成了概念，并以概念为思维的基本单元进行运行的思维形态；形象思维形态是指人的思维抽象、概括了事物的形象特征，并以感性形象作为思维的基本单元进行运行的思维形态。

2. 思维形态的确立依据

出于不同的目的、依据不同的标准，人们对思维形态有不同的认识和分类。思维的方向、思维的结果、思维反映认识对象的方式、对思维对象不同的认识角度等，都可以作为人们区别和认识思维形态的标准和依据。可以说，有多少合理的依据，人们就可以区分出多少种思维形态。

3. 思维形态举例

教材列举了一些不同的思维形态：从思维的方向看，有向不同方向扩散的发散思维和向同一方向收敛的聚合思维；从思维对认识对象的思考角度看，有整体地认识对象的综合思维和分别地认识对象的分析思维；从思维反映认识对象的方式看，有用联系、发展、全面的观点看待事物和思考问题的辩证思维和用孤立、静止、片面的观点看待事物和思考问题的形而上学思维；等等。

4. 思维基本形态的确立依据

抽象思维和形象思维是思维的基本形态，确立它们的依据主要在于思维运行的基本单元。抽象思维以概念为基本运行单元，形象思维以感性形象为基本运行单元。也有的人将形象思维的基本单元的感性形象称为“意象”。“意象”是文学领域使用的学科概念，“感性形象”是哲学领域使用的学科概念。“逻辑与思维”课程是“哲学与文化”课程的延伸，所以，采用的是哲学领域的概念。

5. 思维基本形态的特征

作为思维基本形态的抽象思维与形象思维，它们之间可以进行多方面的比较。教材从思维过程的角度对二者进行比较，分为基本单元、运行方式和思维表达三个环节。抽象思维的主要特征是基本单元的概念性、运行方式的推导性和思维表达的严谨性，相比较而言，形象思维的主要特征是基本单元的形象性、运行方式的想象性和思维表达的情感性。

6. 抽象思维与形象思维之间的关系

抽象思维和形象思维是人的思维的两种基本形态，在人们认识事物和思考问题的过程中，它们是不可或缺的。抽象思维以概念、判断和推理等反映认识对象，揭示事物的本质和规律。形象思维在感觉、知觉和表象的基础上，运用联想、想象和幻想等反映认识对象，触及事物的本质和规律。人对事物的认识和思考，终究是要把握事物的本质和规律的，既然抽象思维和形象思维都能够以不同的方式把握事物的本质和规律，它们都是人们认识事物和思考问题的基本的思维形态。在人们的思维实际中，这两种思维的基本形态可以被适当地区分，但不可能被绝对割裂，它们具有相辅相成的关系。

学习心得

1.识记方式

（1）比较识记法。不同思维风格的人有不同的识记偏好，有的人习惯于图形识记，有的人擅长抽象识记。对于知识点的识记，采取比较识记法是不错的选择。比较识记要比较两个方面：一是比较不同对象之间的相同方面，二是比较不同对象之间的差异之处。比如，对于这一框中的重点内容——思维的基本形态及其特征，也就是抽象思维与形象思维及其特征，就要比较抽象思维与形象思维有哪些共同之处。就教材而言，编者就是从思维的基本单元、运行方式、思维表达等三个方面确定抽象思维和形象思维的含义的。这是确定这两种思维基本形态的思路和方法，是它们的共同点。这两种思维基本形态的不同点，就是它们在基本单元、运行方式、思维表达等方面的具体内容是不同的。我们通过简单的比较就可以发现：抽象思维的基本单元是概念，运行方式是推导，思维表达具有严谨性；形象思维的基本单元是感性形象，运行方式是想象，思维表达具有情感性。

（2）辨析“标准”法。本框的重点是思维的基本形态。其实思维有很多形态，何为基本形态，主要是看其存在和适用的程度，具有普遍意义、贯穿思维活动始终的可以称为思维的基本形态。为了说明思维的形态以及思维的基本形态，教材首先列举了一些常见的思维类型，要准确掌握这些思维类型，不是要背诵它们的名称，而是要理解区分这些类型的标准，知道了区分的标准，也就不难理解这些思维类型是怎么区分出来的，包括发散思维与聚合思维、综合思维与分析思维、辩证思维与形而上学思维，甚至是抽象思维与形象思维等。

（3）逻辑理解法。本框要理解思维基本形态的特征。所谓特征，就是特殊的表现或征象。既然教材对抽象思维和形象思维的含义的确立，是按照思维的要素和环节展开的，那么也可以按照这样的思路来理解这两种思维形态。比如，我们设问：抽象思维的要素，即基本单元的特征是什么？概念性。抽象思维的环节，即运行方式的特征是什么？推导性。抽象思维的环节，即思维表达有什么特征？严谨性。同样，我们也可设问：形象思维的要素，即基本单元的特征是什么？感性形象性。形象思维的环节，即运行方式的特征是什么？想象性。形象思维的环节，即思维表达有什么特征？情感性。

2.主要特点

本框为全书讲解逻辑与思维确立了基本前提，即后面的教材所讲的内容，究竟是相对于什么对象来讲解的。本教材主要是讲逻辑思维，但也不是不讲非逻辑思维，这两种思维是什么关系，怎么理解，在这一框中要确立下来。思维的基本形态是思维中普遍存在的、贯穿思维过程始终的形态。逻辑思维属于抽象思维，非逻辑思维属于形象思维。由于不同的思维形态（注意不是思维的基本形态），是按照不同的标准划分出来的，因此，不同类型的思维形态，有的偏向于抽象思维、有的偏向于形象思维。比如，发散思维就偏向于形象思维，它需要迁移、想象等联想的方式，而聚合思维则偏向于抽象思维，它更需要逻辑的归类和综合等方式。

3.核心观点

出于不同的目的和实践的要求，人们可以对思维进行不同类型的划分。比如，发散思维与聚合思维、综合思维与分析思维、辩证思维与形而上学思维等。抽象思维与形象思维的划分标准主要是它们的基本单元。抽象思维的基本单元是概念，形象思维的基本单元是感性形象。抽象思维表现的特征是基本单元的概念性、运行方式的推导性、思维表达的严谨性；形象思维表现的特征是基本单元的感性形象性、运行方式的想象性、思维表达的情感性。

4. 比较分析

需要进行比较分析的主要有三个知识点：一是常见思维类型之间的比较，比如发散思维与聚合思维、综合思维与分析思维、辩证思维与形而上学思维等；二是思维基本形态之间的比较，也就是抽象思维与形象思维之间的比较；三是思维基本形态的特征之间的比较，即在基本单元、运行方式和思维表达方面的比较。

5. 强化理解

一是要强化理解思维形态和思维基本形态，通过对思维形态含义的理解，学会将不同的思维形态进行划分和归类。二是要强化理解思维的基本形态，要对抽象思维和形象思维的含义和特征进行充分的理解，为后面的学习打下基础。

学习诀窍

1. 了解一些思维形态相关知识

现在，很多学校都十分注重学生的思维训练，因此，也有很多关于思维方式的资料，比如，网络上的思维训练、发散思维训练、逆向思维训练、创新思维训练等。这些思维训练的题，有很多不够准确，我们可以按照教材上的思维形态的划分，以及思维基本形态确立的标准，对这些思维训练的题型和类别进行鉴别，看看这些材料中列举的思维究竟属于何种思维形态，这对我们掌握教材中的思维形态及其基本形态方面的原理，可以起到促进作用。

2. 课前查找资料与课后总结心得

这一框涉及很多新的概念，比如，发散思维与聚合思维、综合思维与分析思维、辩证思维与形而上学思维、抽象思维与形象思维。上课之前，我们可以通过网络或其他途径查阅相关资料，也可以查看教材后面的内容，做一些了解。因为这里提及的新概念，都是教材在后面要涉及的，只是这一单元是全书的概述，需要对全书的主要内容有所介绍，所以教材编者在列举这些概念时有意识地注意到前后内容的关照性。面对这些新的概念，我们要准确理解，所以在老师授课之后，我们应该结合老师所讲解的知识内容，强化理解，把理解心得记录下来，为将来进一步学习打下基础。将来我们可能对这些概念有更为深入的理解，也有可能因为淡忘等原因，还没有现在理解得深刻，所以把这时的心得体会记录下来是一个不错的选择。

3. 课后练习

练习是加深重复性记忆的最好方式，也是将所学的知识点进行内化的必要途径。这里的练习，可以以课外的思维训练材料为分析对象，判断那些材料是否准确，如果有错，错在哪里；也可以以我们其他课程的教材为对象，看看不同的教材内容表达是抽象思维的表达还是形象思维的表达，所体现的特征是发散思维的还是聚合思维的，是综合思维的还是分析思维的，是辩证思维的还是形而上学思维的。之后，我们还可以结合具体的练习题进行练习，在练习中要总结其中的规律性的认识，逐渐形成正确的理解方式，为我们在以后的学习和生活中实际运用这些知识做好准备。

典型例题

简答题

1.下列语句表达的是抽象思维还是形象思维?

(1)思维在实践中产生,在实践中发展,又反作用于实践。

(2)枯藤老树昏鸦,小桥流水人家,古道西风瘦马。夕阳西下,断肠人在天涯。

(3)蓝蓝的天上白云飘,白云下面马儿跑,挥动鞭儿响四方,百鸟齐飞翔。

(4)如果思维抽象、概括的是事物的形象特征,并以感性形象作为思维的基本单元,就属于形象思维。

答案解析:

第(1)(4)小题语句表达的是抽象思维。因为这些语句所表达的思维是以概念为基本单元的。第(1)小题阐释的是“思维”与“实践”两个对象之间的关系,其中,“思维”“实践”“产生”“发展”“反作用”等概念是其思维运行的基本单元。第(4)小题揭示的是形象思维的内涵,即说明什么是形象思维。其中,“思维”“抽象”“概括”“事物”“形象特征”“感性形象”“基本单元”“形象思维”等概念是其思维运行的基本单元。第(2)(3)小题的语句表达是形象思维。因为这些语句所表达的思维是以感性形象为基本单元的。第(2)小题中的“枯藤”“老树”“昏鸦”“小桥”“流水”“人家”“古道”“西风”“瘦马”“夕阳西下”“断肠人”“在天涯”等语词,每一个都是一种意象,都有画面感,它们是这首元曲小令思维的基本单元。第(3)小题中的“蓝蓝的天上”“白云飘”“白云下面”“马儿”“跑”“挥动鞭儿”“响”“四方”“百鸟”“齐飞翔”等语词,也具有感性形象性,是这首歌曲思维的基本单元。因此,从基本单元来区分思维是抽象的还是形象的,是根本性的区分标准。

2.指出下列说法是否正确。

(1)“如果思维抽象、概括的是事物的形象特征,并以感性形象作为思维的基本单元,就属于形象思维”,这个语句表达的思维类型是形象思维。

(2)有一位画家要求他的学生画一幅表示骆驼很多的画。第一个学生在纸上画满了大大小小的骆驼,画家看后皱了皱眉头。第二个学生沉思了一会儿,先画了两座大山,又在两山峡口当中画了一只行走的骆驼,后面紧跟着另一只行走着的骆驼的头,一起从峡口往外走。画家看后十分满意地点了点头。第二个学生的思维方式是抽象思维。

答案解析:

第(1)小题,这个说法错误。有的同学会认为,这个语句是说明什么是形象思维的,因此,它所表达的思维类型就是形象思维,而不是抽象思维。的确,这个语句说明形象思维是什么,但是它不是用形象思维的方式说明什么是形象思维,而是用抽象思维的方式说明什么是形象思维的。用抽象思维的方式说明什么是形象思维,似乎把两者纠缠到一起,有些“绕”了。但是,如果我们分清楚了这里的思维层次关系,就不会感觉“绕”了。

第(2)小题,这个说法错误。抽象思维与形象思维是相对而言的,这主要体现在两个方面:一方面,二者的基本单元是不同的,抽象思维的基本单元是概念,概念是对认识对象的抽象反映;形象思维的基本单元是感性形象,感性形象是对认识对象的形象性反映。另一方面,在人的思维实际中,二者又不可能完全分割开来。也就是说,抽象思维之中并非毫无形象思维,同样,形象思维之中也并非毫无抽象思维。就这个题目而言，第二个学生解决问题的方式体现的主要是形象思维，以山谷口中出现的两只骆驼：一只行走的骆驼，后面紧跟着另一只行走着的骆驼的头，让人们展开想象，认为后面还很多骆驼。至于后面是否真的还有很多骆驼，那不是一定的。后面还有很多骆驼，是人们根据看到的两只骆驼的情况展开的想象，并不是严密的逻辑推理。所以，这是形象思维。

3. 指出下列陈述中主要体现了思维的什么特征。

(1)画堂红袖倚清酣，华发不胜簪。几回晚直金銮殿，东风软、花里停骖。书诏许传宫烛，轻罗初试朝衫。御沟冰泮水挼蓝。飞燕语呢喃。重重帘幕寒犹在，凭谁寄、银字泥缄。报道先生归也，杏花春雨江南。

(2)实践之所以是驳斥不可知论的最有力的论据，这是因为实践的成功，证明我们对客观事物的认识是正确的。

答案解析：

第(1)小题表达的是形象思维，第(2)小题表达的是抽象思维，它们所体现的思维的主要特征如下表：

表 1-1

类型	基本单元	运行方式	思维表达
抽象思维	概念性	推导性	严谨性
形象思维	形象性	想象性	情感性

实战演练

选择题

1. 一位妇女急匆匆地走进一家商店说：“五分钟前，我让孩子来买一磅果酱，回去后发现分量不够，这该怎么解释？”售货员很有礼貌地回答：“太太，请回去称一称您的孩子。”售货员的话，体现的是(　　)

A. 形象思维

B. 抽象思维

C. 既不是形象思维，也不是抽象思维

D. 既是形象思维，也是抽象思维

2. 用四个数字 1 可以组成的最大的数是________，你的思考属于________(　　)

A. 1111，抽象思维

B. 1111，形象思维

C. 11^{11}，抽象思维

D. 11^{11}，形象思维

参考答案：

1. B　　2. C

第二课 把握逻辑要义

第一框 “逻辑”的多种含义

思维导图

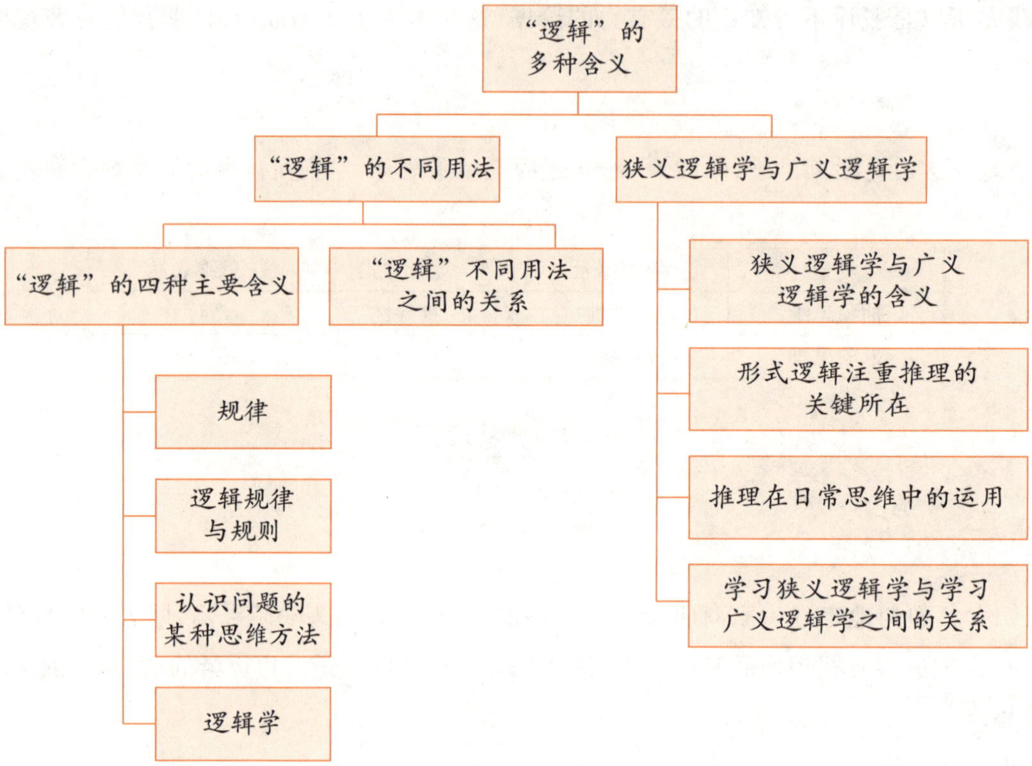

学霸笔记

学习要点

1.“逻辑”的含义及其最基本的四种用法

“逻辑”是现代汉语中的一个常用语词，也是一个多义的语词。它是英语“logic”的音译。“logic”的本义是指思想、言辞、理性或规律性。今天，“逻辑”一词的含义有一百多种，主要用法有以下四种：

第一种用法是指客观事物变化发展的规律，作为规律的同义词。比如，“科学研究的逻辑”，这里的逻辑就是指规律。第二种用法是指逻辑规律与规则。比如，“说话，写文章要讲逻辑”，这里实际上是在告诉我们，说话和写文章的思维要遵循逻辑规律与规则。第三种用法是指认识问题的某种思维方法。比如，“霸权主义的逻辑”，这是在告诉我们奉行这种观点的人们，其思维方式或方法违背了逻辑规律与规则。第四种用法是指逻辑学这门学科。比如，“中学生要学点语法、逻辑”，这里的逻辑是指逻辑学这门学科。1974年，联合国教科文组织编制的学科分类中，“逻辑”因其工具性作用而与数学、天文学和天体物理学、地球科学和空间科学、物理学、化学、生命科学并列，为七大基础学科之一。

2.“逻辑”不同用法之间的关系

逻辑的第四种用法与前三种用法是有密切关系的。逻辑学以逻辑规律与规则为首要研究对象，同时逻辑学也研究如何将这种规律与规则运用到实际思维中的方法，以区分正确的思想方法和不正确的思想方法。也就是说，第二种和第三种含义的逻辑都是逻辑这一学科的研究对象。至于逻辑的第一种用法，那实际上是所有科学的研究对象，因为任何科学都是要把握各自研究领域的规律。作为工具性学科的逻辑学，它的工具性主要体现在其是为把握“规律”，即为“求真”服务的。

3.狭义逻辑学与广义逻辑学的含义

狭义逻辑学是指研究思维形式结构及其规律的形式逻辑，广义逻辑学是指含有狭义的逻辑学和研究辩证思维中的规律、规则与方法的辩证逻辑等。

4.思维的形式结构

概念、判断和推理是抽象思维的三种基本的思维形式。如果把具有不同内容的判断加以比较，就可以揭示概念在判断构成中的联系方式；如果把具有不同内容的推理加以比较，就可以揭示判断在推理构成中的联系方式。逻辑学把不同思维形式之间的联系方式称为思维形式结构，简称形式结构。思维的形式结构又称作思维的形式或思维的逻辑形式，要把握这个问题，要明确以下几点：一是思维的形式结构，实际上就是人们所说的思维的一般形式结构，或者指思维在抽象掉具体内容之后所具有的共同结构，如“所有金属都是导电的”和“所有事物都是发展变化的”，这两个判断的共同形式结构为“所有的S都是P”。二是逻辑学上所说的形式结构，既包括判断的结构，也包括推理的结构；既包括必然性推理的结构，也包括或然性推理的结构，比如，“所有的M是P，有M是S；所以，有S是P”，“S_1是P，S_2是P，S_3是P，……，S_n是P，S_1，S_2，…，S_n是S类的部分元素，并且没有出现反例；所以，所有S是P”；等等。三是思维的形式结构是从具有不同内容的同类判断或推理中抽象出来的，是该类判断或推理所共同具有的。如“或者推选小王，或者推选小李”，“报告有问题，原因或者材料不可靠，或者计算有错误”，这两个判断属于同类判断，如果用p表示第一个“或者”后面的内容，用q表示第二个“或者”后面的内容，那么它们共同的形式结构就是：“或者p，或者q”。这个形式结构是从“或者推选小王，或者推选小李”，“报告有问题，原因或者材料不可靠，或者计算有错误”等具有不同内容的具体判断中抽象出来的，并且是这类判断共同具有的。

5.形式逻辑注重推理的关键所在

形式逻辑着重研究推理的形式结构。从形式逻辑角度看，从真前提推出真结论，并不取决于思想的具体内容，而是取决于思想的形式结构。仅仅从思维形式角度看，所有能够将真前提保证过渡到真结论的推理都是必然推理，从真前提不能保证安全地过渡到真结论的推理是或然推理。

6.学习狭义逻辑学与学习广义逻辑学之间的关系

学习狭义逻辑学的基本知识与方法，是学习广义逻辑学的基础。因为人们对正确推理和错误推理的“推理理论”展开系统研究构成了逻辑学的核心。在人们的研究中，有两种思路：一种是仅从思维形式角度来研究，所有能够将真前提保证过渡到真结论的推理都是必然推理，这是演绎逻辑的核心；另一种是从真前提不能保证安全地过渡到真结论的推理是或然推理，这是归纳逻辑的核心。演绎逻辑和归纳逻辑是逻辑学的核心内容，更是形式逻辑的基本内容。而广义逻辑学包含的“辩证逻辑”是从思维的内容角度来研究，主要是反映思维对象相反相成属性及其对立统一关系的思维方法和方式。也就是说，狭义逻辑学的核心是演绎逻辑，其他的逻辑研究和逻辑应用都是建立在演绎逻辑基础上的。

7.正确思维的必要条件

遵守形式逻辑的规律与规则,是正确思维的必要条件。正确思维一定是合乎逻辑的思维,合乎逻辑的思维是遵守逻辑的规律与规则的思维。这里所讲的逻辑思维规律是指思维的同一律、矛盾律和排中律。逻辑的规则一般是人们在使用概念、进行判断、构造推理中所要遵循的一系列规范的统称。

学习心得

1.识记方式

(1)情境记忆法。针对“逻辑”的不同用法,可以在具体的思维情境中思考“逻辑”的不同含义,进而把握“逻辑”的不同用法之间的联系与区别。比如我们通过以下几个句子判断并把握“逻辑”的具体含义。

①历史的逻辑决定了人类社会将一直向前发展。

②“头发长一定见识短”,这真是奇怪的逻辑。

③小明的这个推理不合乎逻辑。

④要在青少年中普及逻辑知识。

(2)比较记忆法。就“逻辑”四种用法的关系而言,我们可以采用比较记忆的方法。通过对“逻辑”四种用法的比较,我们发现它们的含义是不同的,但它们之间也具有很强的关联性,这种关联性体现在第四种用法与前三种用法是有关系的。逻辑学是以逻辑规律与规则为首要研究对象的,同时研究如何将这种规律与规则运用到实际思维中,以区分正确的思维方法和不正确的思维方法。换言之,第二种和第三种意义上的“逻辑”都是“逻辑”这一学科的研究对象。至于“逻辑”的第一种用法,那实际上是所有科学的研究对象,因为任何科学都要把握各自研究领域的规律。作为工具性学科的逻辑学,其工具性主要体现在把握“规律”。

(3)形式刻画理解法。为了有效理解和把握思维的形式结构内容,我们可以对具有不同内容的判断加以比较,从而揭示概念在判断构成中的联系方式;通过对具有不同内容的推理加以比较,就可以揭示判断在推理构成中的联系方式。比如:

①刻画出下列判断的形式结构

A.一切反动派都是纸老虎

B.所有团员都是青年

C.我班所有学生都是大学生

D.所有商品都是劳动产品

这四个判断共同的形式结构是“所有……都是……”

②刻画出下列推理的形式结构

A.所有的团员是青年,所以,有的青年是团员

B.所有哲学家是思想家,亚里士多德是哲学家,所以,亚里士多德是思想家

A推理的形式结构为:所有S是P,所以,有的P是S。

B推理的形式结构为:所有M是P,所有S是M,所以,所有S是P。

(4)理解记忆法。只有深刻理解了知识才能牢固地记住它。所谓理解是指当提到某一知识时,头脑中就能够想到跟它有关的事实,知道它的应用或意义,了解它跟有关知识的联系。理解基础上的记忆和记忆前提下的理解是统一的。理解记忆的基本条件是对知识的理解和进行思维加工。我们学习狭义逻辑学和广义逻辑学的含义及关系就可以采用此种方法。我们知道狭义逻辑学指的是研究思维形式结构及其规

律的形式逻辑，广义逻辑学是指含有狭义的逻辑学和研究辩证思维中的规律、规则与方法的辩证逻辑等。只有理解并把握了狭义逻辑学和广义逻辑学的含义，我们才能掌握学习狭义逻辑学和学习广义逻辑学之间的关系。

2. 主要特点

"'逻辑'的多种含义"这一框，包括两目。第一目"'逻辑'的不同用法"，主要阐述了"逻辑"的四种含义，即"规律"意义上的"逻辑"、逻辑规律与规则、"思维方法"意义上的"逻辑"，以及逻辑学；第二目"狭义逻辑学与广义逻辑学"，主要明确区分了狭义逻辑学和广义逻辑学的含义和研究内容，着重阐述了狭义逻辑学即形式逻辑主要关注的问题。

这两目内容采用渐进式讲述方式，以"逻辑"为主线，着重阐述了"逻辑"的四种含义，其中"逻辑"是本框的核心概念，我们只有理解和掌握了"逻辑"的含义和基本用法及其之间的关系，才能懂得狭义逻辑学和广义逻辑学的含义和它们的关系。

3. 核心观点

逻辑学是关于逻辑规律与规则的知识体系。形式逻辑是从形式结构方面研究思维规律的，辩证逻辑是从抽象的思维内容方面研究思维规律的。归纳逻辑与演绎逻辑相对应，主要是从前提与结论之间是否具有必然联系来划分的。哲学认识论也是从个别与一般的前提和结论关系来看归纳逻辑的。法律逻辑、科学逻辑和论辩逻辑是逻辑理论和方法在具体领域中的应用，都是应用逻辑的分支学科。

思维形式有三个基本的层次，分别是概念、判断和推理。我们必须理解和把握思维的形式结构，特别是对判断和推理的形式结构要能熟练地掌握及刻画，从而认识推理结论的真假取决于两个方面：一是前提内容的真实性，二是推理形式的有效性。

4. 比较分析

我们对"逻辑"四种基本的用法可以采取比较分析的方法，在比较中把握"逻辑"四种基本的用法的相同点与不同点。"逻辑"的含义与不同用法之间的区别与联系是《逻辑与思维》的核心知识点，我们可以根据教材阐述的"逻辑"最基本的四种含义：规律、逻辑规律与规则、认识问题的某种思维方法和逻辑学，从而把握这四种含义的区别与联系。具体来说，它们的区别是：作为客观规律的逻辑是事物发生发展的规律；逻辑规律是思维领域内的客观规律；逻辑规则是根据逻辑规律制定的要求。符合逻辑规律与规则的思维又称为逻辑思维，逻辑思维是众多思维方式中的一种。逻辑学是关于逻辑规律与规则的知识体系。

此外，我们对狭义逻辑学与广义逻辑学的含义的理解也可采取比较分析的方法。

5. 强化理解

"逻辑"的四种基本用法、学习狭义逻辑学与学习广义逻辑学的关系，以及思维的形式结构这几个核心内容，需要进行强化理解。

学习诀窍

1. 课前预习与课后复习

提前预习是为了上课时更轻松、更有目的，使学习效率更高。预习的时候，自己已掌握的知识可以不看，关键是将不懂的问题记在书本或笔记本上，这样在课堂上就能有针对性地听讲，从而解决预习时遇到的问题，掌握相关的知识点。

课后要对上过的知识点进行复习，特别是其中的核心知识点，比如"逻辑"的四种不同用法及其相互关系、学习狭义逻辑学与学习广义逻辑学的关系、思维的形式结构等，我们一定要在课后对这些知识进行深入复习和把握。

2.记、看课堂笔记

记笔记是课堂上一种重要的学习手段，其目的是给思考和掌握知识留下线索。我们在记笔记时要选择重点内容，并在课后进行复习。如果只是记笔记，而忽视对笔记内容的掌握，则不会达到预期的效果。

3.多角度学习同一个知识点

在新知识的学习过程中，我们的大脑会通过固有模式来接受新的知识。有的时候，我们花很长时间学习一个知识点，但就是记不住。如果出现这种情况，可以暂时跳过这个知识点，等大脑清醒了，再尝试采取其他的方式进行学习，如查阅资料、观看线上课程或视频等。学习掌握多种有效的学习方法。

4.积极思考与练习

思考是人们掌握以往的知识、发现新的问题、掌握规律的必然途径。我们在学习“思维的形式结构”知识点时，一定要认真思考、领会何谓“思维的形式结构”，从而学会如何刻画思维的形式结构。

此外，有的知识需要进行练习。做练习题是对知识点的回顾和深入理解。做题时，要积极思考，将题目和知识点联系起来。做题不是目的，因此不要搞题海战术，做题要少而精。所谓精，就是做一道题，就要掌握这一类题的解决方法。我们可以制作集错本，将自己的错题集中起来，并分析错误原因以警示自己。

我们在学习“逻辑”的含义与“思维的形式结构”知识点时，可以通过练习达到熟练掌握和运用的目的。

典型例题

简答题

1.请指出下列各句中“逻辑”一词的含义。

(1)历史的逻辑进程。

(2)只许州官放火，不许百姓点灯，这是哪一家的逻辑？

(3)这个人的说话挺有逻辑的。

(4)逻辑是一门基础学科。

答案解析：

第(1)小题中的“逻辑”的含义为规律；第(2)小题中的“逻辑”的含义为认识问题的某种思维方法；第(3)小题中的“逻辑”指逻辑规律与规则；第(4)小题中的“逻辑”指的是逻辑学这门学科。

2.请找出下列判断或推理中，哪些具有共同的思维形式结构。

(1)一切真知都是来源于实践。

(2)一切鸟都是卵生的，一切蝙蝠都不是卵生的，所以，一切蝙蝠都不是鸟。

(3)一切物体都是运动的。

(4)一切偶数都能被2整除，一切奇数都不能被2整除，所以，一切奇数都不是偶数。

(5)只有阳光充足，小麦才能丰产。

(6)或者选拔小明，或者选拔小龙。

(7)只要本案不是情仇杀人，就是图财害命，本案不是情仇杀人，所以，本案是图财害命。

(8)只有陈某去过作案现场,他才是本案作案人。

(9)如果王某是法官,那么他熟悉法律,王某是法官,所以,他熟悉法律。

答案解析:

第(1)小题的形式结构为:"所有……都是……"

第(2)小题的形式结构为:

所有的P是M

所有的S不是M

所有的S不是P

第(3)小题的形式结构为:"所有……都是……"

第(4)小题的形式结构为:

所有的P是M

所有的S不是M

所有的S不是P

第(5)小题的形式结构为:"只有……才……"

第(6)小题的形式结构为:"或者……或者……"

第(7)小题的形式结构为:如果p,那么q

第(8)小题的形式结构为:"只有……才……"

第(9)小题的形式结构为:如果p,那么q

因此,第(1)(3)小题有共同的形式结构;第(2)(4)小题有共同的形式结构;第(5)(8)小题有共同的形式结构;第(7)(9)小题有共同的形式结构。

3.有人认为:"形式逻辑着重研究思想的具体内容。"对此你怎么看?

答案解析:

形式逻辑着重研究推理的形式结构。从形式逻辑角度看,从真前提推出真结论,并不取决于思想的具体内容,而是取决于思想的形式结构。仅仅从思维形式角度看,所有能够将真前提保证过渡到真结论的推理都是必然推理,从真前提不能保证安全地过渡到真结论的推理是或然推理。因此,认为"形式逻辑着重研究思想的具体内容"的观点是错误的。

选择题

(多项选择题)下列判断具有相同形式结构的有(　　)

A.只要功夫深,铁杵磨成针

B.如果地球由东向西自转,那么太阳就会从西边升起东边落下

C.如果某人拥有不受制约的权力,那么他的工作就会容易滋生各种腐败现象

D.理论一经掌握群众,就会变成物质力量

E.只有讲究科学方法,才能取得好成绩

答案解析:

ABCD　我们分析五个选项的思维形式结构,可以看到,A、B、C、D四个选项的形式结构为:"如果……那么……";E选项的形式结构为:"只有……才……"。所以,本题答案为ABCD。

实战演练

简答题

有人认为:“学习狭义逻辑学与学习广义逻辑学没有关系。”对此你怎么看?

参考答案:

学习狭义逻辑学的基本知识与方法,是学习广义逻辑学的基础。人们对正确推理和错误推理的“推理理论”展开系统研究构成了逻辑学的核心。在人们的研究中,有两种思路:一种是仅从思维形式角度来研究,所有能够将真前提保证过渡到真结论的推理都是必然推理,这是演绎逻辑的核心;另一种是从真前提不能保证安全地过渡到真结论的推理是或然推理,这是归纳逻辑的核心。演绎逻辑和归纳逻辑是逻辑学的核心内容,更是形式逻辑的基本内容。而广义逻辑学包含的“辩证逻辑”是从思维的内容角度来研究,主要是反映思维对象相反相成属性及其对立统一关系的思维方法和方式。也就是说,狭义逻辑学的核心是演绎逻辑,其他的逻辑研究和逻辑应用都是建立在演绎逻辑基础上的。因此,“学习狭义逻辑学与学习广义逻辑学没有关系”的观点是错误的。

选择题

(多项选择题)指出下列命题中,哪些具有共同的形式结构(　　)

A.有些人是好人

B.公民只有年满十八周岁,才有选举权

C.张某是法官,并且是中共党员

D.当且仅当三角形的边相等,三角形的角才是相等的

E.只有构成违法,才能构成犯罪

参考答案:

BE　我们分析五个选项的思维形式,可以看到,B和E两个选项的形式结构为:“只有……才……”;A选项的形式结构为:“有的……是……”;C选项的形式结构为:“p并且q”;D选项的形式结构为:“当且仅当p,则q”。所以,本题答案为B和E。

第二框　逻辑思维的基本要求

思维导图

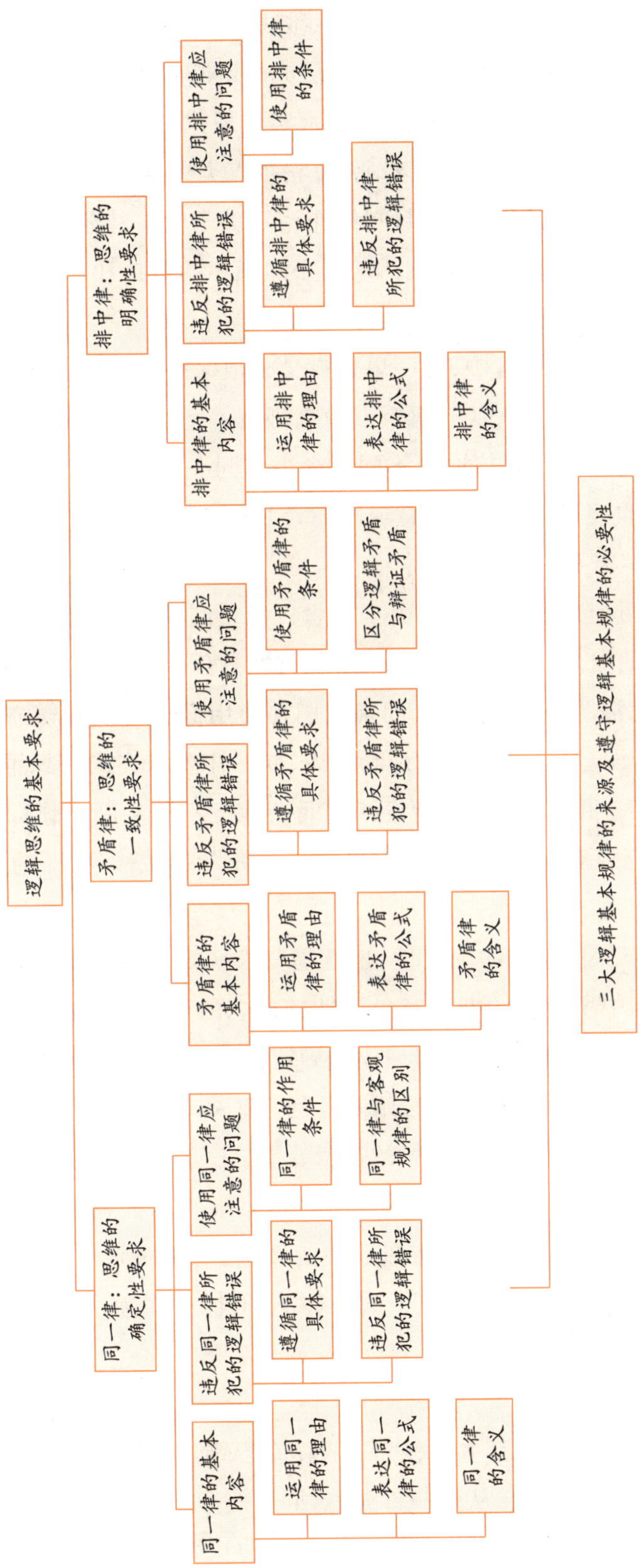

学霸笔记

学习要点

1.同一律的含义

在理解这一问题时，我们需要清楚同一律作为思维规律具有必然性和客观性。教材中将同一律的含义表述为："在同一时间、从同一方面、对同一对象所形成的论断'A'，如果是真的，就是真的；如果是假的，就是假的。"判断的真假取决于其是否正确反映客观事实与规律，所以，客观事实与规律的确定性(变中之不变)，即为同一律的客观基础。同一律具有客观性，它是人类思维在反映客观对象的确定性时必然表现出来的，并在一定条件下对人们的思维活动起制约作用。关于同一律基本内容的表述，它并不是逻辑学家杜撰出来的，而是人类在长期实践中对思维活动的必然规律的概括和总结。

2.依据同一律制定的思维规范

同一律要求人们：在同一思维过程中，每一思想自身必须保持同一性，不能混淆概念或偷换概念，也不能转移论题或偷换论题。我们可以从以下两个方面来理解：一是就概念来说，人们所使用的概念必须保持同一，不能任意变更，不能直接或间接地把不同概念当作同一概念来使用。二是就判断来说，人们在使用判断的过程中必须与其自身同一，不能无意或故意违反同一律关于判断的逻辑要求，用另外一个与原论题无关的论题来代替原本需要论证的论题。

以上要求具体表现为两个方面：一方面，由于概念自身是同一的，这就要求在同一思维过程中不能用另外一个概念来代替原来的概念；由于概念自身是同一的，这就要求概念保持自身的确定，要与其他概念加以区别，不得把两个概念混为一谈。因此，如果人们在使用概念时没有遵守同一律，将会出现"偷换概念"或"混淆概念"的逻辑错误。另一方面，就判断来说，同一律要求在同一思维过程中作出的判断必须与其自身同一，不能任意更换。也就是说，不能直接或间接地把不同判断当作同一个判断来使用。如果人们在使用判断的过程中没有遵守同一律，将会出现"偷换论题"或"转移论题"的逻辑错误。

3.同一律的作用及应注意的问题

同一律的作用主要在于保证思维的确定性，也就是要求认知主体在实际思维中所使用的判断具有确定性，而判断的确定性以其中所使用的把握对象属性的概念的确定性为必要条件，即保证在同一思维过程中，概念、判断的自身同一。在具体阐释同一律的确定性作用时，我们要明确同一律对于认识事物、表达思想以及建立完整的科学体系的重要意义，阐明任何正确的言论，每一门科学的体系，它的概念、判断(包括论题)都应当保持同一。如果违反同一律的逻辑要求，任何言论或科学理论体系都难以成立。

在理解同一律的作用时一定要注意：同一律作为逻辑思维的基本规律，只有在思维领域中才起作用。同一律所说的思想自身同一，是指在同一思维过程中的概念、判断的同一，而不是把每一事物都看作是永远同一、永久不变的。也就是说，不同时间或不同条件下，对同一对象所形成的概念或判断，并不要求它们一定是同一的。

4.矛盾律的含义

把握这个问题的重点是矛盾律的基本内容和矛盾律在思维过程中所具有的必然性和客观性。教材中将矛盾律的含义表述为："在同一时间、从同一方面、对同一对象所形成的论断'A'和它的否定论断'非A'不能同真，其中必有一假。"这里的论断"A"是指思想，它既包括概念，又包括判断，而矛盾律不管思想的具体内容是什么，它都是必然的。例如，"张三是好人"和"张三不是好人"这两个论断，不管张三是否是好人，都不能同时为真，其中必有一假。矛盾律的客观性和同一律一样，并不是逻辑学家杜撰出来的，而是人类在长期实践中对思维活动的必然规律的概括和总结。

5. 依据矛盾律制定的思维规范

矛盾律要求人们：在同一时间、从同一方面、对同一对象所形成的具有矛盾关系的论断，不能断定它们都成立。具体而言，它要求认知主体不能直接或间接地断定同一对象既具有某种属性，同时又不具有该属性；不能直接或间接地断定同一组对象既具有某种关系，同时又不具有该关系；不能直接或间接地断定同一判断既是真的，同时又不是真的。需要强调的是，这里的"认知主体"不限于任何一个人，它可以包括任何特定的认知共同体，还可以包括当代人工智能主体。如果人们在使用概念、进行判断时没有遵守矛盾律，将会出现"自相矛盾"的逻辑错误。

6. 矛盾律的作用及应注意的问题

矛盾律的作用主要在于保持思维的前后一致、首尾一贯、避免自相矛盾。不矛盾规范是人类逻辑思维的坚固基石。保持思维的一致性或一贯性，是正确思维的必要条件。无论是说话、写文章、日常思维还是科学研究，都不应包含逻辑矛盾。也就是说，任何正确的思想、言论，任何科学理论，都应当具有一致性、不矛盾性。

使用矛盾律要注意以下两点：

一是注意"三同一"的限制。矛盾律要求在同一时间、从同一方面，对同一对象不能作出两个自相矛盾的断定。如果"三同一"的限制有一个改变，那么即使作出的断定是互相矛盾的，也不构成真正的逻辑矛盾。例如，"运动是指既在一个地方，又不在一个地方"，它是就运动的不同方面来说的，"运动在一个地方"是指事物运动具有相对静止性，"运动不在一个地方"是指事物运动的绝对性。所以，如果离开"三同一"的限制，就构成不了真正的逻辑矛盾，也就不是矛盾律起作用的范围。

二是注意逻辑矛盾与辩证矛盾的区别。矛盾律是思维的规律，它只在思维领域中起作用，它排除的只是思维中的逻辑矛盾而不是辩证矛盾。逻辑矛盾和辩证矛盾是不同的，逻辑矛盾是需要拒斥的，而辩证矛盾是对客观事物对立统一的正确把握。因此，矛盾律要求思想保持首尾一贯，不允许出现逻辑矛盾，但矛盾律并不否认辩证矛盾的存在。

7. 排中律的含义

教材中将排中律的含义表述为："在同一时间、从同一方面、对同一对象所形成的论断'A'和'非A'不能同假，其中必有一真。"这里的论断"A"是指思想，它既包括概念又包括判断。就概念而言，排中律要求在同一思维过程中，对于一定论域中的某一个对象，或者用概念"A"来反映，或者用"非A"来反映，二者必选其一。就判断而言，排中律要求在同一思维过程中，对于同一对象的断定，或者是"A"，或者是"非A"，二者必选其一，必须承认其中有一个是真的，不能同时加以否定。

8. 依据排中律制定的思维规范

排中律要求人们：在同一思维过程中，对矛盾的论断不能都否定，就是"拒斥两不可"。具体而言，它要求认知主体：不能直接或间接地既否认对象具有某属性，同时又否认对象不具有该属性；不能直接或间接地既否认某组对象具有某关系，同时又否认该组对象不具有该关系；不能直接或间接地既否认某判断是真的，同时又否认该判断不是真的。因此，如果人们在使用概念、进行判断时没有遵守排中律，将会出现"两不可"的逻辑错误。

9. 排中律的作用及应注意的问题

排中律的作用是明确两个互相矛盾的思想不能同假，即或者"A"真或者"非A"真，不可能有第三种情况。排中律的这种规范作用主要在于保证思维的明确性,它要求人们在两个相互矛盾的判断中不能持完全否定的态度,即"模棱两不可"的态度,必须承认其中有一个判断是真的,并进一步去探索究竟哪个是真判断。

此外,排中律在逻辑论证中有重要的作用,它是反证法的逻辑基础。就两个具有矛盾关系的判断而言,我们只要能证明与"P"相矛盾的判断"非P"为假,就能证明P为真,这就是反证法。

我们在理解使用排中律应注意的问题时,要着重把握以下几点:

第一,排中律是指在同一时间、从同一方面对同一对象作出的两个互相矛盾的判断,必有一真,也就是只有当问题涉及非此即彼、两者必有一真而没有第三者时,它才起作用。

第二,排中律不要求人们对任何存在矛盾观点的问题都作出明确表态。例如,对于某些问题,人们可能尚未深入了解,对其是非界限还不清楚,因而不便表态,这是允许的。这种情况跟在同一思维过程中对两个具有矛盾关系的判断不承认其中必有一真是不同的。

第三,排中律的作用只在于提出两个矛盾判断必有一真,以供人们选择,但它并没有指明两个判断中哪一个是真的。判断的真要靠实践确定,在逻辑上判明一个判断为真也需要根据已知的判断通过逻辑推演才能证明。并且,排中律虽指出两个矛盾判断是非此即彼,两者必有一真,但它并不否认客观事物在发展过程中有中间的过渡状态。作为逻辑规律的排中律并不涉及事物在一定条件下互为中介和相互转化的问题。

10.同一律、矛盾律和排中律的联系和区别

同一律、矛盾律和排中律都是思维确定性的表现,它们一起构成逻辑思维的基本规律。逻辑思维的基本规律是关于思维形式的基本规律,是人们正确运用各种思维形式的概括、抽象和总结。逻辑规律与其他学科刻画的客观规律一样,都是不以人的主观意志为转移的。因而,与我们应依据各种具体科学规律来制定实践规范一样,我们也应当依据逻辑规律来制定思维规范。然而,逻辑规律与其他科学的规律又具有不同的性质。逻辑学对于逻辑规律的把握与思维规范的制定,均具有不同于其他科学的独特性。

逻辑思维的基本规律的特殊地位在于其基本性。逻辑思维的基本规律是所有逻辑系统所赖以建构的最基本的指导法则,由它们决定的规范是最基本的逻辑思维规范。逻辑基本规律的逻辑公式分别是:"A是A";"并非(A并且非A)";"A或者非A",将这些逻辑公式刻画成逻辑形式就变成:"$A \rightarrow A$";"$\neg(A \wedge \neg A)$";"$A \vee \neg A$"。从复合判断之间的关系来看,它们三者是等值的,可以互相推出。

它们之间的区别在于:同一律是从肯定方面表述思想的自身同一,是"可能的可能""意义的条件";矛盾律在同一律的基础上进一步对思维确定性进行展开,指出既肯定又否定的思想是逻辑矛盾,不能同真,它最直接地体现"逻辑之所舍";排中律指出两个互相矛盾的思想不能同假,必有一真,它最直接地体现"逻辑之所取"。这三条基本规律虽然都是为了保证思维具有确定性,避免逻辑矛盾,但又是从不同的侧面来表述思想的确定性,因而它们的内容、要求、作用都有区别。同一律从正面表述思想的确定性,指出思想的同真同假,从而提出在同一思维过程中思想必须保持同一的要求。矛盾律和排中律则进一步揭示在同一个思维过程中相互否定的思想不能同真,必有一假,相互矛盾的思想不能同假,必有一真,并由此提出各自的逻辑要求。

学习心得

1.识记方式

(1)借助框架记忆。针对同一律、矛盾律和排中律三大基本规律的含义、要求,我们可以采用框架记忆的方式，如借助思维导图对这些内容进行记忆。

（2）比较记忆法。就违背同一律、矛盾律和排中律三大逻辑基本规律的错误表现以及如何避免违背这些逻辑基本规律等内容，可以采用比较记忆的方式进行记忆。

（3）图表汇总法。对矛盾律和排中律区别的把握，可以采用画图表的方法以加深记忆（如表1-2）。

表1-2

	适用范围不同	内容不同	逻辑错误不同	作用不同
矛盾律	矛盾与反对关系	必有一假	自相矛盾	反驳
排中律	矛盾与下反对关系	必有一真	两不可	论证

（4）理解记忆法。理解记忆的基本条件是对知识的理解和进行思维加工。针对同一律、矛盾律和排中律三大逻辑基本规律的内容，我们需要理解记忆。只有理解并把握了三大逻辑基本规律的内容，我们才能更好地理解违反这些规律所犯的逻辑错误。

2. 主要特点

“逻辑思维的基本要求”包括三目。第一目“同一律：思维的确定性要求”，主要阐述遵循同一律的理由，同一律的表达公式、内容、要求，违反同一律所犯的逻辑错误以及应用同一律应注意的问题；第二目“矛盾律：思维的一致性要求”，主要阐述遵循矛盾律的理由，矛盾律的表达公式、内容、要求，违反矛盾律所犯的逻辑错误以及应用矛盾律应注意的问题；第三目“排中律：思维的明确性要求”，主要阐述遵循排中律的理由，排中律的表达公式、内容、要求，违反排中律所犯的逻辑错误以及应用排中律应注意的问题。

这三目内容采用层层递进的讲述方式，以逻辑思维的三大基本规律为主线，讲述同一律、矛盾律和排中律的相关内容，引导学生理解遵循这三个逻辑基本规律的理由，掌握其表达公式、内容、要求和违反这三个逻辑基本规律所犯的逻辑错误，把握应用这三个逻辑基本规律需注意的问题，养成自觉遵守逻辑基本规律的习惯。

3. 核心观点

形式逻辑的基本规律包括同一律、矛盾律和排中律。依据同一律，对思维有确定性的要求；依据矛盾律，对思维有一致性的要求；依据排中律，对思维有明确性的要求。

我们特别需要把握的一个辩证唯物主义的原理是同一律、矛盾律和排中律是形式逻辑的基本规律，但这些基本规律不是逻辑学家头脑中固有的，也不是哪个权威专家规定的，而是人们通过无数次的社会实践，在认识事物客观规律中认识到的思维自身的规律。

4. 比较分析

我们对同一律、矛盾律和排中律这三个逻辑基本规律的作用的把握可以采取比较分析的方法，在比较中把握它们的相同点与不同点。从相同点来说：首先，它们是人们使用概念、作出判断以及进行推理和论证时必须遵守的思维准则；其次，它们对所有的思维形式具有普遍的有效性。就不同点来说：同一律是从肯定方面表述思想的自身同一，是“可能的可能”“意义的条件”；矛盾律在同一律的基础上进一步对思维确定性进行展开，指出既肯定又否定的思想存在逻辑矛盾，不能同真，它最直接地体现“逻辑之所舍”；排中律指出两个互相矛盾的思想不能同假，必有一真，它最直接地体现“逻辑之所取”。三条基本规律虽然都是保证思维具有确定性，避免逻辑矛盾，但又是从不同的侧面来表述思想的确定性，因而它们的内容、要求、作用都有区别。同一律从正面表述思想的确定性，指出思想的同真同假，从而提出在同一思维过程中思想必须保持同一的要求。矛盾律和排中律则进一步揭示在一个思维中相互否定的思想不能同真，必有一假，相互矛盾的思想不能同假，必有一真，并由此提出各自的逻辑要求。

5.强化理解

关于逻辑基本规律的内容、要求和作用需要进行强化理解。

学习诀窍

1.课前预习与课后复习

学生课前可以从同一律、矛盾律和排中律的遵循理由、表达公式、基本内容、逻辑要求,违反相关规律的逻辑错误,以及应用相关规律应注意的问题几个方面进行预习,这样上课时可以有针对性地听教师的讲解。

课后要对学过的知识点,特别是其中的核心知识点进行复习,比如三大逻辑基本规律的含义和要求、如何避免违背逻辑基本规律所犯的逻辑错误、逻辑基本规律之间的关系以及遵循形式逻辑的要求与科学思维的关系等。

2.记、看课堂笔记

记笔记是课堂上的一种重要的学习手段,其目的是给思考和掌握知识留下线索。同学们在记笔记时要选择重点内容。在课堂上记好笔记后,课后一定要进行复习,加深记忆,提高学习效率。

3.思维训练与积极思考相结合

形式逻辑的三大基本规律是"逻辑与思维"课程模块的核心知识点,我们一定要在足够的思维训练的基础上深入理解和熟练运用这三大基本规律。我们在把握违背同一律、矛盾律和排中律的错误表现,以及如何避免犯"偷换概念"或"偷换论题"、"自相矛盾"与"两不可"错误的基础上,可以通过练习以达到对此类知识点的熟练掌握和运用。

典型例题

简答题

1.下列对话是否有逻辑错误?为什么?

甲:依你说来,就没有信念了?

乙:没有,根本没有!

甲:你就这样确信不疑吗?

乙:当然,多年来我一直这样确信。

答案解析:

当甲问乙有没有信念时,乙回答"没有",但乙对"没有信念"却坚信不疑,因此乙违反了矛盾律,犯了"自相矛盾"的逻辑错误。

2.下面对问题的回答犯有什么逻辑错误?为什么?

在一片荒野上没有一个人,一棵大树突然倒在了地上。

问:在大树倒下时,有没有响声?

答:没有。因为没有一个人在那儿,当然听不到什么响声。

答案解析:

提问者问的是"有没有响声",回答者说的是"是否听得到响声",显然对问题的回答违反了同一律,犯了“转移论题”的逻辑错误。

3.张先生买了块新的手表，他把新手表与家中的挂钟对照，发现手表比挂钟一天慢了3分钟。后来他又把家中的挂钟与电台的标准时间对照，发现挂钟比电台标准时间一天快了3分钟，张先生因此推断，他新买的表是准确的。对于张先生的推断，你怎么看？

答案解析：

实际上，张先生的推断是错误的，因为挂钟比标准时快的3分钟，比较的对象是标准的3分钟；手表比挂钟慢3分钟，比较的对象是不标准的3分钟，这两个“3分钟”的实际时间是不同的。因此，张先生的推断违反了同一律，犯了“混淆概念”的错误。

4.在20世纪，达尔文的学生赫胥黎教授和大主教威尔勃福斯曾就“人类是由猿演变而来的”论题进行了一场有名的辩论。威尔勃福斯拿不出任何有说服力的证据，却将原论题变成了“人是由猴子变的”，并对此加以批驳。威尔勃福斯质问赫胥黎：“有哪个人不是父母所生，是猴子变的？又有哪一只猴子变成了人？”还对赫胥黎进行了人身攻击：“请问赫胥黎教授，猴子的资格是从祖父那里得到的呢，还是从祖母那里得到的？”请分析威尔勃福斯犯了什么逻辑错误。

答案解析：

我们看到，威尔勃福斯的质问看起来气势汹汹，实则不堪一击，他提出上述问题并不能否定“人类是由猿演变而来的”，而只能证明“人不是由猴子变的”。这是两个完全不同的判断，威尔勃福斯犯了“偷换论题”的逻辑错误。

实战演练

选择题

1.警察：你为什么骑车带人？懂不懂交通规则？骑车人：我以前从来没有骑车带人，这是第一次。下述哪段对话中出现的逻辑错误与题干的类似？(　　)

A.审判员：你作案后去了什么地方？被告人：我没有作案。

B.母亲：我已告诉过你准时回来，你怎么又晚回来一个小时？女儿：你总喜欢挑我的毛病。

C.居委会张大妈：你还打老婆吗？李四：我从来都不打老婆。

D.小明：昨晚的晚会真过瘾，特别是那位歌星唱得太好了。小文：他长得太帅了。

2.法官甲和法官乙在议论某一案件。法官甲：公诉机关的材料还不是充分、确凿的，所以不能证明被告人构成犯罪。法官乙：那么说，只能判决被告人不构成犯罪了。法官甲：也不能说被告人不构成犯罪，他有很大的嫌疑。下面哪项与上述议论的情形是类似的？(　　)

A.那个岛上鸟很多，但种类却不多。

B.关于我们厂能否在今年扭亏为盈的问题，我听到了很多意见，有的人认为很有希望，今年扭亏是肯定的；有的人则认为本厂产品缺乏竞争力，今年扭亏不可能。我认为这两种意见都不对。

C.我虽然不敢说她长得美，但也不能说她长得不美。

D.“你对被害人是否早就怀恨在心？”审判长问。“我从来没有想过是否怀恨在心。”被告人回答。

E.关于在校学生是否可以参加商业选美活动，我的态度是既不提倡，也不禁止。

参考答案：

1.B　在题干中，骑车人并没有回答警察的问题，而是寻找借口希望得到警察的谅解，犯了“转移论题”的逻辑错误。选项B中女儿的回答答非所问，转移论题，与题干的错误类似，其他选项回答者的回答与问者的问题均相关。

2.B　题干中“被告人构成犯罪”和“被告人不构成犯罪”是相互矛盾的，不能同时否定它们，而必须肯定其一。法官甲的回答就犯了“两不可”的逻辑错误。选项A中的“鸟很多”和“鸟不多”是分别就鸟的数量和种类而言的，故不构成矛盾；选项C中的“她长得美”和“她长得不美”是反对关系，并不是矛盾关系，还有介于两者之间的情况存在，故同时否定这两者不违反排中律；选项D中的问题是复杂问语，回答“是”与“不是”都会承认有过“怀恨”的想法，故对问题不作出明确回答不违反排中律；选项E的理由与选项C相同，除“不提倡”和“不禁止”外，还有其他态度。只有选项B中“肯定扭亏”和“不可能扭亏”不会都是假的，必须肯定其一，故答案选B。

简答题

有个青年想到爱迪生的实验室工作，他满怀信心地向爱迪生说出自己的心愿：“我想发明一种万能的溶液，它能溶解一切物品。”爱迪生听完后，反问道：“那么你想用什么器皿盛放这种液体呢？”青年被问得哑口无言。

请问：对爱迪生的问题，青年为何哑口无言？

参考答案：

这位青年的话中包含着“自相矛盾”，即“这种溶液能溶解所有物品”和“这种溶液不能溶解所有物品”，所以当爱迪生揭露出其中包含的逻辑矛盾时，这位青年就无法自圆其说了。

推理题

1.甲、乙、丙三人因某案件而被传讯，当办案人员问谁是作案人时，他们分别说道：

甲：我没有作案。

乙：我没有作案。

丙：甲才是作案人。

现知甲、乙、丙只有一人说了真话，问：谁是作案人？谁说了真话？

2.五名嫌疑人的供词如下：

A：我们五人都没有作案。

B：D是作案人。

C：如果A作案，则D未作案或者B未作案。

D：案发时我在家睡觉。

E：我们五人中有人作案。

后来证实，五人中只有两人说真话，问：谁说真话？谁是作案人？

参考答案：

1.因为甲与丙的话相互矛盾，根据排中律，两者必有一真，已知只有一个说了真话，故乙的话一定是假的，所以乙是作案人，甲说的是真话。

2. 五个人的话中，A与E矛盾、B与D矛盾，根据排中律，这四人的话中必有二真，根据前提只有两人说真话，所以C的话一定为假。由充分条件假言判断为假，即前件真而后件假，可推出，A、B、D均是作案人。

第三课　领会科学思维

第一框　科学思维的含义与特征

思维导图

- 科学思维的含义与特征
  - 思维的含义
    - 内容与形式的统一
    - 科学思维基本条件：内容真实和形式正确
  - 科学思维的含义
    - 符合认识规律、遵循逻辑规则，能够达到正确认识结果的思维
    - 与不科学思维相对立，不科学思维是主观臆想的、不合逻辑的、片面僵化的思维
    - 科学思维是对实践中遵循逻辑思维要求、运用辩证思维方法、创新性解决问题的思维方式的统称
  - 科学思维的特征
    - 追求认识的客观性
    - 结果具有预见性
    - 结果具有可检验性

学霸笔记

学习要点

1. 科学思维的条件

思维是认识的高级阶段，是对事物的本质及其规律的反映。任何思维都是内容和形式的统一，科学思维必然要求科学的内容和科学的形式的统一。科学的内容要求思维的内容是正确的、合理的，符合人的认识规律；科学的形式则要求思维的形式是合乎逻辑的，遵循同一律、矛盾律、排中律等逻辑规则。因此，内容真实和形式正确是科学思维的两个基本条件，只有符合这两个条件的思维，才是科学思维，否则就不是科学思维。

2. 科学思维的含义

科学思维就是泛指符合认识规律、遵循逻辑规则的思维，是能够达到正确认识结果的思维。这包含三层意思：首先，从思维的内容看，科学思维反映了事物的本质和规律，因此科学思维是符合认识规律的；其次，从思维的形式看，科学思维要求遵循思维的基本逻辑规则，因此科学思维是合乎逻辑的；最后，从思维的结果看，科学思维要能够指导实践，实现认识的预期目的，因此科学思维是能够达到正确认识结果的思

维。“科学”一词既可以是名词，其含义是关于自然界、社会和思维发展规律的知识体系，“科学”一词又可以是形容词，其含义是正确的、合乎科学的。这里所讨论的“科学思维”中的“科学”是形容词，表示“正确”的意思。凡是人类文化中的正确思想，都是使用科学思维得出的结果，反之则不是。

3.科学思维与逻辑思维、辩证思维、创新思维的关系

教材前面介绍了科学思维，后面又分别介绍了逻辑思维、辩证思维和创新思维三种思维形式，这是一种“总—分”式的展开结构。科学思维与后三种思维之间不是并列的关系，而是包含的关系。这里的科学思维是一种泛指和统称，凡是“科学的、正确的思维”都是科学思维，因此，凡是正确有效的逻辑思维、辩证思维、创新思维都是科学思维的范畴。

4.科学思维的特征

科学思维主要包括三个方面的特征。一是科学思维追求认识的客观性。科学思维在认识的路径上追问事实真相，在认识目的上追求真实的结果，这种追问和追求，总是从实际出发，不盲目崇拜权威、盲信书本结论，它尊重实践检验的结果，注重实事求是的推理和论证。因此，科学思维的认识结果能够揭示和把握认识对象的本质和规律，而这种本质和规律本身又是客观存在的。二是科学思维的结果具有预见性。由于科学思维能够正确运用逻辑规则，正确反映事物的本质与规律，因此科学思维能够对事物的发展趋势和发展前景作出科学准确的推断和预测。三是科学思维的结果具有可检验性。这是与第二个特征预见性相对应的一个特征，因为科学思维能够准确预见事物发展的趋势和前景，因此就可以对这个预测进行检验。科学思维之所以具有科学性，很重要的一点就在于能够经受实践的严格检验。

除了具有上述三个主要特征之外，科学思维还具有量化性和普适性的特征。科学思维的量化性指的是科学思维既重视“是不是”“有没有”的定性分析，也重视“是多少”“有多少”的定量分析。从对事物的定性分析转向定量分析，反映了人们对客观事物的认识从错误到正确、从模糊到清晰、从粗糙到精细的发展历程，而这一历程正是思维走向科学的重要表现。科学思维的普适性指的是由于科学思维正确抽象出认识对象的本质和规律，因此只要在科学原则的适用范围内，只要相关的条件得到满足，就一定会显现其效果。

科学思维的上述特征是相互联系和统一的，离开了客观性，就不会有量化性和普适性，量化性和普适性又是对客观性的深入阐发；因为有预见性，才有可检验性，可检验性则是更深层次的预见性。

5.科学思维与不科学思维的区别

与科学思维相对应的是不科学思维，相对于科学思维含义所包含的三个层次的内容，不科学思维也具有三个特征。首先，从思维的内容来看，它不是从实际出发，实事求是地反映认识对象，而是脱离实际，主观臆想；其次，从思维的形式来看，不科学思维不符合逻辑规则，违反思维推导的基本要求；最后，从思维结果来看，它是一种片面僵化的思维，不能指导实践，无法达到正确的认识结果。

学习心得

1.识记方式

（1）理解记忆法。理解是记忆的前提和基础，因此，理解是最基本最有效的记忆方法。学习科学思维的内涵和特征，首先要理解思维的基本内涵，在此基础之上再去理解科学思维的内涵，要善于借助已有的知识经验，进行分析综合，把握概念的特点和内在的逻辑联系，通过从思维概念到科学思维概念这样一个由一般到特殊的思维过程，将思维、科学思维的概念纳入已有的知识结构，保持在自己的记忆中。在把握了科学思维内涵的基础上，可以进一步去理解科学思维所具有的特征，这是一个从本质到特征的记忆理解与延伸过程。

(2)案例记忆法。针对科学思维的特征,可以尝试使用案例记忆法。比如教材中提到的祖冲之推算圆周率和爱因斯坦广义相对论的预测,详细描述了科学思维所具有的特征,是非常好的教学案例。此外,我们还可以借助其他案例来加深对知识的理解。借助这些案例,我们可以更好地理解科学思维认识的客观性、结果的预见性和结果的可检验性等基本特征,并使相关特征之间的内在的逻辑联系清晰明了,方便我们记忆。

(3)对比记忆法。对比记忆法是把具有明显差异、矛盾和对立的双方安排在一起,进行对照比较的记忆手法。对比有利于充分显示事物的矛盾,突出被表现事物的本质特征。通过科学思维与不科学思维的对比,可以把握科学思维的特征内涵,进而加深对不科学思维的危害性的理解和认识,激发学好"逻辑与思维"课程的强烈情感。

(4)逻辑记忆法。本框内容具有明显的内在逻辑关联。首先从不同思维导致不同结果的导入开始,到"探究与分享"中对新发展理念的科学解读,从而引入正文。正文又从思维的内容和形式两个基本条件入手,对科学思维进行了描述性定义,再通过与不科学思维的对比,加深我们对科学思维的理解。在此基础上又引入科学思维与逻辑思维、辩证思维、创新思维的关系分析,帮助我们进一步深入理解科学思维的内涵。然后通过"探究与分享"中祖冲之推算圆周率的案例,引入科学思维的三个基本特征,并以爱因斯坦广义相对论的预言作为补充。这实际上是一个层层深入进行阐释说明的过程,把握这个过程的逻辑关系,有助于我们对科学思维含义与特征的深入理解与记忆。

2. 主要特点

在学习这一课之前,我们学习了思维的含义与基本特征,了解了逻辑的多种含义,理解了逻辑思维的基本要求,对思维与逻辑有了初步的了解,知道思维对人的重要意义和价值。在此基础之上,就有对思维好坏的评判问题,本框关注"科学思维",是在前期学习基础之上,再深入一步,探讨对人的思维如何进行评价,启发我们思考什么才是好的思维,好的思维与不好的思维相比有什么特征,进而引出"科学思维"这个重要概念。本框是《逻辑与思维》第一单元的最后一课,也是本单元的落脚点,从前面对思维的含义、特征、形态到逻辑思维的讲解,最终引导我们关注和追求科学思维。

3. 核心观点

(1)思维有科学与非科学之分。学习"逻辑与思维",首先要明确我们学习的是科学思维,只有把握了科学思维,才能提高我们的思维水平,有效避免不科学思维,从而更好地指导我们认识世界,改造世界。

(2)科学思维是一个泛指的概念,是与不科学思维相对立的,科学思维并不是某一种具体的思维形式。凡是"科学正确的"思维,都是科学思维的范畴,要处理好科学思维与教材后面介绍的逻辑思维、辩证思维和创新思维的关系。

(3)科学思维追求认识的客观性、科学思维的结果具有预见性、科学思维的结果具有可检验性。只有把握了科学思维的特征,我们才能更好地理解科学思维的内涵和外延。

4. 比较分析

对科学思维的含义,要注重与不科学思维进行对比分析。科学思维泛指符合认识规律、遵循逻辑规则的思维,是能够达到正确认识结果的思维,而不科学思维恰恰相反,它是主观臆想的、不合逻辑的、片面僵化的思维。符合认识规律与主观臆想之间、遵循逻辑规则与不合逻辑之间、达到正确认识结果与片面僵化之间,恰好构成了对比的关系,因此要善于运用比较分析的方法辨析科学思维与不科学思维之间的对立性,在这种对比中把握科学思维的本质内涵。

5.强化理解

科学思维的概念和主要特征是这一框的核心内容，需要进行强化理解。对科学思维的概念，可以通过上文所述的比较分析方法进行理解。对科学思维的主要特征，可以通过拓展相关知识内容来加强理解，比如引入科学思维的量化性和普适性两个次要特征。科学思维的量化性指的是科学思维重视定量分析，科学思维的普适性指只要在科学原则的适用范围内，只要相关的条件得到满足，就一定会显现其效果。通过将科学思维的主要特征与这两个次要特征进行比较，我们可以更好地理解其主要特征，因为科学思维的特征是相互联系的。

学习诀窍

1.把握基本概念

基本概念是学习的逻辑起点。只有深刻把握了科学思维的基本概念，才能进行进一步的深入学习。因此我们要通过理解记忆、对比分析、强化练习等多种方法，牢牢把握科学思维的概念，这样才能做到学透、学深、学牢、学好。

2.善于对比分析

如前文所述，对比分析是本框学习的一个基本手段。无论是在对科学思维概念的理解中比较科学思维与不科学思维，还是在对科学思维主要特征的把握中比较主要特征与次要特征，都有助于我们深化对教材基本内容的理解与把握。

3.注意区别与联系

科学思维三个主要特征之间、科学思维三个主要特征与两个次要特征之间，既有内在的联系，又有明显的区别，我们要善于把握这些特征的区别与联系，从而更好地理解科学思维的特征，进而理解科学思维本身，为后面的学习奠定良好的基础。

典型例题

判断题

判断下列说法是否正确。

(1)内容与形式的统一是科学思维的基本条件。（　　）

(2)科学思维泛指符合认识规律、遵循逻辑规则的思维，是能够达到正确认识结果的思维。科学思维是与创新思维、辩证思维等并列的思维形态。（　　）

(3)科学思维总是从实际出发，力图如实地反映认识对象，因此科学思维与客观实际情况完全一致。（　　）

答案解析：

(1)×　任何思维都是形式与内容的统一。科学思维之所以是“科学”的，因为它在形式上是正确的，内容上是真实的。

(2)×　科学思维可以理解为“科学的思维”或“科学地思维”，这里的“科学”是“正确的”意思。任何正确的思维都要合乎逻辑、客观地反映认识对象，并且能够创新性地解决问题，所以科学思维不是与创新思维、辩证思维等并列的思维形态，而是对正确思维的统称。

(3)×　科学思维能够如实地反映客观对象，但不是对客观对象情况的机械反映，而是发挥了思维的主观能动性,并经过思维的创造性加工,它逼近客观实际情况而不是与客观实际完全一致。

实战演练

填空题

1.____________和____________是科学思维的两个基本条件。

2.科学思维泛指符合____________、遵循____________的思维,是能够达到正确认识结果的思维。

3.科学思维与不科学思维____________,不科学思维是____________、____________、片面僵化的思维。

4.科学思维追求认识的____________性,科学思维的结果具有____________性和____________性。

5.科学思维追求认识的____________。科学思维总是从____________,力图如实地反映认识对象。

6.科学思维的结果具有预见性。科学思维总是通过对事物历史与现实材料的分析,找出事物发展的规律并对事物的____________、____________作出合乎逻辑的推断。

7.科学思维的结果具有可检验性,思维的结果必须接受____________。

8.科学思维是对实践中遵循____________、运用____________、____________的思维方式的统称。

参考答案:

1.内容真实　形式正确

2.认识规律　逻辑规则

3.相对立　主观臆想的　不合逻辑的

4.客观　预见　可检验

5.客观性　实际出发

6.发展趋势　发展前景

7.实践的检验

8.逻辑思维要求　辩证思维方法　创新性解决问题

选择题

1.科学思维与不科学思维相对立,下列成语中体现的是科学思维的有(　　)

①釜底抽薪　②刻舟求剑　③叶落知秋　④拔苗助长

A.①②　B.①③　C.②④　D.③④

2.不盲目崇拜权威、不盲目相信书本结论,从实际出发,注重实事求是的推理论证。这体现了科学思维的(　　)

A.可检验性　B.现实性　C.客观性　D.预见性

3.夏日午后有人发现天气异常闷热、燕子昆虫低飞、蚂蚁搬家蛇过道,因此推断不一会儿可能要下大雨,这表明科学思维具有(　　)

A.有用性　B.预见性　C.实用性　D.客观性

4.习近平新时代中国特色社会主义思想作为马克思主义中国化的最新理论成果,是科学思维的结晶。下列对科学思维理解正确的是(　　)

A.科学思维与逻辑思维、创新思维等并列

B.能够达到预期目的的思维是科学思维

C.人的思维都是正确的

D.科学思维的结果有待于实践的检验

5.关于转基因大豆、转基因植物油的争论,一次又一次掀起风波。在惊叹科学给人们带来了美好生活的同时,还有不少人担心它的副作用。这表明(　　)

A.科学思维不盲目相信书本结论

B.科学思维具有客观性

C.主观臆想的、不合逻辑的思维不是科学思维

D.思维结果有待于实践的检验

6.科学思维泛指符合认识规律、遵循逻辑规则的思维,是能够达到正确认识结果的思维。下列做法体现科学思维要求的是(　　)

A.莫须有　　B.饰非掩过　　C.因材施教　　D.捕风捉影

7.饭店经营需要根据外部环境的变化适时调整生产经营策略。及时调整策略,才能在激烈的市场竞争中立于不败之地。这表明(　　)

①科学思维的结果具有普遍的实用性　②科学思维的结果具有可检验性

③科学思维总是从实际出发　④科学思维追求认识的客观性

A.①②　　B.①④　　C.②③　　D.③④

8.我国华北和西北地区因普遍缺水,限制了地区经济的发展和人民生活水平的提高,而南方水资源丰富,大量水资源没有被利用就流入大海。为了解决南北水资源分布不均匀问题,我国实施了“南水北调”工程,取得了巨大的生态效益、经济效益和社会效益。这体现了(　　)

A.科学思维强调整体性思维,否认部分

B.科学思维强调动态性思维,排除相对静态的思维

C.科学思维用联系的、发展的、全面的观点看问题

D.只要坚持科学思维,就能认清一切事物

9.在习近平总书记提出的“精准脱贫”科学思维的指导下,我国成功实现了现行贫困线下9 000多万贫困户整体脱贫,区域性整体贫困得到解决,完成了消除绝对贫困的艰巨任务,创造了彪炳史册的人间奇迹。这说明科学思维具有(　　)

A.客观性　　B.真理性　　C.预见性　　D.可检验性

10.毛泽东在长期的革命实践中,着眼于中国的国情,否定了共产国际对中国革命提出的“以城市为中心”的指导思想,开辟了农村包围城市,武装夺取政权的光辉道路,为中国革命的胜利指明了方向。这充分说明(　　)

①科学思维不盲目崇拜权威

②科学思维追求认识的客观性

③科学思维能够以实事求是的态度接受实践的检验

④科学思维能够对事物的发展前景作出合乎逻辑的推断

A.①②　　B.①④　　C.②③　　D.③④

参考答案：

1.B	2.C	3.B	4.D	5.D
6.C	7.D	8.C	9.A	10.A

第二框　学习科学思维的意义

思维导图

- 学习科学思维的意义
  - 思维素养意义
    - 纠正逻辑错误，驳斥诡辩、捍卫真理
    - 把握事物的本质和发展规律，更为全面、动态地把握客观事物
    - 把握新情况、解决新问题，提高创新能力
  - 思想政治意义
    - 认清社会发展规律和阶段性特征，提升思想水平和政治觉悟
    - 发扬科学精神，助力国家强盛和民族复兴

学霸笔记

学习要点

1.学习科学思维的思维素养意义

学习科学思维可以增加思维知识，改善思维水平，提高我们认识问题、分析问题和解决问题的思维能力。因此，学习科学思维可以使我们少犯逻辑错误、正确认识事物的复杂性和多样性，不断增强创新的意识与能力，从而提升我们的思维素养。

2.学习逻辑思维的意义

逻辑思维遵循了逻辑的内在规律与规则，是科学思维的重要内容，学习逻辑思维至少有三种意义。第一，学习逻辑思维能够把我们自发的逻辑思维提升到自觉层面。尽管生活中很多人没有专门学习过逻辑知识，但是也不见得就会违反逻辑规则，这似乎给人造成一种错觉：学习逻辑用处不大，不学逻辑无伤大雅。但这并不能说明不学习逻辑知识就能自觉地遵循逻辑思维的规律和规则，相反，我们很可能违反了逻辑规则而浑然不知。事实上，只有学习了逻辑知识，掌握了逻辑规则，才能知道思维在哪里合乎逻辑，哪里不合乎逻辑，才能自觉遵循逻辑思维的要求，少犯甚至不犯逻辑错误。第二，学习逻辑知识，掌握逻辑规则，可以发现思维中的逻辑问题，从而有效地纠正逻辑错误。如果不学习逻辑，就不能有效察觉思维

中的逻辑错误，有时即使察觉到自身逻辑思维中的问题，也会因为知其然而不知其所以然，不知道如何去纠正逻辑错误。第三，学习逻辑知识，提高逻辑思维水平，能够有效驳斥诡辩，捍卫真理。诡辩表面上好像是运用正确的推理手段，实际上违反逻辑规律，作出似是而非的推论，具有很强的迷惑性。如果我们没有掌握逻辑思维的规则，即使知道对方在诡辩，也很难进行有效的反驳，真理会因为我们的“无能为力”而得不到应有的捍卫。

3. 学习辩证思维的意义

辩证思维是用联系、发展、全面的观点看待事物、思考问题的一种思维方式，是科学思维的重要内容。客观世界是普遍联系、变化发展的，辩证思维就是对事物的联系和发展属性的反映。客观世界中事物之间的联系方式和发展变化是多种多样的，辩证地分析与综合、以质量度相统一的方式把握事物、在辩证的否定中把握事物的发展规律等都是以辩证思维来反映事物多种多样的联系方式和发展变化。只有这样，才能全面客观把握事物的联系、变化与发展的内在规律与未来趋势。如果没有掌握辩证思维，就容易陷入形而上学的泥沼中。形而上学的思维用孤立、静止、片面的观点看待事物，这种思维在认识事物的某一部分、某一方面或者某一阶段时有其合理性，但是难以把握事物的整体和发展的趋势。因此，学习辩证思维有利于我们更为全面和动态地把握事物的整体。

4. 学习创新思维的意义

学习科学思维不仅要掌握科学思维的知识体系，理解科学思维的原理和方法，更重要的是要理论联系实际，把科学思维的知识原理运用到解决实际问题的过程之中。创新思维的一个重要特征就是创新性，就是要打破思维惯性，摆脱原有束缚，积极尝试用新思想、新方法、新思路解决问题，进而实现认识的飞跃和工作的突破。创新思维有利于我们把握新情况、解决新问题，从而有所发现、有所发明、有所创造，提高我们的创新能力。

5. 学习科学思维的思想政治意义

学习科学思维具有两个层面的思想政治意义。第一，学习科学思维有助于我们提高思想水平和政治觉悟。在人们能动地处理主观与客观的关系问题上，科学思维对于人们正确地把握认知的真理性、价值的正确性、审美的崇高性等具有关键作用。学习科学思维有助于我们客观反映我们生活于其中的社会现实，正确认识新时代中国特色社会主义社会的发展规律及其特点，弄清不同社会实践中的世情国情，准确把握我们所在的历史方位，提高我们作为中国特色社会主义事业建设者和接班人的政治站位，在深刻把握思想政治知识的价值内涵与自身责任的联系中，在信仰深处产生与正确的思想政治知识的共情、共鸣与共振，形成坚强的政治定力。第二，学习科学思维有助于我们发扬科学精神。科学精神是以事实为依据、以实践为检验认识的真理性标准的求真务实精神。科学思维是一种客观理性的思维方式，它所倡导的是尊重事实、追求真理的理性文化。科学思维所倡导的科学精神和理性文化有助于我们投身于当代中国广泛而深刻的社会变革、宏大而独特的实践创新之中，助力国家强盛和民族复兴。

6. 科学思维与正确思想的关系

思想是行动的先导，思想是思维的结果，而思维又有正确与错误之分。人们只有在正确思想的指导下才能在实践中实现预期的目的。获得正确思想离不开社会实践，离不开人类在亿万次社会实践基础上揭示的思维规律和规则。遵循思维规律和规则是科学思维的题中之义。没有社会实践，没有科学思维，就不会有正确思想。

7. 如何培养和提高科学思维的能力

2017年5月，习近平总书记在中国政法大学考察时提到了培养和提高科学思维能力的方法。他强调，青年时期是培养和训练科学思维方法和思维能力的关键时期，无论在学校还是在社会，都要把学习同思考、观察同思考、实践同思考紧密结合起来，保持对新事物的敏锐，学会用正确的立场观点方法分析问题，善于把握历史和时代的发展方向，善于把握社会生活的主流与支流、现象与本质。要充分发挥青年的创造精神，勇于开拓实践，勇于探索真理。习近平总书记的教导，具有重要的方法论意义和价值，是我们培养和提高科学思维能力的基本遵循。

学习心得

1.识记方式

（1）理解记忆法。理解是记忆的前提和基础，因此，理解是最基本最有效的记忆方法。针对学习科学思维的意义，首先要理解其内在的结构层次，区别思维素养意义和思想政治意义，再通过细化了解思维素养意义和思想政治意义的不同方面，这样就可以把学习科学思维的意义建构成一个立体网络（思维导图），理解了这个立体网络的内在结构，自然就把握了学习科学思维的意义，从而完成了在理解基础之上的记忆。

（2）案例记忆法。把握教材中提到的案例，深入学习习近平总书记在考察中国政法大学时关于青年要学习科学思维的重要论述，有助于我们加深对学习科学思维重要性的感性认识，也有助于我们强化对学习科学思维的意义的理解。

（3）对比记忆法。将学习科学思维对提升思维素养的意义和思想政治意义进行比较，把握学习科学思维的重要价值，进而提升学习科学思维的主动性和自觉性。

（4）情感记忆法。本框内容既有知识的记忆，又有价值观的引导。思维方式具有工具性，本身没有价值立场，从这个意义上看，把握科学思维的意义是一种知识性的记忆。但是科学思维又具有思想政治意义，必须牢固树立正确运用思维方式的价值导向，充分理解运用科学思维方式可以推动国家发展、社会进步、人类繁荣。因此可以通过激发我们的责任担当，在充满积极情感的氛围中把握科学思维的思想政治作用，帮助我们树立正确的世界观和人生观，成为有理想、有本领、有担当的时代新人，更好地报效国家、服务社会、造福人类。

2.主要特点

在前面一课，我们学习了科学思维的基本概念、主要特征，对科学思维有了初步的了解。在此基础之上，就要学习科学思维有何作用。本框关注“学习科学思维的意义”，就是在前期学习基础之上，再深入一步，探讨学习科学思维对中学生的意义，帮助我们进一步坚定信心，提升学习科学思维的积极性和主动性。本框是《逻辑与思维》第一单元第三课的最后一框，通过前面对科学思维含义、特征的介绍，最终引导我们在此基础上理解科学思维的重要性，从而增强我们学习科学思维、提高思维品质的积极性和主动性。

3.核心观点

第一，学习科学思维有助于提升思维素养。思维有科学与不科学之分，学习科学思维，有助于提升思维素养。第二，学习逻辑思维有助于提高思维的自觉性，纠正逻辑错误，驳斥诡辩，捍卫真理。第三，学习辩证思维有助于正确把握事物的本质和发展规律，更为全面和动态地把握客观事物。第四，学习创新思维有助于把握新情况、解决新问题，从而有所发现和创造，进而提高创新能力。第五，学习科学思维具有提升思想政治素质的意义。学习科学思维有助于认清社会发展规律和阶段性特征，准确把握我们所处的历史方位，提高政治站位，提升思想水平和政治觉悟。学习科学思维，有助于发扬科学精神，积极投身中国特色社会主义伟大实践，助力国家富强和民族复兴。

4. 比较分析

把握学习科学思维的意义，要注意思维素养意义和思想政治意义的对比分析。从思维本身来说，学好科学思维能够克服不科学思维的影响，进而提高思维素养，这是比较浅显易懂的。但是仅仅停留在这一层次还远远不够，因为思维是人类特有的现象，只有人类的大脑才具有对事物的本质和规律进行间接反映的高级功能，也正是因为这一功能，人类才能成为万物之灵。在人类的所有有意识的活动中，都有思维这种工具的参与，而科学思维对于人们正确地把握认知的真理性、价值的正确性、审美的崇高性等具有关键作用，因此学习科学思维除了具有提升思维素养的意义之外，还具有超越思维本身的思想政治意义。只有将这两种意义进行对比分析，才有助于我们更加全面、准确和深刻地理解和把握科学思维本身。

5. 强化理解

学习科学思维的意义是这一框的核心内容，需要进行强化理解。对学习科学思维的思维素养意义，除了理解记忆之外，还可以借助适当的案例强化理解，如教材提到的鲁迅《"有名无实"的反驳》的案例。学习科学思维的思想政治意义，可以通过拓展相关内容进行强化理解，比如补充学习习近平总书记考察中国政法大学时关于思维的重要论述等。

学习诀窍

1. 把握基本观点

基本观点是学习的逻辑起点。科学思维是一个泛指的概念，包括逻辑思维、辩证思维、创新思维等。学习科学思维的意义，必须首先把握逻辑思维、辩证思维、创新思维等具体科学思维的意义价值，只有这样，才能更好地理解其提升思维素养的价值。也只有把握了学习科学思维的思维素养意义，才能在此基础上更好地理解学习科学思维的思想政治意义。我们可以通过理解记忆、对比分析、强化练习等多种方法，牢牢把握学习科学思维的意义，这样才能做到学透、学深、学牢、学好。

2. 善于对比分析

如前文所述，对比分析是学习本框内容的一个基本手段。我们要善于把握学习科学思维的思维素养意义与思想政治意义的对比，学习逻辑思维、辩证思维、创新思维的意义的对比、学习科学思维提升思维水平和政治觉悟与发扬科学精神的对比，这些对比分析有助于我们深化对教材基本内容的理解与把握。

3. 注意内在层次

学习科学思维的两个意义——思维素养意义和思想政治意义之间，形成了一个完整的层次结构（详见思维导图），它们之间既有内在的联系，也有明显的区别，我们要善于把握这些联系和区别，从而更好地理解学习科学思维的意义，提升学习科学思维的主动性和自觉性。

典型例题

简答题

检验思维科学性的标准就是看其是否符合逻辑要求。对此你怎么看？

答案解析：

这种认识是不正确的。符合逻辑要求是思维科学性的必要条件，也就是说，不符合逻辑要求的思维肯定不是科学的思维，但是符合逻辑要求的思维，不一定就是科学思维。因为逻辑要求主要是从思维形式方面提出的要求，除了形式之外，还有思维内容的问题。内容真实和形式正确是科学思维的两个基本条件。

选择题

(多项选择题)正确的思想只能从社会实践中来,而成功的社会实践离不开科学思维的参与。对这句话理解错误的是(　　)

A.社会实践不需要科学思维

B.科学思维不需要社会实践

C.正确的思想是科学思维的结果

D.错误思维将误导社会实践

答案解析:

AB　A社会实践不需要科学思维,这是错误的,因为科学思维对社会实践有指导作用。B科学思维不需要社会实践,这是错误的,思维是对客观事物的反映,科学思维是在社会实践中形成的。C正确的思想是科学思维的结果,这是正确的,思想是思维的结果,正确的思想是科学思维的结果。D错误思维将误导社会实践,这是正确的,错误的思维不可能让社会实践获得成功。

实战演练

填空题

1.学习科学思维,有利于我们纠正____________,驳斥诡辩,____________。

2.学习科学思维,有利于我们把握事物的____________和____________。

3.学习科学思维,有利于我们把握____________、____________,从而有所发现、有所发明、有所创造,提高我们的____________。

4.学习科学思维,有助于我们认清____________规律和____________特征,正确认识不同的社会实践中的国情和世情,准确把握我们所在历史方位,提高我们的政治站位,提升我们的思想水平和政治觉悟。

5.学习科学思维,有助于我们发扬____________,积极投身于当代中国广泛而深刻的____________、宏大而独特的____________。

6.把握科学思维的精髓,学会运用科学思维方法,可以帮助我们正确____________,提高学习和工作的效率。

7.把握科学思维的精髓,可以帮助我们树立正确的世界观和人生观,成为____________、____________、____________的时代新人,更好地报效国家、服务社会、造福人类。

8. 我们所倡导的科学精神是以____________为依据、以____________为检验认识的真理性标准的____________的精神。

9.发扬科学精神就是要用马克思主义____________、____________,观察事物、分析问题、解决矛盾。

参考答案:

1.逻辑错误　　捍卫真理

2.本质　　发展规律

3.新情况　　解决新问题　　创新能力

4.社会发展　　阶段性

5. 科学精神　　社会变革　　实践创新

6. 认识事物

7. 有理想　　有本领　　有担当

8. 事实　　实践　　求真务实

9. 基本立场　　观点和方法

选择题

1.“小狗会蹦蹦跳跳，我也会蹦蹦跳跳，所以我是小狗”这样的推断明显是错误的。这表明学会运用科学的思维方法可以(　　)

A. 使我们不盲目相信书本结论

B. 全面、客观地认识事物的本质和规律

C. 纠正逻辑错误，维护真理

D. 不用检验思维结果

2. 教师在一次课堂实践活动中要求学生在一张纸上画骆驼，画的数量越多者此次活动分数越高。大部分学生画的骆驼又小又密集，快到下课时，大家都满头大汗，只有小王同学早早就从容交卷。只见他画的是一座大山，大山中有一只骆驼在悠闲地吃草，在绵延山路的转角处走出了第二只骆驼，山路遮住了骆驼的后半截身体。这说明(　　)

A. 小王同学利用了创新思维的积极作用，懂得了如何展现骆驼之多

B. 其他同学利用了创新思维的积极作用，懂得了如何展现骆驼之多

C. 所有人都利用了创新思维的积极作用，懂得了如何展现骆驼之多

D. 小王同学克服了不科学思维的消极作用，懂得了如何展现骆驼之多

3. 在新冠疫苗研发过程中的创新性思维活动离不开实践中获得的科学思维和正确方法。由此可见，掌握科学的思维方法有利于我们(　　)

A. 正确认识新事物，提高学习效率

B. 把握新情况、解决新问题，提高创新能力

C. 认清社会发展规律和阶段性特征

D. 突破客观规律的限制，达到新的高度

4. 某同学正在完成美术老师布置的家庭作业，完成之时高兴地站起来却不料碰到了旁边的画笔，画笔掉落在图画中的窗户上。该同学悔恨苦恼之时发现画笔掉落之处可以构思画出一只花猫，于是涂涂绘绘，画中窗户上便多了一只猫，顿时这幅画鲜活起来。这一案例启发我们(　　)

①学习和运用科学思维方法能帮助我们化不利条件为有利条件

②学习和运用科学思维方法有利于解决新问题，提高创新能力

③学习和运用科学思维方法有利于提高我们捕捉事物本质的能力

④学习和运用科学思维方法能提升自身思维品质，提高工作效率

A.①②　　B.②③　　C.③④　　D.①④

5. 创新思维是科学思维的一种形态，创新中的思维活动也离不开从实践中总结出来的科学思维方法，这主要是因为(　　)

A. 学习科学思维有利于提高我们的思维效率

B.学习科学思维有利于我们掌握事物的发展规律,得以更好地驾驭自然规律

C.学习科学思维有利于我们树立正确的世界观和人生观

D.学习科学思维有利于我们综合运用各种科学思维方法,提高我们的创新能力

6.坚持科学思维、弘扬科学精神、万众一心、高效协作,为我国航天技术的发展提供了强大的支撑。由此,可以知道学习科学思维(　　)

①有助于维护真理　　②有助于纠正逻辑错误

③有助于提升思想水平　　④有助于推动社会进步

A.①②　　B.①③　　C.②④　　D.③④

参考答案:

1.C　　2.D　　3.B　　4.A　　5.D　　6.D

综合探究　学会科学思维　提升思维品质

学霸笔记

学习要点

1.正确思维的基本条件

任何思维都是内容和形式的统一。正确思维必然要求思维的内容是真实的、思维的形式是合乎逻辑的。因此,正确思维的基本条件至少有两个方面:其一是真实的思维内容;其二是合乎逻辑的思维形式。若想求得真实的思维内容,就必须在正确的世界观和方法论的指导下,一切从实际出发、实事求是,遵循认识的规律去认识事物。若想求得合乎逻辑的思维形式,就必须认识思维本质,理解思维的基本规律,遵循逻辑规律和规则,不能出现逻辑错误。当然,在获得真实的思维内容方面,要真正弄清楚正确的世界观、正确的方法论究竟是什么,如何做到从实际出发、实事求是,真正做到遵循认识的规律去认识事物等,是要做很多工作的,不是简单讲一讲就能够实现的。同样,在思维形式方面,怎样才能认识思维本质、理解思维的基本规律,如何遵循逻辑规律和规则,使得思维不出现逻辑错误,这些是非常重要的,也是要付出巨大努力才能实现的。

2.逻辑思维的要义

在现代汉语中,"逻辑"是一个常用语词,也是一个多义的语词,它是英语"logic"的音译。"logic"的本义是指思想、言辞、理性或规律性。今天,"逻辑"一词的含义有一百多种,但主要用法有以下几种。第一种用法是作为规律的同义词。比如,人们常说,要把握科学研究的逻辑,实际上就是说,要把握科学研究的规律。第二种用法是指逻辑规律与规则。人们平常说的"说话写文章要合乎逻辑"实际上就是说,说话写文章的思维要遵循逻辑规律与规则。第三种用法是指认识问题的某种方法。面对不道义的人,人们常常谴责他们奉行"霸权主义的逻辑""强盗逻辑""诡辩家的逻辑",这当然不是说他们遵守了什么逻辑规则,而恰恰是指他们违背了逻辑规律与规则。第四种用法是指"逻辑学"这门学问。比如说,"学一点逻辑是有好处的"。这里的"逻辑"是指"逻辑学"这门学问。1974年,联合国教科文组织编制的学科分类中,逻辑

学因其工具性作用而与数学、天文学和天体物理学、地球科学和空间科学、物理学、化学、生命学相并列，被列为七大基础学科之一。“逻辑”的第四种用法与前三种用法是有关系的。逻辑学是以逻辑规律与规则为首要研究对象的，同时逻辑学也研究如何将这种规律与规则运用到实际思维中的方法，以区分正确的思想方法和不正确的思想方法。也就是说，第二种和第三种意义上的“逻辑”都是作为学问的“逻辑”的研究对象。至于“逻辑”的第一种用法，那实际上是所有科学的研究对象，因为任何科学都要把握各自研究领域的对象规律。作为工具性学科的逻辑学，它的工具性主要体现在其是为把握“规律”服务的。从学科角度看“逻辑”，“逻辑”又有狭义和广义之分。狭义的“逻辑”是指研究思维形式结构及其规律的形式逻辑，广义的“逻辑”是指含有狭义的逻辑学和研究辩证思维中的规律、规则与方法的辩证逻辑等。

教材中所讲的“逻辑思维的要义”中的“逻辑”，是从狭义的“逻辑”来说的。狭义的“逻辑”思维所要达到的目的，概括起来就是：澄清概念、准确判断、严密推理、清理矛盾、合理论证、辨识谬误、纠正错误。

要实现这样的思维目的，就要遵循逻辑思维的基本要求。这里的基本要求，是从逻辑的基本规律来说的。所谓基本规律，就是贯穿逻辑思维方方面面的规律，包括它的所有思维形式结构，而不是仅就某一种思维形式结构而言的。狭义的逻辑思维的形式结构包括概念、判断和推理。因此，这些要求也就贯穿在概念、判断和推理之中。这里所说的逻辑基本规律，是指同一律、矛盾律和排中律。同一律对思维的确定性提出了要求，矛盾律对思维的一致性提出了要求，排中律对思维的明确性提出了要求。

同一律的要义。同一律是指“在同一时间、从同一方面、对同一对象所形成的论断‘A’，如果是真的，就是真的；如果是假的，就是假的”。它要求人们：在同一思维过程中，每一思想自身必须保持同一性，不能混淆概念或偷换概念，也不能转移论题或偷换论题。具体而言，分为两种情况：一是就概念来说，人们所使用的概念必须保持同一，不能任意变更，不能直接或间接地把不同概念当作同一概念来使用；二是就判断来说，人们在使用判断的过程中必须与其自身同一，不能无意或故意违反同一律关于判断的逻辑要求，用另外一个与原论题无关的论题来代替原本需要论证的论题。

矛盾律的要义。矛盾律是指“在同一时间、从同一方面、对同一对象所形成的论断‘A’和它的否定论断‘非A’不能同真，其中必有一假”。矛盾律要求人们：在同一时间、从同一方面、对同一对象所形成的论断“A”和“非A”，不能断定它们都成立。具体而言，它要求思维主体：不能直接或间接地断定同一对象既具有某属性，同时又不具有该属性；不能直接或间接地断定同一组对象既具有某关系，同时又不具有该关系；不能直接或间接地断定同一判断既是真的，同时又不是真的。例如，“这个犯罪行为是故意的”是真的，它就不是假的。需要强调的是，这里的“思维主体”不限于任何一个人，它可以包括任何特定的思维共同体，还可以包括当代人工智能主体。因此，如果人们在使用概念、进行判断时没有遵守矛盾律，将会出现“自相矛盾”的逻辑错误。

排中律的要义。排中律是指“在同一时间、从同一方面、对同一对象所形成的论断‘A’和‘非A’不能同假，其中必有一真”。这里的论断“A”是指思想，它既包括概念，又包括判断。就概念而言，排中律要求在同一思维过程中，对于一定论域中的某一个对象，或者用概念“A”来反映，或者用“非A”来反映，二者必居其一。就判断而言，排中律要求在同一思维过程中，对于同一对象的断定，或者是“A”，或者是“非A”，二者必居其一，必须承认其中有一个是真的，不能同时加以否定。排中律要求人们：在同一思维过程中，对矛盾的论断不能都否定，是拒斥“两不可”的。具体而言，它要求认知主体：不能直接或间接地既否认对象具有某属性，同时又否认对象不具有该属性；不能直接或间接地既否认某组对象具有某关系，同时又否认该组对象不具有该关系；不能直接或间接地既否认某判断是真的，同时又否认该判断不是真的。因此，如果人们在使用概念、进行判断时没有遵守排中律，将会出现“两不可”的逻辑错误。

3.同一律、矛盾律和排中律的联系与区别

遵循同一律、矛盾律和排中律的要求是保障思维确定性的基础,这些规律在一起构成了逻辑思维的基本规律。逻辑思维的基本规律是关于思维形式的基本规律,是人们正确运用各种思维形式的概括、抽象和总结。逻辑规律与其他学科刻画的客观规律一样,都是不以人的主观意志为转移的。恩格斯曾经指出:“我们的主观思维和客观世界遵循同一些规律,因而两者的结果最终不能互相矛盾,而必须彼此一致,这个事实绝对地支配着我们的整个理论思维。这个事实是我们理论思维的不以意识为转移的和无条件的前提。”因而,与我们应依据各种具体科学规律来制定实践规范一样,我们也应当依据逻辑规律来制定思维规范。然而,逻辑规律与其他科学的规律又具有不同的性质。逻辑思维的基本规律的特殊地位在于其基本性。逻辑思维的基本规律是所有逻辑系统赖以建构的基本的指导法则,由它们决定的规范是最基本的逻辑思维规范。此外,逻辑基本规律的逻辑公式分别是:“A是A”“A不是非A”“A或者非A”,将这些逻辑公式刻画成逻辑形式就变成:“$A\rightarrow A$”“$\neg(A\wedge\neg A)$”“$A\vee\neg A$”。从复合判断之间的关系来看,它们三者是等值的,可以互相推出。

它们之间的区别在于:同一律是从思想的肯定方面表述的,是思想自身同一;矛盾律在同一律的基础上进一步对思维确定性予以展开,指出某个思想既肯定又否定是有逻辑矛盾的,不能同真,它最直接地体现“逻辑之所舍”;排中律指出两个互相矛盾的思想不能同假,必有一真,它最直接地体现“逻辑之所取”。三条基本规律虽然都是保证思维具有确定性,避免逻辑矛盾,但又是从不同的侧面来表述思想的确定性,因而它们的内容、要求、作用都有区别。同一律从正面表述思想的确定性,指出思想的同真同假,从而提出在同一思维过程中思想必须保持同一的要求。矛盾律和排中律则进一步揭示在同一个思维过程中相互否定的思想不能同真,必有一假,相互矛盾的思想不能同假,必有一真,并由此提出各自的逻辑要求。

4.科学思维的特征

人们对“科学”含义的理解不同,对其特征的界定也不完全相同。教材中所讲的“科学思维”之“科学”,是指“正确的”或“正确地”思维。正确的思维,是就思维的结果而言的;正确地思维,是就思维方法和过程来说的。科学思维既要求结果是正确的,也要求方法或过程是正确的。因此,这里的“科学思维”之“科学”不能简单地理解为物理、化学、数学等“学科”领域中的科学。但是,毫无疑问的是,物理、化学、数学等学科领域中的科学思维,也是要同样符合“正确的”和“正确地”思维的要求和特征。一般而言,科学思维除了具有教材中所讲的客观性、预见性和可检验性之外,还有量化性和普适性特征。科学思维的量化性是指,科学思维既重视“是不是”“有没有”的定性分析,又重视“是多少”“有多少”的定量分析。人类对客观事物的认识从错误到正确,从模糊到清晰,从粗糙到精细,正是思维走向科学的体现。科学思维具有普适性是指,只要在科学原理的适用范围内,只要相关的条件得到满足,其思维就一定会显现应有的效果。这是因为科学思维正确地抽象出了认识对象的本质和规律。例如圆周率,只要是平面上的圆,其周长与直径的比值就一定是π。科学思维的客观性、量化性、可检验性、预见性和普适性是相互联系和统一的。比如,离开了客观性,就不会有量化性和普适性;正因为有预见性,才有可检验性;等等。

5.学习科学思维的意义

教材分两方面阐述了学习科学思维的意义。其一是就提升学生思维素养而言,教材阐释了学习逻辑思维、辩证思维和创新思维,有利于我们纠正逻辑错误,驳斥诡辩,捍卫真理,有利于我们把握事物的本质和发展规律,结合社会实践,勇于创新;其二是就提升学生思想政治水平和觉悟而言,教材阐述了学习科学思维,有利于我们获得正确的思想观念,提高思想水平和政治觉悟,提升“科学精神”这一核心素养,争做有理想、有本领、有担当的时代新人。这两个层面的意义:一是训练思维方法、提升思维水平的工具性意义；二是提高政治站位，提升思想政治觉悟和水平的价值性意义。

6.情绪与理性

心理学通常认为情绪是指伴随着认知和意识过程产生的对外界事物的态度，是人脑对客观外界事物与主体需求之间关系的反应，是以个体需要为中介的一种心理活动。也有学者将情绪解释为多种感觉、思想和行为综合产生的心理和生理状态。常见的情绪表现有喜、怒、哀、惊、恐、爱、恨等，也有一些细腻微妙的情绪，如嫉妒、惭愧、羞耻、自豪等。情绪常与心情、性格、脾气、目的等因素互相作用，也受到荷尔蒙和神经递质的影响。

情绪被描述为针对内部或外部的重要事件所产生的突发反应，一个主体对同一种事件总是有同样的反应。情绪持续时间很短，情绪反应包含了语言、生理、行为和神经机制互相协调的综合因素。从情绪产生的后果角度，心理学家将情绪分为正面情绪与负面情绪，但无论是正面的还是负面的情绪都会引发人们行为的动机。

思维与动机之间关系紧密，因此，情绪与思维之间也具有密切的关联。按照情绪的属性，人们将情绪划分为积极情绪（如愉快、兴奋等）、消极情绪（如恐惧、厌恶、悲伤、焦虑等）和中性情绪（如心平气和、平心静气等）。心理学研究和人们的思维实践经验都已表明，积极情绪有助于拓宽思维。这是因为积极情绪有利于个体增强人际信任感、改善人际关系和增加亲社会行为等。有研究表明，积极情绪有助于提升个体的思维活跃度，提高认知的灵活性，并增加认知视角选择的广度，主要表现为能够加快其数学估算策略的执行速度。个体处于消极情绪状态时思维会变得越来越狭隘。消极情绪有负面作用，但也有正面作用。有研究者发现，与中性和正性刺激相比，负性的情绪刺激能够吸引个体更多的注意，会得到优先加工，而且这种加工过程是自动化的，加工速度很快。消极情绪对认知的负面影响，不像现实中或是文献中所说的那么普遍，消极情绪甚至有助于个体集中注意力，加快其数学估算策略的执行速度。负性情绪有利于人们增加对生活的适应性，如果没有适当的消极情绪，人们可能难以适应社会，所以说消极情绪对人类的进步起着重要的作用。中性情绪有助于思维的冷静分析。人们常将中性情绪作为积极或消极情绪研究中的基线，将其他基本情绪与中性情绪进行对比，而少有对中性情绪自身的解释。生活中常常出现心平气和、平心静气等情绪状况，都是中性情绪的表现。

何谓理性？这是一个长期莫衷一是、很难简单说明的问题。人们经常谈论的理性与感性、理性与意志、理性与激情、理性与信仰等概念中所使用的“理性”显然不是同一个概念。不过，万变不离其宗，任何关于“理性”的界说都必定以人的推理与论证能力为思维的本质要素，换言之，其根基都在于逻辑思维的理性。如美国政治哲学家和逻辑教育家科恩所说，一个有理性的人，至少应该具备两种能力：一是设想一种计划或掌握判断或行动规则的能力；二是在具体情况下运用规则或按行动计划办事的能力。由于在民主体制中，这些规则大多都是在人与人之间起作用的，我们可以增加一点：清楚表达思想，与人讲理的能力。粗略而不失真地说，人类理性体现在对既往得失的审慎反思，对当下抉择的利弊权衡，对未来变化后果的合乎逻辑的推理，对社会规则的论证和遵守，对不同意见者有理有据的论证的尊重并经过认真审思后的包容。反思、权衡、推理、论证既是理性思维的过程，又是理性的基本特征。

与理性相对应的是非理性，非理性是反映并反作用于社会存在的非条理化、非规范化、非逻辑化、非程序化、非秩序化的社会意识或社会精神现象。在社会学意义上，非理性主要与规范化、组织化、有序化的社会行为相对应，常常与人的本能私欲、集体无意识、潜意识行为结构等相关联。在思维方式层面，非理性最为显然和突出的要素就是其非逻辑性，换句话说，就是缺乏对行为和思想的合理性与正确性作逻辑的反思和审问，任凭本能、激情、冲动等情绪而盲目地行动。

7.抽象思维与形象思维的互补性

抽象思维和形象思维是人们对思维形态进行区分认识的结果。这里的区分标准是思维运行的基本单元、思维运行的方式、思维的表现形式和思维的主要功用。抽象思维及其特征和功用体现在：如果人的思维抽象、概括了事物的共同属性，并通过语词巩固下来，就形成了概念，人们把以概念为基本单元运行的思维称为抽象思维。抽象思维的主要特征是基本单元的概念性、运行方式的推导性、思维表达的严谨性。抽象思维以概念、判断和推理等方式反映认识对象，其功用在于揭示事物的本质和规律。形象思维及其特征和功用体现在：如果人的思维抽象、概括的是事物的形象特征，并以感性形象作为思维运行的基本单元就属于形象思维。形象思维的主要特征是基本单元的形象性、运行方式的想象性、思维表达的情感性。形象思维运用感觉、知觉和表象，以及联想、想象和幻想等方式反映认识对象，触及事物的本质和规律。抽象思维与形象思维的互补性体现在三个方面。其一，抽象思维的概念与形象思维的感性形象之间具有关联性。抽象的概念都是对感性形象进行再加工而形成的。没有感性形象为基础就难以形成抽象的概念。其二，抽象思维的推导过程需要形象思维弥补。在抽象思维推导中，如果前提条件不足，就需要运用联想或想象进行弥补。其三，抽象思维结果的表达与形象思维结果的表达并不矛盾。抽象思维结果的表达是严谨的，严谨的是内容，表达中富有情感性更容易被人们接受。严谨的书写与情感性的表述是可以相得益彰的。此外，抽象思维追求严谨，不能虚构和夸张，而形象思维讲究情感性，可以大胆地虚构、尽情地使用夸张等修辞手法，这种“实”与“虚”之间的互补恰恰是孕育思维创新的广阔空间。

8.逻辑矛盾与辩证矛盾

矛盾律的作用在于保证思想的无矛盾性。这种无矛盾性是限定在同一思维过程中的，也就是指同一时间、同一关系、同一方面对于同一对象所形成的论断不能自相矛盾。谈到矛盾律的时候，我们必须将逻辑矛盾和辩证矛盾区别开来。

我们承认客观世界普遍存在着矛盾，同时要致力于在思维中正确反映这种矛盾，但这种矛盾是指客观事物的对立统一属性及其在思维中的反映，而不是形式逻辑所讲的自相矛盾，绝不可把这两个“矛盾”概念混为一谈。逻辑矛盾与辩证矛盾的根本区别是：包含逻辑矛盾的判断即自相矛盾的判断，都是直接或间接地既断定事物具有某种属性，同时又断定事物不具有该属性；而辩证矛盾断定的是事物同时具有两种对立统一、相反相成的属性。

在日常思维中区分逻辑矛盾和辩证矛盾，要特别注意将语言与其所表达的思想相区别。“运动物体既在这一点，又不在这一点”，如果其所表达的是物体运动“既有间断性，又有连续性，是间断性与连续性的对立统一”，则其所表达的是辩证矛盾思想。若理解为物体运动“既有连续性，又没有连续性”，那就是逻辑上自相矛盾的认识。例如，我们说“雷锋是平凡的，又是伟大的”。其中“平凡”指他的工作岗位和事迹，而“伟大”指他的精神和价值。不能理解为雷锋既具有平凡的属性，又不具有平凡的属性。又如，臧克家的诗：“有的人死了，他还活着。”其中“死了”是指自然生命的结束，“活着”是指精神永存。这样的矛盾是从不同的角度对事物的认识，因而属于辩证矛盾，不违反矛盾律的要求。如果说某人的“自然生命结束了”，又说其“自然生命没有结束”，那就成了逻辑矛盾，就违反了矛盾律的要求。

9.科学思维与逻辑

科学思维是指正确的思维或正确地思维，不论是作为名词性质的“正确的思维”，还是作为动词性质的“正确地思维”，都要求思维不能出现错误。思维的错误有内容的错误和形式的错误。思维的内容是具体的，而思维的形式是普遍的。通俗地理解，逻辑就是关于正确的思维形式的科学。这里的思维形式包括概念、判断和推理。明确概念、准确判断、正确推理中的形式规律和规则便是逻辑要研究和把握的内容。

而任何科学思维都必然具有内容和形式的两个方面，因此，思维要成为真正的“科学”思维，即正确的或正确地思维，都必须遵循逻辑的规则，符合逻辑的要求，任何违背逻辑规则和要求的思维，都不可能是科学思维。换句话说，符合逻辑是思维成为科学思维的必要条件。

学习心得

1.识记方式

(1)关键词识记法。学习“逻辑与思维”的知识，不同于学习“思想政治”其他课程，在记忆方面需要按照原理的内在逻辑，有条理地进行系统的记忆。对于逻辑与思维的知识，可以采取关键词方式进行记忆。比如，在这个单元中，我们可以记忆“思维”“思维形态”“思维的基本形态”“抽象思维”“形象思维”“逻辑”“广义逻辑学”“狭义逻辑学”“同一律”“偷换概念”“转移论题”“矛盾律”“自相矛盾”“排中律”“两不可”“正确思维的条件”“科学思维”“科学精神”等，把握了这些关键词的含义，就可以掌握这一单元的核心内容。

(2)辨析识记法。这里需要辨析的重点是抽象思维与形象思维，科学思维与非科学思维，同一律、矛盾律和排中律之间的相同点与差异性，这三个逻辑基本规律要求方面的关联性和差异性，违背这些基本规律的要求所犯的错误表现。

(3)逻辑理解法。逻辑理解法就是要找到知识点内部的联系，把它们贯通起来进行记忆，比如，理解抽象思维与形象思维时，可以看它们的基本单元、运行方式和表达形式，得出概念性/感性形象、推导性/想象性、严谨/情感性的差异和对比。理解同一律、矛盾律和排中律时，紧扣它们的前提“在同一思维过程中”，也就是“在同一时间、从同一方面、对同一对象”而言的，就某一思想A而言，A是A，保持自身同一；A与它的否定非A，不能同时都成立，即不能都是真的；A与它的否定非A，不能同时都不成立，即不能都是假的。这样理解，不仅可以分别理解每一规律的含义，更能够理解它们之间的区别，特别是矛盾律与排中律的区别。

(4)实践锻炼法。这里的实践锻炼法是指把所学的思维知识应用到思维实际之中，辨析人们在日常生活中的思维属于什么风格和类型，并分析其中存在的问题。例如，思维缜密的人都有什么样的思维风格，体现了什么思维类型，有什么特点等。如果我们能够在实践中不断积累和总结这样的思维分析结果，甚至使之成为一种新的思维习惯，我们就可以从遵循思维规则和规律要求的自发状态转变为正确思维的自觉状态。

2.主要特点

这个单元是全书的总论部分，这个“综合探究”也是对本单元核心内容的总结和升华。要顺利完成这个“综合探究”，首先要全面理解这个单元究竟讲了哪些主要内容。总体上来看，本单元主要讲述了“逻辑与思维”的基本概念，以及“正确思维的基本条件”。首先，教材描述了常见的思维活动，让学生体会思维是人所特有的属性，进而了解思维的基本形态和特征，区分抽象思维和形象思维，知道正确思维的基本条件。其次，为了解释本课程“逻辑与思维”中的“逻辑”的含义，同时，也因为合乎逻辑的要求是正确思维的必要条件，教材在这个部分对“逻辑”的含义、逻辑思维的基本要求作了概括性讲述，为我们明确思维与逻辑的关系、逻辑与科学思维的关系铺垫了学理基础。最后，教材讲述了科学思维的含义和特征，引导我们体悟学会科学思维的意义。这个单元也是全书的绪论部分，是为科学思维“立标”的部分。学好这一部分内容，有利于我们增强逻辑意识，区分科学思维与不科学思维，进而树立科学思维的观念。在这个单元中，了解思维的基本形态和特征，区分抽象思维和形象思维、把握它们各自的特征及其相互关系，领悟形式逻辑三个基本规律、把握逻辑思维的要义，懂得社会实践对正确思维的决定性作用等，是学习的重点所在。

3. 核心观点

这个单元的核心观点就是我们应掌握的课标要求，包括描述常见的思维活动，体会思维是人所特有的属性，了解思维的基本形态和特征；懂得正确思维的基本条件，区分抽象思维和形象思维；辨析常见的逻辑错误，掌握形式逻辑的三个基本规律；掌握科学思维的特点，体悟学会科学思维的意义。

学习诀窍

1. 学会总结回顾，要常常学会“回头看”

教材上的内容是按照一定的章节编排的，但章节的不同，不能成为理解知识点的“藩篱”，我们在学习中要善于贯通地理解，就这一单元而言，在分别理解每一课、每一框、每一目的内容的基础上，要善于将三课的内容贯通，特别是要在学习完全部内容之后，回头看看之前的内容，看看它们的内在关系，这样整体地把握知识点对于掌握教材中的核心要义是十分有益的。

2. 课后搜集分析资料与总结心得

学习逻辑与思维一定要多练习，但是教材中提供的练习题较少，我们要学会自己开发练习题，这就要搜集用于进行思维和逻辑分析的资料。通常我们找到的资料总是零散的，做完之后就没有“新鲜感”，但并不代表这样的资料是“废品”，要学会对这些资料进行“逻辑”的再把握，看看它们的共同点和不同点，寻找其中规律性的东西，以及差异性的特点，并把这些规律和特点认识记录下来，慢慢积累，就会成为我们解决逻辑与思维问题的“指南”。

3. 强化练习

逻辑与思维的练习有几个层次：其一，要对刚刚学会的知识进行理解性练习，找一些与教材或教学参考书上相近的例子，试着分析其中的思维道理；其二，要将学习的知识用于练习题中，看看脱离了教材中的学习感知环境之后，能不能解决练习题中的问题；其三，要将学习的思维知识运用于生活和学习的实践中，看看能不能辨析其中可能存在的问题，并给出正确的解决方法。如果我们能够做到这几个层次，就能够做到思维知识的活学活用。本单元“综合探究”中有四个案例，第一个是怎么看待感性认识和情绪对理性思维的影响问题，第二个是“永动机”设计中存在的思维问题，第三个是关于抽象思维与形象思维的关系问题，第四个是日常工作中人们所表现的思维风格和特征的问题。这些问题都不是“标准”的思维练习题，但都需要我们运用所学的逻辑与思维的知识才能进行正确解答，这是思维知识的运用，是对知识点学习的再升华，这样的升华也是可以通过不断的练习而达到的。

典型例题

简答题

1. 分析下列案例中的思维内容，并回答问题。

在一次数学测试中，王老师出了这样一道题目：“$X^2=4$，求解方程的根。”戴芳和李文都求出了“$X=\pm2$”，但对此作文字说明的时候，戴芳写道：“2是方程式的根。”李文则写道：“方程式的根是2。”老师评定戴芳的说明是正确的，李文的说明是错误的。李文感到委屈，他认为自己的说明和戴芳的说明是一样的，“2是方程式的根”不就是“方程式的根是2”吗？为什么老师认为戴芳说的是对的，自己说的是错的呢？

请想一想，“2是方程式的根”与“方程式的根是2”，这两个判断的意思是一样的吗？

答案解析：

从题目上来看，戴芳说“2是方程式的根”是不错的，李文反过来说“方程式的根是2”的确错了。两个人的说法不是一个意思，并不相同。戴芳说的“2是方程式的根”，只是断定2是方程式的根，并没有否定、排斥-2也是方程式的根。比如，我们说“张三是人”，并没有排斥和否定张三以外的其他人也是人。因此，“2是方程式的根”符合$X^2=4$，是正确的。李文说的“方程式的根是2”断定了该方程式的根只是2，实际上就否定、排斥了该方程式的根还有其他的可能性，也就排斥否定了“-2也是方程式的一个根”，这与“$X^2=4$”这个方程式不符合，是不正确的。

2. 毕达哥拉斯学派的警示。

毕达哥拉斯学派是公元前600年—公元前500年的古希腊哲学家毕达哥拉斯及其信徒组成的学派。他们多是自然科学家，把美学视为自然科学的一个组成部分，认为宇宙可以用单独一个主要原理加以说明，这就是“数”。他们坚信，世界上一切事物和现象都可以归结为数。“万物皆数”是该学派的共同信仰。由于数量概念源于测量活动，当时人们普遍确信一切量都可以用有理数表示。因为测量得到的任何量在任何精确度的范围内都可以表示成有理数。

毕达哥拉斯学派将这种认识凝练为“可公度原理”，即“一切量均可表示为整数与整数之比”。基于这样的哲学信仰和数学共识，毕达哥拉斯学派致力于早期的数学研究，取得了诸多成就，尤其是成功地发现了伟大的毕达哥拉斯定理。

从“万物皆数”和“可公度原理”出发，毕达哥拉斯学派成员希帕索斯发现，边长为1个单位的正方形的对角线的长度，即$\sqrt{2}$却无法表示为整数之比，这个结论与可公度原理是矛盾的。

$\sqrt{2}$虽然无法公度，但它确实量度出了一个确定的长度，也有作为数而存在的权利。而且，重复运用希帕索斯的方法，可以得到无限个不可公度的数。这让毕达哥拉斯大为苦恼。据说，希帕索斯因为这个发现还招致了杀身之祸。经过痛苦的抉择，毕达哥拉斯学派承认了这种数的存在，称之为“阿洛贡”（alogon，意为“不可说”）。但他们不愿意放弃可公度的思想，提出了改变可公度单位的“单子说”。“单子”是一种如此之小的度量单位，以致其本身不可度量却又可以保持为一种不可分的单位。它有些像后来的微积分基础中的“无限小”概念，但在当时的毕达哥拉斯学派内部是提不出导致数学基础理论第二次“危机”的“无限小是零或非零”的问题的，因为那时的毕达哥拉斯学派并不承认零是一个数。

“阿洛贡”的发展历史没有被明确地记载下来，但在毕达哥拉斯学派之外，人们并没有过多地顾及“单子”问题，而是逐渐放弃了“可公度原理”。到了欧几里得时代，无理量及其证明成了《几何原本》的重要组成部分。直至19世纪，一批著名的数学家，比如，哈密顿、威尔斯特拉斯、戴德金和康托尔等认真研究了无理数，给出了无理数的严格定义，提出了一种同时含有理数和无理数的新的数类——实数，并建立了完整的实数理论，由希帕索斯悖论所引发的数学“危机”才最终得以消除。从“阿洛贡”“无理量”“无理数”到“实数”，这些名称的演变表征着数学基础理论创新的艰难历程，也显现着科学理论发展的一般轨迹。

以上内容表明了什么？

答案解析：

逻辑思维的核心要义是排除思维中的矛盾，从而维护思维的确定性、一致性和明确性。思维中不能出现违背矛盾律要求的自相矛盾的错误，这被逻辑学家称为“铁律”。能不能排除逻辑矛盾是要看具体情况的。有的逻辑矛盾是普通的逻辑错误，容易被排除，比如，“小明想画一个方的圆”，在平面的纸上不可能画出一个既是方的又是圆的图，因此，我们宣布它是自相矛盾的，是“自毁”的概念，要么是方的，要么是圆的，不可能存在方的圆。但是，对于科学理论中存在的有些逻辑矛盾，比如上述$\sqrt{2}$无法表示为整数之比与“可公度原理”之间的悖论，却并不容易排除。排除这类矛盾，必将带来科学理论的重大创新。类似这样的案例表明，严密的逻辑思维也是能够实现创新的，而且是科学中的基础理论的重大创新。

实战演练

选择题

我们假定：

(1)所有卡迪瓦土著人都是穿黑衣服的；

(2)所有紫薇国土著人都是穿白衣服的；

(3)绝对没有穿白衣服的人，同时又是穿黑衣服的人；

(4)a是穿白衣服的人。

根据以上条件，以下判断正确的是(　　)

A.a是紫薇国土著人

B.a不是卡迪瓦土著人

参考答案：

B

推理题

桌子上面有三张扑克牌，排成一行，现在我们已经知道：

(1)K右边的两张牌中至少有一张是A；

(2)A左边的两张牌中也有一张是A；

(3)方块左边的两张牌中至少有一张是红桃；

(4)红桃右边的两张牌中也有一张是红桃。

请问这三张是什么牌？

参考答案：

红桃K，红桃A，方块A。

第二单元

遵循逻辑思维规则

2

- ★ 第四课　准确把握概念
- ★ 第五课　正确运用判断
- ★ 第六课　掌握演绎推理方法
- ★ 第七课　学会归纳与类比推理
- ★ 综合探究　把握逻辑规则　纠正逻辑错误

第四课 准确把握概念

第一框 概念的概述

思维导图

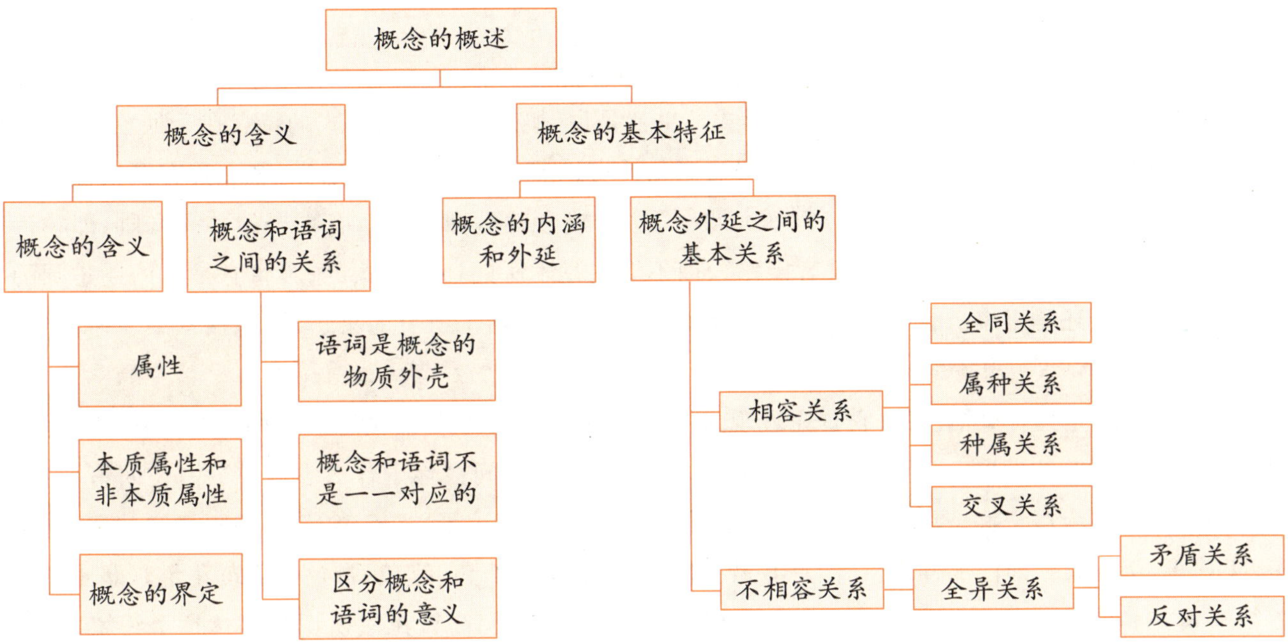

学霸笔记

学习要点

1.概念是反映事物本质属性的思维形式

(1)事物。这里所说的事物,泛指一切思维对象。既指客观世界的事物,如日、月、星辰、风、雨等,也指存在于主观世界的事物,如思维、认识等。

(2)属性。任何事物都有其性质,如太阳的明亮、山川的雄伟、英雄的伟大等。事物与事物之间存在着这样那样的关系,如大于、等于、支持、反对等。事物的性质和事物间的关系,统称为属性。

(3)本质属性。事物的属性有本质属性和非本质属性的区别,所谓本质属性是指一事物成为该事物并区别于其他事物的属性。例如,有思维、有语言、能制造和使用生产工具,这是人区别于其他事物的属性,因此是人的本质属性。而有眼睛、有耳朵、有四肢这样的属性,不但人具有,某些动物也具有,因此是人的非本质属性。

(4)概念的客观性和主观性。概念是反映事物本质属性的思维形式。反映与被反映者既有联系,又有区别。反映来源于被反映者,没有被反映者就没有对于被反映者的反映,这说明反映具有客观性;但反映又不同于被反映者本身,反映是人对被反映者的一种认识,因而具有主观性。

2.概念的基本特征

概念的基本特征是有内涵和外延。

(1)概念的内涵。概念的内涵就是事物的本质属性在概念中的反映。它反映事物“质”的规定性,说明概念所反映的那种事物究竟“是什么”。例如,“商品”这个概念的内涵是“用来交换的劳动产品,具有价值和使用价值”。“用来交换的劳动产品,具有价值和使用价值”不仅将“商品”与其他劳动产品区别开来,而且反映了“商品”的本质,是“商品”这种事物本质属性的反映。

(2)概念的外延。概念的外延是指具有概念所反映的特有属性或本质属性的对象,通常指概念的适用范围。例如,“商品”这个概念所指对象范围是市场出售的一切劳动产品,大到汽车、飞机,小到衣服鞋袜、笔墨纸砚、针头线脑等。

3.概念的抽象性与概括性

概念是反映客观事物本质属性的思维形式。也就是说,概念这种思维形式的特点在于抽象出一类事物的本质属性,而舍弃了它的非本质属性,因而概念具有抽象性。也正因为这样,概念具有概括性,概念可以概括具有一定本质属性的事物。例如,“桌子”这个概念就是抽象了所有桌子的共同本质,即“有桌面,有支柱,能够在上面放置东西或进行操作”,而不管它是木头的还是石头的,不管它是方的还是圆的,也不管它是书桌还是饭桌。也正因为这样,“桌子”这个概念概括了所有的桌子,既包括木桌、石桌,也包括圆桌、方桌或书桌、饭桌等的本质属性。

我们说思维是具有概括性的,它首先表现为概念的概括性,正是依靠概念的这种概括性,人类才能认识和表达纷繁复杂的世界。例如,两个人在街上相遇,其中一位问:“你干什么去啊?”另一位回答说:“我去买菜。”“菜”这个概念就是具有概括性的。他可能会去买鱼、买鸡蛋、买青菜,但一般不会说:“我上街买鱼、买鸡蛋、买青菜。”即使那样说,仍然是有概括性的,究竟买什么鱼,鲤鱼、带鱼还是黄花鱼?即使说“我上街买黄花鱼”,仍然是概括性的……离开了概念的概括性,我们简直无法认识和表达这个纷繁复杂的世界。

4.概念与语词的关系

概念用词或短语表达,词和短语统称为语词。

概念与语词相对应,任何概念都必须用语词表达。这种对应关系是思维与语言对应关系的具体表现。

概念与语词分属于思维与语言的不同范畴,由于思维与语言的区别,概念与语词的对应关系并不是机械的,而是表现为不完全的对应。这可以从以下三个方面来看。

一是有些语词表达概念,有些语词不表达概念。名词、动词、形容词等实词表达概念,如“山”“河”“说”“笑”“可以”“伟大”等。助词、叹词等虚词不表达概念,如“啊”“吗”“噢”“哎呀”等。

二是同一个概念可以用不同的语词表达。例如,“母亲”和“妈妈”是不同的语词,但表达的是同一个概念,“土豆”和“马铃薯”也是这样。

三是同一个语词在不同的语境中可以表达不同的概念。例如,“先生”这个语词,既可以指“老师”,也可以指“医生”,还可以指“尊者”等。又如,“书”这个语词,可以表达“书本”“书信”“书写”等不同概念。

5.概念之间的关系

(1)概念之间的五种基本关系。这里说的概念之间的关系,是指概念外延间的关系。概念的外延之间存在着五种基本关系。

全同关系。A、B两个概念,如果所有A是B,并且所有B是A,那么A、B有全同关系。如“等边三角形”

与“等角三角形”。

种属关系。A、B两个概念，如果所有A是B，但并非所有B是A，那么A、B有种属关系。如“羊”与“动物”。

属种关系。A、B两个概念，如果所有B是A，但并非所有A是B，那么A、B具有属种关系。如“生物”与“动物”。

交叉关系。A、B两个概念，如果有A是B，有A不是B，并且有B不是A，那么A、B有交叉关系。如“等腰三角形”与“直角三角形”。

全异关系。A、B两个概念，如果所有A都不是B，那么A、B有全异关系。如“金属”和“非金属”，“动物”和“植物”。

(2)其他关系。在概念间五种基本关系的基础上，还应当了解概念间的其他关系。

包含于关系：它是全同关系和种属关系的概括。

不包含于关系：它是属种关系、交叉关系和全异关系的概括。

相容关系：它是全同关系、种属关系、属种关系和交叉关系的概括。

不相容关系：即全异关系。

从属关系：它是种属关系和属种关系的概括。外延大的概念叫作属概念，外延小的概念叫作种概念。

矛盾关系和反对关系：全异关系可以区别为矛盾关系和反对关系，这是相对于两个概念的共同属概念而言的。具有矛盾关系的两个概念的外延之和等于其共同属概念的外延，具有反对关系的两个概念的外延之和小于其共同属概念的外延。例如，“马克思主义思想家”与“反马克思主义思想家”相对于“思想家”而言为反对关系。

6.概念内涵与外延之间的反变关系

在从属关系概念的内涵与外延之间，存在着一种反变关系。内涵越多，外延越小；内涵越少，外延越大。例如，“三角形”与“直角三角形”，“直角三角形”的内涵比“三角形”的内涵多，它在“三角形”的内涵的基础上增加了“有一个角是直角”的内涵，因而“直角三角形”的外延比“三角形”的外延小，它在“三角形”的外延中排除了“锐角三角形”和“钝角三角形”，反之“三角形”的内涵比“直角三角形”少，因而其外延比“直角三角形”大。

学习心得

1.识记方式

(1)情境记忆法。关于概念的含义，由于其内容很抽象，我们可以采取情境记忆的方式，利用教材中“探究与分享”引用的故事，抓住“殴”和“盗”两个具体的概念，以准确把握概念的重要性。“庄里有人，字其长子曰盗，次子曰殴”中的“盗”和“殴”分别是两个人的名字。“其母呼之曰：‘盗！’”母亲喊大儿子的名字“盗”，而官差误将这里的“盗”理解成盗贼。“但言：‘殴！殴！’”母亲喊小儿子的名字“殴”，但是官差误以为这个母亲叫他们殴打盗贼。官差之所以出现误解，是因为他们所理解的“盗”与“殴”和这位母亲理解的“盗”与“殴”的含义是不同的。由此，我们可以了解语词相同，含义不同，所表达的概念也就不同。

(2)图表记忆法。关于概念之间的五种外延关系，可以采用欧拉图的方式加强记忆。

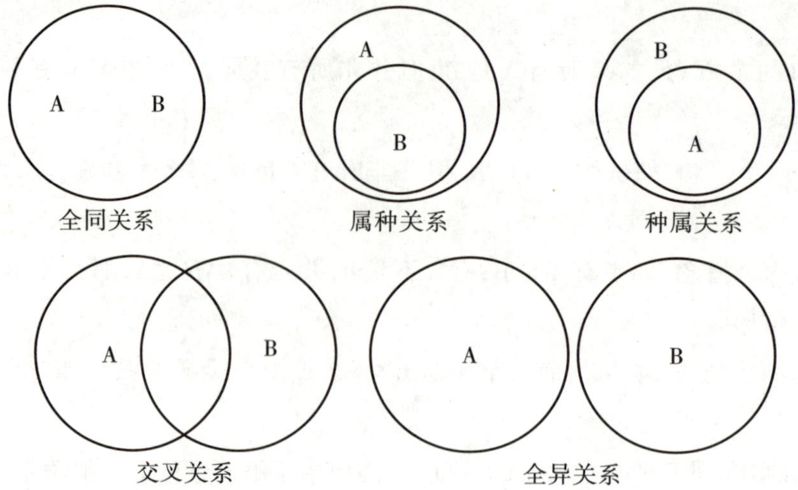

图2-1

(3)理解记忆法。针对概念的内涵和外延的内容,我们需要进行理解记忆。只有理解并把握了概念内涵与外延的基本内容,我们才能更好地理解和把握概念的五种外延关系。

2. 主要特点

"概念的概述"包括两目。第一目"概念的含义",主要阐述了概念的基本含义以及概念是通过何种方式被表达出来的;第二目"概念的基本特征",主要阐述了概念的内涵和外延的含义,根据概念外延关系之间的特征对概念外延进行了分类。

这两目内容采用层层递进的讲述方式,以"概念"为主线,着重阐述了"概念"的含义、基本特征以及概念外延之间的关系,帮助我们理解和掌握"概念"这一核心内容,进而帮助我们准确地把握概念的内涵与外延。

3. 核心观点

概念是通过揭示事物的本质属性而反映事物的思维形式,其基本特征是拥有内涵与外延,任何概念都是内涵与外延的统一。概念是思维用以反映对象的一种形式,但人们却无法直接接触概念。人们所接触的只是表达概念的语词。概念必须借助语词才能形成,概念的储存、传播、交流都必须依赖于语词。不依赖于语词的"赤裸裸的概念"是不存在的。弄清楚概念和语词的关系,对于我们了解概念和语词的本质,弄清如何明确概念并准确使用概念,都是十分必要的。

就概念和语词的联系来说,任何一个概念都要借助于语词来表达。但是,概念与语词之间不是一一对应的。

世界是普遍联系的,反映对象的概念之间也是相互联系的。概念间的联系既表现在内涵方面,也表现在外延方面,逻辑学是抛开思维的内容来研究思维形式,因此主要从外延方面来关注概念间的关系。概念的外延是反映在概念中的一个个、一类类的对象。从外延方面来考察,两个概念所反映的对象可能是重合的,也可能是不重合的,而重合与不重合的情况也是多种多样的。根据概念在外延上是否具有重合的情况,把概念外延的关系分为相容关系和不相容关系。概念外延间的相容关系,也就是外延至少有一部分是重合的两个概念之间的关系。相容关系具体又分为四种情形:一是全同关系,二是属种关系,三是种属关系,四是交叉关系。不相容关系又称为全异关系,具体又分为两种情况:一是矛盾关系,二是反对关系。

4. 比较分析

我们对概念间的五种外延关系,可以采用比较分析的方法来理解和记忆。根据概念外延相同部分的多少，可以将概念外延的相容关系分为以下几种：一是全同关系，指两个概念的外延完全相同；二是属种关系，又称真包含关系，指第一个概念的外延比第二个概念的外延大；三是种属关系，又称真包含于关系，指第一个概念的外延比第二个概念的外延小，其中所谓“属概念”指外延大的概念，所谓“种概念”指外延小的概念；四是交叉关系，指两个概念的外延有相同的部分，但也有不同的部分，而且只有一部分外延是相同的。五是不相容关系，又称为全异关系，指两个概念的外延没有任何相同的部分，全部都不同。

5. 强化理解

关于概念的内涵与外延的定义需要进行强化理解。概念的内涵是指事物的本质属性在概念中的反映，反映事物“质”的规定性，说明概念所反映的那种事物究竟“是什么”。概念的外延是指具有概念所反映的特有属性或本质属性的对象，即通常所谓概念的适用范围。

学习诀窍

1. 课前预习与课后复习

我们课前可以从概念的含义、概念和语词的关系、概念的基本特征以及概念之间的外延关系几个方面进行预习，这样上课时可以有针对性地听教师的讲解。课后要对学过的知识点进行复习，特别是其中的核心知识点，比如概念通过何种方式被表达出来、概念的内涵与外延的含义、概念外延关系的相容与不相容等，一定要在课后对其进行深入的复习和把握。

2. 积极参与课堂讨论

积极参与教师课堂上组织的小组讨论、积极思考并回答教师所提的问题，认真聆听教师对学生的课堂回答、讨论等给予的口头评价，以此提高自己的学习能力。

3. 利用图示理解外延关系

在学习概念之间的关系时，我们可以借助欧拉图来加深理解。

典型例题

简答题

1. 请在下列古诗中找到表示寺庙的语词。

兰若山高处，烟霞嶂几重。
冻泉依细石，晴雪落长松。
问法看诗忘，观身向酒慵。
未能割妻子，卜宅近前峰。

——杜甫《谒真谛寺禅师》

已从招提游，更宿招提境。
阴壑生虚籁，月林散清影。
天阙象纬逼，云卧衣裳冷。
欲觉闻晨钟，令人发深省。

——杜甫《游龙门奉先寺》

答案解析：

两首诗的题目表明，它们都是写寺庙的，分别描绘了两座不同寺庙的奇异景色。然而，两首诗的诗句中却无一处出现“寺庙”字眼，诗中用的是与之有着相同含义，即表达同一个概念的语词。第一首诗中用“兰若”表示寺庙，第二首诗用“招提”表示寺庙。

2.下面是一对母女的对话，请找出其中使用概念上的错误。

母亲：你和王明谈得怎么样，是否该订婚啦？

女儿：已经分手了。

母亲：为什么？

女儿：因为没有共同语言。

母亲：咋会没有共同语言？他又不是外国人。

答案解析：

这段对话中，女儿说的“共同语言”是指价值观相同，志趣相投，而母亲说的“共同语言”指的是相同语种，母女俩使用了相同的语词，表达的却是不同的概念。

图解题

1.用欧拉图表示下面各组概念之间的关系。

(1)a.男学生；b.女学生；c.女运动员

(2)a.米；b.分米；c.厘米；d.毫米

答案解析：

(1)

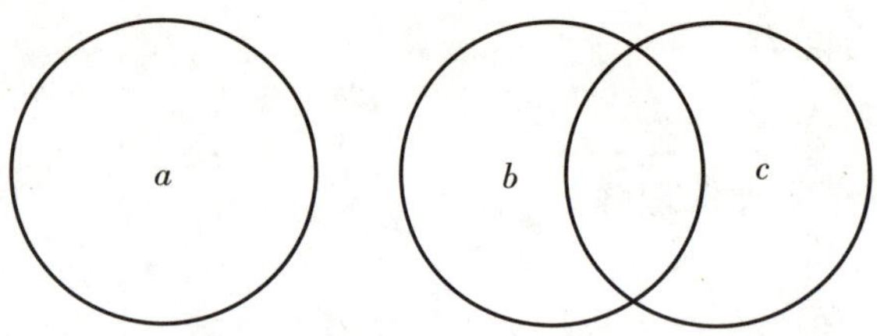

(2)

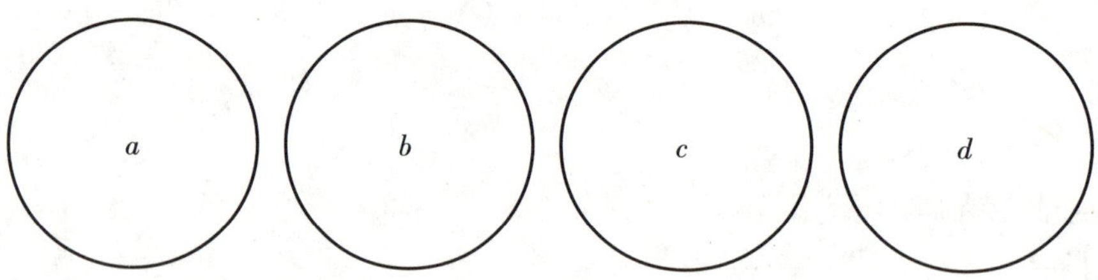

2.用欧拉图表示下面各组概念之间的关系。

a.子女；b.婚生子女；c.非婚生子女

答案解析：

《中华人民共和国民法典》第1127条规定，子女包括婚生子女、非婚生子女、养子女和有扶养关系的继子女。所以，子女、婚生子女和非婚生子女这三个概念的欧拉图应该是：

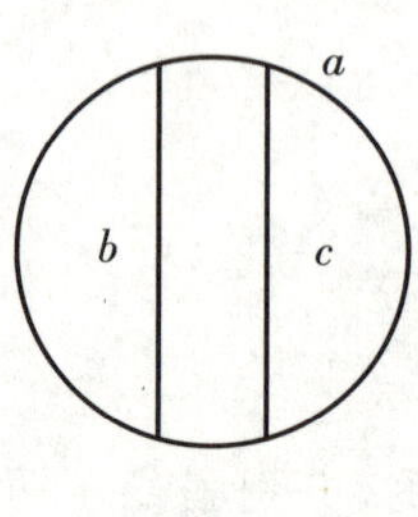

实战演练

选择题

1. 某大学一寝室中住着若干个学生，其中，一个哈尔滨人，两个北方人，一个广东人，两个在法律系，三个是进修生。因此，该寝室中恰好有8人。如果题干中关于身份的介绍涉及了寝室中所有的人，则以下各项关于该寝室的断定都不与题干矛盾，除了(　　)

A. 该校法律系每年都招进修生

B. 该校法律系从未招收过进修生

C. 来自广东的学生在法律系就读

D. 该寝室的三个进修生都是南方人

2. 陈先生要举办一个亲朋好友间的聚会。他出面邀请了他父亲的姐夫，他姐夫的父亲，他哥哥的岳母，他岳母的哥哥。陈先生最少出面邀请了几个客人？(　　)

A.1个客人

B.2个客人

C.3个客人

D.4个客人

参考答案：

1.C　此类题目考查学生对概念的外延关系的判断。我们知道，哈尔滨人是北方人，所以假设其他概念不交叉，那么一共是8个人。因此，其他概念必须不能交叉。选项C中，广东人和法律系学生交叉了，这样总人数就少于8人了，因此，C项与题干矛盾。

2.B　陈先生所邀请的客人，从表面上看是4个人(1个女性，3个男性)，但三个男性中，父亲的姐夫、姐夫的父亲和岳母的哥哥可以是同一个人，所以陈先生最少出面邀请了2个客人。

简答题

1. “床前明月光，疑是地上霜。举头望明月，低头思故乡。”“床前明月光”中的“床”到底指什么？

2. 试分析下列材料中出现的“尝试”概念。

胡适曾对陆游“尝试成功自古无”的诗句有如下评论：“尝试成功自古无，放翁此语未必是。我今为下一转语，自古成功在尝试。”

3. 有人给农业种子公司寄了封信，要求公司寄一些无籽西瓜的种子来。为此，甲、乙、丙三人议论起来：

甲：简直是无稽之谈，无籽西瓜怎么会有种子，这不是自相矛盾吗？

乙：凡是植物都有种子，西瓜是植物，西瓜肯定有种子；无籽西瓜是西瓜，所以无籽西瓜也有种子。这是逻辑推理的结论。但又如甲所说，认为无籽西瓜有种子是不合逻辑的，因为无籽西瓜一颗籽也没有，事实上无籽西瓜也是没有种子的。所以，逻辑和事实是两回事。

丙：无籽西瓜当然有种子，这是不存在什么逻辑矛盾的。从无籽西瓜中直接取种当然不可能，但是可以通过别的途径取得无籽西瓜的种子。认为无籽西瓜没有种子，在逻辑上才是混乱的。

试问:甲、乙、丙三人谁说得对?谁说得不对?简述理由。

参考答案:

1. 按照通常的理解,"床"指的是人们睡卧的床,整首诗叙述了诗人由于夜不能寐而于卧床前萌发对故乡的思念。但如果再仔细分析一下就会发现,用对"床"的这种理解来解读本诗就会产生一些难以解释的问题。首先,就前两句来看,诗人看到床前的月光,怀疑是地上下了霜,而卧室的床前地上怎么可能下霜呢?无论怎样的卧室,无论怎样寒冷的气候,恐怕也难以使地上有霜吧!既然如此,诗人怎么会因看到月光的照射就怀疑床前的地上下了霜呢?其次,就后两句来说,作客他乡的诗人"举头望明月"而自然地思念故乡,这是完全可能的,符合本诗所描绘的特定情景。问题在于:处在卧室的床前怎么可能一"举头"就望到明月呢?一般而言,床很少放置于紧靠卧室门窗的部位,再加上房屋结构特别是屋檐的限制,置身于卧床前的人是很少有可能"举头"就望见明月的。

基于以上理由,我们就不能把诗中的"床"理解为睡觉的床,它应该指"围在井口的一圈栏杆"。李白正是站在院子里,看到井旁的月光,才怀疑是地上下了霜。这种解释是有充分而合理的根据的。《辞源》解释"床"同"牀","牀"的第三个含义就是"井上围栏"。此外,在唐朝,卧床特别是备客留宿的床,习惯称作"榻"而不称"床"。由此可见,理解和使用概念,必须准确把握概念的外延,弄清概念所反映的对象到底是什么。

2. 材料中陆游与胡适所用的"尝试",虽然是同一个语词,但表达的是不同的概念。陆游所说的"尝试"是浅尝辄止,只试一次就不干了。而胡适所说的"尝试"则是敢于创新,并且反复试验,直至取得最后的成功。实际上,胡适是未对"尝试"这个多义词所表达的不同概念加以区别才导致了"偷换概念"的逻辑错误。

3. 丙说得对,甲和乙说得不对。甲和乙均把无籽西瓜的"种子"和"籽"两个概念混淆了,所以都违反了同一律的要求,犯了"偷换概念"的逻辑错误。此外,乙还同时肯定了两个不能同真的判断,犯了"自相矛盾"的逻辑错误。

图解题

请用欧拉图表示下面各组概念之间的关系。

1.a. 中国;b 安徽省;c. 合肥市

2.a. 四季;b. 春季;c. 夏季;d. 秋季;e. 冬季

3.a. 工人;b. 妇女;c. 女工代表

4.a. 重庆人;b. 具有重庆常住户口的人;c. 在重庆市工作的人

5.a. 能被 2 整除的数;b. 能被 3 整除的数;c. 能被 6 整除的数

参考答案:

1.

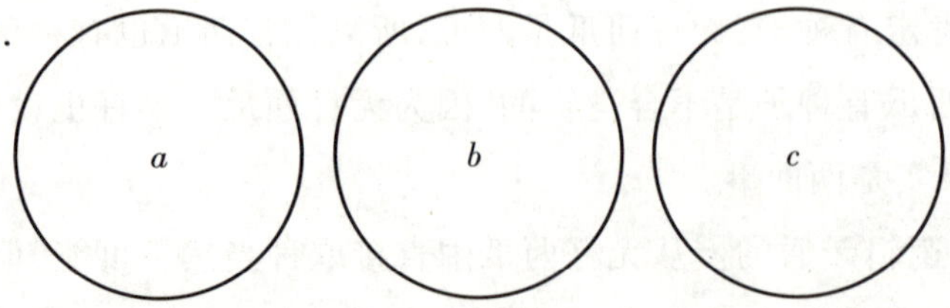

2.

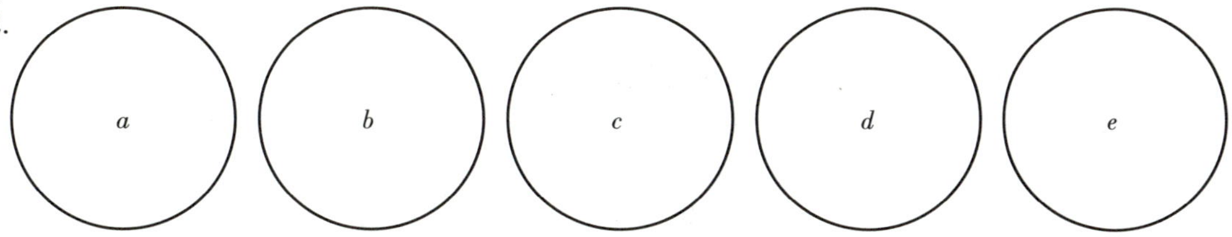

3.

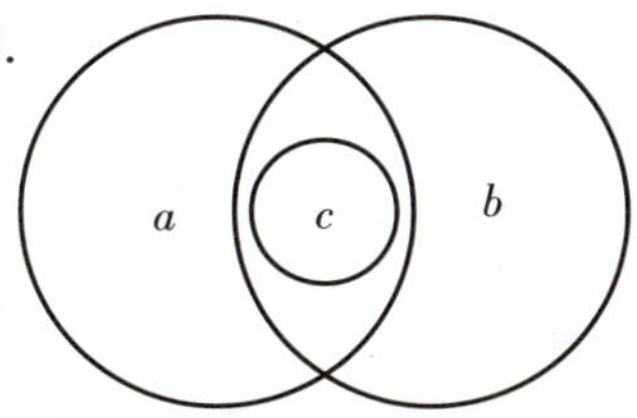

4.

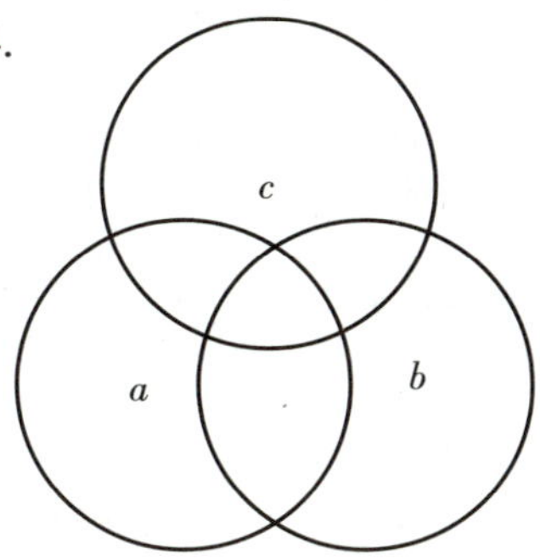

5.

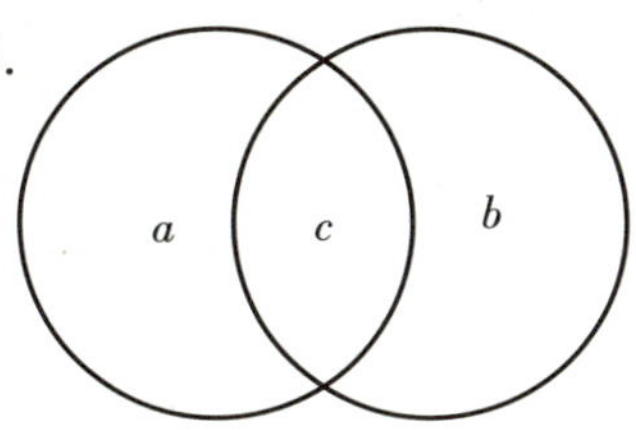

第二框　明确概念的方法

思维导图

- 明确概念的方法
  - 明确内涵的方法
    - 运用定义的理由、实质和基本方法
      - 运用定义的理由
      - 定义的实质和构成
      - 定义的基本方法
    - 下定义的条件
      - 下定义需正确认识事物
      - 下定义需遵循逻辑规则
    - 定义的逻辑规则及违反其规则所犯的逻辑错误
      - 定义要相应相称
      - 定义项不能直接或间接地包含被定义项
      - 定义一般不能用否定的形式
      - 定义不能用比喻
  - 明确外延的方法
    - 划分的含义和结构
      - 划分是明确概念外延的方法
      - 划分的含义
      - 划分的结构
    - 正确划分的条件
      - 要把握事物之间的客观关系
      - 应遵循必要的逻辑规则
    - 划分的逻辑规则
      - 子项的外延之和要等于母项的外延
      - 划分的标准要统一
      - 划分需在同一个层次上进行
  - 正确理解概念的存在方式
    - 概念是内涵和外延的统一
    - 概念是发展变化的

学霸笔记

学习要点

1.定义

定义是揭示概念内涵的逻辑方法。或者说,定义是明确内涵的逻辑方法。例如,“商品是用来交换的劳动产品”这一定义就揭示了“商品”这一概念的内涵,即“用来交换的劳动产品”。

定义由被定义项、定义项和定义联项三个部分构成。被定义项就是被揭示内涵的概念,定义项就是用来揭示被定义项内涵的概念,定义联项就是表示被定义项和定义项之间联系的概念。例如,在“梯形是一组对边平行的四边形”这个定义中,“梯形”是被定义项,“一组对边平行的四边形”是定义项,“是”是定义联项。

最基本、最常用的定义方法是“种差加属概念”。所谓“种差”,就是同一属概念下种概念之间的差别。

例如，梯形的属概念是“四边形”，梯形的种差是“有且仅有一组对边平行”（以区别于平行四边形的“两组对边平行”和不规则四边形的“没有对边平行”）。用这种方法给一个概念下定义，首先要找到这个概念的属概念，然后再弄清这个概念的种差，以属概念作中心语，以种差作定语，组成一个偏正短语，就构成了定义项，用定义联项把被定义项和定义项联系起来就构成了定义。

2. 划分

划分是揭示概念外延的逻辑方法。或者说，划分是明确概念外延的逻辑方法。例如，“生物包括动物、植物和微生物”，这一划分就揭示了“生物”这个概念的外延。

划分有三个要素：母项、子项和划分标准。母项就是被划分的概念，或者说是被明确外延的概念；子项就是用来揭示母项外延的概念；划分标准就是把母项分为若干子项的依据或角度。例如，在“小说可以分为中国小说和外国小说”这一划分中，“小说”是母项，“中国小说”是子项，划分标准是“小说的所属国度”。

3. 概念明确

所谓概念明确，就是概念的内涵和外延明确，只有明确概念的内涵和外延，才能准确地理解概念和使用概念。概念的内涵就是通常所说的概念的含义，即它反映的对象的本质属性是什么；概念的外延就是通常所说的概念的适用范围，即它反映的对象是哪些。内涵反映对象的质，外延反映对象的量。我们通常讲的概念要明确，就是指所使用的概念内涵是什么，外延是哪些要明确，概念的内涵不明确，或者外延不明确，都是概念不明确。只有概念明确了，才能准确地使用它。否则，就会犯“混淆概念”或“偷换概念”的逻辑错误。例如，“发明”和“发现”是两个不同的概念。“发明”的内涵是指创造出新产品、新技术、新工艺、新方法等，而“发现”是指看到或找到前人没有看到的事物及其规律。我们不能说“爱迪生发现了电灯”，因为在爱迪生之前是没有电灯的，只能说“爱迪生发明了电灯”。我们不能说“勒维烈发明了海王星”，因为海王星本身就存在于太阳系之中，是勒维烈发现了它。

4. 怎样理解“同语反复”和“循环定义”？

定义的第二条规则是，定义项不能直接或间接地包含被定义项。定义项直接包含被定义项的错误称为“同语反复”，如“麻醉是麻醉剂所起的作用”，在定义项“麻醉剂所起的作用”中直接包含了被定义项“麻醉”。定义项也不能间接地包含被定义项，否则就会犯“循环定义”的错误，例如，把“偶数”定义为“奇数加一所得的数”，再把“奇数”定义为“偶数加一所得的数”。

5. 怎样理解“定义一般不能用否定形式”？

（1）这里的“否定形式”指否定判断和谓项是负概念的肯定判断。否定形式一般不能揭示概念的内涵。例如，“直线不是曲线”和“直线是非曲线”都未能揭示“直线”这个概念的内涵。

（2）“定义一般不能用否定形式”，言外之意是在特殊情况下可以使用否定形式。如“奇数是不能被2整除的整数”，这个定义虽然用了否定形式，但它正确地揭示了“奇数”这个概念的内涵。

6. 怎样理解“定义不能用比喻”？

比喻是一种修辞方法，它能使语言表达变得生动。然而，比喻不能揭示概念的内涵，因此不能用比喻来给概念下定义。例如，“儿童是祖国的花朵”这句话虽然很生动，却未能揭示“儿童”这个概念的内涵，或者说，未能揭示儿童这类事物的本质属性，因此不是定义。如果这样下定义，就犯了“比喻定义”的错误。

7. 怎样区别“划分”和“分解”？

划分是把一个属概念分为若干种概念，而分解是把整体分成部分。例如，按不同的标准对“桌子”这个概念进行划分，分出来的是“方桌”“圆桌”或“木桌”“铁桌”等。如果把“桌子”分为“桌子面”“桌子腿”，那就是分解。

区别划分和分解的最根本的方法是看分出来的概念是不是原有概念的种概念。例如,“方桌”或“圆桌”是“桌子”的种概念,因而“桌子可以分为方桌、圆桌等”是划分。“桌子腿”或“桌子面”不是“桌子”的种概念,因而“桌子可以分为桌子腿、桌子面”不是划分,是分解。

学习心得

1.识记方式

(1)案例记忆法。关于定义的规则与划分的规则可以通过具体的例子来掌握相关的知识点。例如,我们可以借助教材中“探究与分享”中的例子来理解和把握定义的相关规则。“商品是劳动产品”,如果这个语句作为商品的定义,犯了“定义过宽”的逻辑错误,因为被定义项“商品”的外延小于定义项“劳动产品”的外延。“商品是用人民币交换的劳动产品”,如果这个语句作为商品的定义,犯了“定义过窄”的逻辑错误,因为被定义项“商品”的外延大于定义项“用人民币交换的劳动产品”的外延。“麻醉就是麻醉剂所起的作用”,如果这个语句作为麻醉的定义,犯了“同语反复”的逻辑错误,因为被定义项是“麻醉”,定义项中重复“麻醉”这样的语词。“哲学不是文学”,如果这个语句作为哲学的定义,犯了“否定定义”的逻辑错误,因为定义一般不能用否定的形式。“儿童是祖国未来的花朵”,如果这个语句作为儿童的定义,犯了“比喻定义”的逻辑错误,因为定义不能用比喻。

此外,我们还可以借助教材中的“示例评析”和“探究与分享”来理解和把握划分的规则。

(2)比较记忆法。我们可以采用比较记忆的方式对划分与分类的概念外延进行识记。从两者的联系角度看,划分是分类的基础,分类是划分的特殊形式。任何分类都是划分,但不是所有的划分都是分类。从两者的区别角度看:一是两者的分类依据不同,划分的根据较为随意,划分具有临时性,分类的根据是对象的本质属性或显著特征,分类相对稳定;二是作用不同,划分既可用于科学领域,也可用于满足日常实践的需要,而分类主要用于科学研究。在分类中,各个层次的子项都比较稳定,在整个分类系统中的位置也比较固定,有助于科学知识的系统化,因而分类的结果具有长远的意义。

(3)图表记忆法。关于划分和分解的区别,可以采用图表方法进行记忆(如表2-1)。

表2-1

	对象	结果	关系
划分	类	子类	子类必须有类的属性
分解	群体(整体)	个体(部分)	部分不必有整体的属性

(4)理解记忆法。对“定义一般不能用否定的形式”这一规则,我们需要进行理解记忆。这里的“否定形式”指否定判断和谓项是负概念的肯定判断。否定形式一般不能揭示概念的内涵。例如,“直线不是曲线”和“直线是非曲线”都未能揭示“直线”这个概念的内涵。“定义一般不能用否定形式”,言外之意是在特殊情况下可以使用否定形式。如“奇数是不能被2整除的整数”,这个定义虽然用了否定形式,但它正确地揭示了“奇数”这个概念的内涵。

2.主要特点

“明确概念的方法”这一部分内容包括两目:第一目“明确内涵的方法”,主要阐述了明确概念的方法是定义,解析了定义的含义、定义的结构、定义的基础以及下定义的规则等;第二目“明确外延的方法”,主要阐述了明确概念外延的方法是划分,阐述了划分的含义、划分的结构、划分的基础以及划分的规则等。

这两目内容采用循序渐进的讲述方式,以“明确概念”为主线,着重阐述了明确概念的方法、结构、基础以及规则等,帮助我们理解和掌握“定义”“划分”这两个核心概念,进而帮助我们理解和掌握“定义”和

“划分”的实质。

3. 核心观点

明确概念就是明确概念的内涵和外延。而明确一个概念的内涵，就是明确这个概念所反映的对象本质属性。定义是一种常见的明确概念内涵的逻辑方法。为了使定义能够明确概念的内涵，下定义时必须遵守相应的规则。要明确一个概念，除了可以借助定义来揭示其内涵，还可以通过了解其外延来明确这个概念。在各种各样的概念中，有的概念外延很小，可以运用列举的方法——指出其所反映的对象来明确其外延；有的概念外延很大甚至是无限的，如果用列举的办法来明确其外延可能就不必要或者是根本不可能，这时就需要运用划分的方法。为了使划分能够起到明确概念外延的作用，划分必须遵守相应的规则。

4. 比较分析

对“定义过宽”或“定义过窄”逻辑错误的理解可以采用比较分析的方法。“定义过宽”，就是定义项的外延大于被定义项的外延。例如，如果给“人”下“人是能活动的动物”这样一个定义，是不正确的。因为人虽然能活动，但很多动物也能活动，如猫、狗等。显然，这个定义犯了“定义过宽”的逻辑错误。

“定义过窄”，就是定义项的外延小于被定义项的外延。例如，用“商品是通过货币进行交换的产品”给“商品”下定义，也是不正确的。尽管通过货币进行交换的产品都是商品，但不是所有的商品都是通过货币来交换的，除了通过货币进行交换的那部分外，还有直接以物易物的产品。显然，这个定义犯了“定义过窄”的逻辑错误。

5. 强化理解

定义项不得直接或间接包含被定义项，对违反此条规则的“同语反复”和“循环定义”需要进行强化理解。我们给概念下定义，就是用定义项去说明被定义项的内涵，达到明确概念的目的。如果用来下定义的项其本身直接或者间接地包含被定义项，这样就达不到明确被定义项的目的，就会出现“同语反复”或“循环定义”的逻辑错误。“同语反复”，就是在定义项中，直接包含了被定义项，定义项与被定义项二者只是语言形式上不同而已。例如，“生命就是有生命的物体的生理现象”“形式主义者就是形式主义地观察和处理问题的人”，这两个定义的定义项都直接包含了被定义项，并没有揭示被定义项的内涵，犯了“同语反复”的错误。“循环定义”，就是在定义项中，间接地包含了被定义项。例如，在“生命是有机体的新陈代谢”这个定义中，定义项包含了“有机体”这个概念，而什么是“有机体”又需要用生命来说明。因此，它实际上等于什么也没有说明，并不能使人们了解生命的本质属性。

学习诀窍

1. 课前预习与课后复习

课前进行预习，了解明确概念内涵的方法、如何下一个正确的定义、下定义应该遵循的逻辑规则、划分及其结构；课后要对学过的知识点进行深入复习和把握，特别是其中的核心知识点，比如定义的方法和规则、划分的方法和规则。

2. 通过案例理解定义结构

通过分析案例，加深对定义的结构理解。比如，“圆就是在平面上绕一定点作等距离运动形成的封闭曲线”。在这个关于“圆”的定义中，被定义项是“圆”；定义项是“在平面上绕一定点作等距离运动形成的封闭曲线”；定义联项是“就是”。由此表明一个定义是由三部分构成的：被定义项、定义项和定义联项。

3.结合生活经验理解新概念

观念、观点、概念，人们的意识，是随着人们的生活条件、社会关系和社会存在的改变而改变的。因此，我们需要明确，当实践和科学知识的内容拓展到前所未有的领域时，会形成新的概念，每个时代都会产生具有时代特色的概念。例如，“大数据”“信息爆炸”“虚拟制造”等。我们基于对这些新概念的认识，进一步明确概念的基本特征以及学会用变化发展的观点看待概念的内涵和外延。

4.积极思考与练习

对定义的规则的把握可以在思考的基础上进行练习，从而实现对该知识点的熟练掌握和灵活运用。此外，对划分规则的把握也可以运用此种方法。

典型例题

简答题

1.下列语句作为定义是否正确，为什么？

(1)形式主义者就是形式主义地观察和处理问题的人。

(2)所谓原因就是引起结果出现的现象，而结果就是由原因所引起的现象。

(3)生命是通过塑造出来的模式而进行的新陈代谢。

(4)时尚是流行的生活样式。

答案解析：

(1)该定义是错误的，违反了定义的规则定义项中不能直接或间接包含被定义项，犯了“同语反复”的逻辑错误。

(2)该定义是错误的，违反了定义的规则定义项中不能直接或间接包含被定义项，犯了“循环定义”的逻辑错误。

(3)该定义是错误的，违反了定义的规则定义不能用比喻，犯了“比喻定义”的逻辑错误。

(4)该定义是错误的，违反了定义的规则定义项与被定义项的外延必须全同，犯了“定义过宽”的逻辑错误。

2.下列语句作为划分是否正确，为什么？

(1)刑罚的主刑可分为管制、有期徒刑、无期徒刑、死刑。

(2)人可以分为成年人、未成年人、中国人和男人。

(3)科学分为数学、物理、化学、生物……社会科学和思维科学。

答案解析：

(1)该划分是错误的，违反了划分的规则划分的子项外延之和要等于母项的外延，犯了“划分不全”的逻辑错误。

(2)该划分是错误的，违反了划分的规则在同一次划分中，只能用同一个标准，犯了“划分标准不一”的逻辑错误。

(3)该划分是错误的，违反了划分的规则划分应该逐级进行，不能越级，犯了“越级划分”的逻辑错误。

实战演练

选择题

1.“自我陶醉人格”是以过分重视自己为主要特点的人格障碍。它有多种具体特征：过高评价自己的重要性，夸大自己的成就；对批评反应强烈，希望他人注意自己和羡慕自己；经常沉湎于幻想中，把自己看成特殊的人；人际关系不稳定；嫉妒他人，损人利己。以下各项自我陈述中，不能体现上述“自我陶醉人格”特征的是(　　)

A.我是这个团队的灵魂，一旦我离开了这个团队，那么这个团队将一事无成

B.他有什么资格批评我？大家看看，他的能力连我一半都不到

C.我的家庭条件不好，但不愿意被别人看不起，所以我借钱买了一部智能手机

D.这么重要的活动竟然没有邀请我参加，组织者的人品肯定有问题，这样的人不值得交往

2.水下文化遗产是指至少100年来，周期性地或连续性地，部分或全部位于水下的具有文化、历史或考古价值的所有人类生存的遗迹。根据上述定义，下列属于水下文化遗产的是(　　)

A.澳大利亚沿海历时数百万年形成的世界上最大的珊瑚群大堡礁

B.我国道光年间在苏门答腊和爪哇岛之间触礁沉没的商船“泰兴号”

C.迪拜于20世纪末在海中以人工岛方式建造的世界第一座七星级观光饭店

D.希腊克里特岛上发掘出的公元前10 000年至公元前3 300年新石器文化遗迹

3.“二次创作”指使用了已存在著作物的文字、图像、影片、音乐或其他艺术作品进行再次创作。二次创作并不是把别人的作品剽窃成自己的，而是明显地以某作品作为基调来改编、仿作或加以发展。根据上述定义，下面属于二次创作的是(　　)

A.把已经发表的文章结集出版

B.为某部经典小说写续篇

C.把别人的文章改动一些文字后重新发表

D.把老照片翻拍成数字版本加以保存

4.参照依赖是指个体基于某个参照点对得失价值进行判断，在参照点之上，个体感受是收益，反之感受为损失，损失和收益的感知取决于参照点的选择。根据上述定义，下列不属于参照依赖的是(　　)

A.小张原本对收入很满意，他听说跟自己同时进公司、现在同是项目经理的小李收入比自己高10%后，对收入没有那么满意了

B.研究者设计了一项实验：告知被试者他们邻居的月水电支出比他们低，结果发现被试者下个月的家庭能耗显著降低了

C.张女士因为生育和哺乳不得不暂停工作半年，失去了很多客户，心里很苦恼，但看到自己健康活泼的儿子，又变得高兴起来

D.姐姐期中考试得了99分，期末考试得了95分，妈妈批评了她，弟弟期中考试得了75分，期末考试得了85分，妈妈奖励了他

参考答案：

1.C　“自我陶醉人格”要符合题干中描述的具体特征，C不符合这些条件，所以不能体现“自我陶醉人

格”的特征。A属于“过高评价自己的重要性”,B属于“对批评反应强烈”,D属于“把自己看成特殊的人”。故答案选C。

2.B　通过被定义项“水下文化遗产”本身我们可以锁定该定义的重点为“水下”和“文化遗产”,再看定义内容时就可轻松而精准地找出要点:①位于水下;②人类生存的遗迹。然后对比选项,A项不符合②,C、D两项不符合①,B项符合定义要点。故答案选B。

3.B　通过问法中的被定义项“二次创作”本身我们可以锁定该定义的重点为“二次”和“创作”,再看定义内容时就可轻松而精准地找出要点:进行再次创作。然后再比对选项,A项只是把作品结集、C项只是改动一些文字、D项只是对老照片的复制,都不是对作品的再次创作,不符合要点。B项为小说写续篇,是在原有作品的基础上加以发展,符合该定义。故答案选B。

4.C　参照依赖的关键要点为:①个体基于某个参照点对得失价值进行判断;②损失和收益的感知取决于参照点的选择。A项,小张将小李作为参照点,对比收入之后,对自己的收入不再满意,符合定义。B项,被试者将邻居的月水电支出作为参照点,感觉到自己的支出较多,降低了自己的月水电支出,符合定义。C项,张女士因为失去客户而苦恼,因为儿子健康活泼而高兴,其中并没有体现张女士基于某个参照点对得失价值进行判断,不符合①②。D项,妈妈以姐弟两人的期中考试成绩分别作为评价二人期末考试成绩的参照点,产生了不一样的态度,符合定义。故答案选C。

简答题

1.下列定义是否正确？为什么？

(1)复合判断就是包含两个或两个以上简单判断的判断。

(2)侵占财产罪就是侵占公共财产的犯罪。

(3)新闻就是对离奇的、非同一般的事件的报道。(狗咬人不是新闻,人咬狗才是新闻)

(4)丈夫是妻子的爱人,妻子是丈夫的爱人。

(5)教师是园丁。

(6)经济基础不是上层建筑。

2.下列划分是否正确？为什么？

(1)直系亲属包括祖父母、外祖父母、父母、配偶、子女、同胞兄弟姐妹和孙辈。

(2)直系亲属包括父母和子女。

(3)最近,由美国进步研究中心和《外交政策》杂志联合进行的一项调查结果显示,美国的反恐战争成效不佳。调查对象是包括共和党人、民主党人、温和派、开明派和保守派在内的100多位深受尊敬的对外政策与国家安全专家。

(4)这次展出的数百种工艺精品,一部分是出口工艺品,一部分是内销工艺品,还有一部分是新近开发的旅游工艺品。

(5)复合判断分为联言判断、选言判断和假言判断。

(6)期刊分为周刊、半月刊和月刊。

参考答案:

1.下列定义是否正确？为什么？

(1)该定义是错误的,违反了定义的规则划分的子项外延之和要等于母项的外延,犯了“定义过窄”的逻辑错误。

(2)该定义是错误的,违反了定义的规则定义项中不能直接或间接包含被定义项,犯了“同语反复”的逻辑错误。

(3)该定义是错误的,违反了定义的规则划分的子项外延之和要等于母项的外延,犯了“定义过窄”的逻辑错误。

(4)该定义是错误的,违反了定义的规则定义项中不能直接或间接包含被定义项,犯了“循环定义”的逻辑错误。

(5)该定义是错误的,违反了定义的规则定义不能用比喻,犯了“比喻定义”的逻辑错误。

(6)该定义是错误的,违反了定义的规则定义一般不能用否定形式,犯了“否定定义”的逻辑错误。

2. 下列划分是否正确? 为什么?

(1)该划分是错误的,违反了划分的规则划分的子项外延之和要等于母项的外延,犯了“多出子项”的逻辑错误。这个划分多出了“祖父母”“外祖父母”“同胞兄弟姐妹”和“孙辈”这些子项。

(2)该划分是错误的,违反了划分的规则划分的子项外延之和要等于母项的外延,犯了“划分不全”的逻辑错误。这个划分缺少了“配偶”这一子项。

(3)该划分是错误的,违反了划分的规则在同一次划分中,只能用同一个标准,犯了“划分标准不一”的逻辑错误。其中“共和党人和民主党人”是按照党派这一人的一种组织形式进行的划分,“温和派、开明派和保守派”是以人的政治态度为根据进行的划分。

(4)该划分是错误的,违反了划分的规则在同一次划分中,只能用同一个标准,犯了“划分标准不一”的逻辑错误。这个划分同时使用了两个标准:一是工艺品的销路,二是工艺品的内容或品种。

(5)该划分是错误的,违反了划分的规则划分的子项外延之和要等于母项的外延,犯了“划分不全”的逻辑错误。

(6)该划分是错误的,违反了划分的规则划分的子项外延之和要等于母项的外延,犯了“划分不全”的逻辑错误。

第五课 正确运用判断

第一框 判断的概述

思维导图

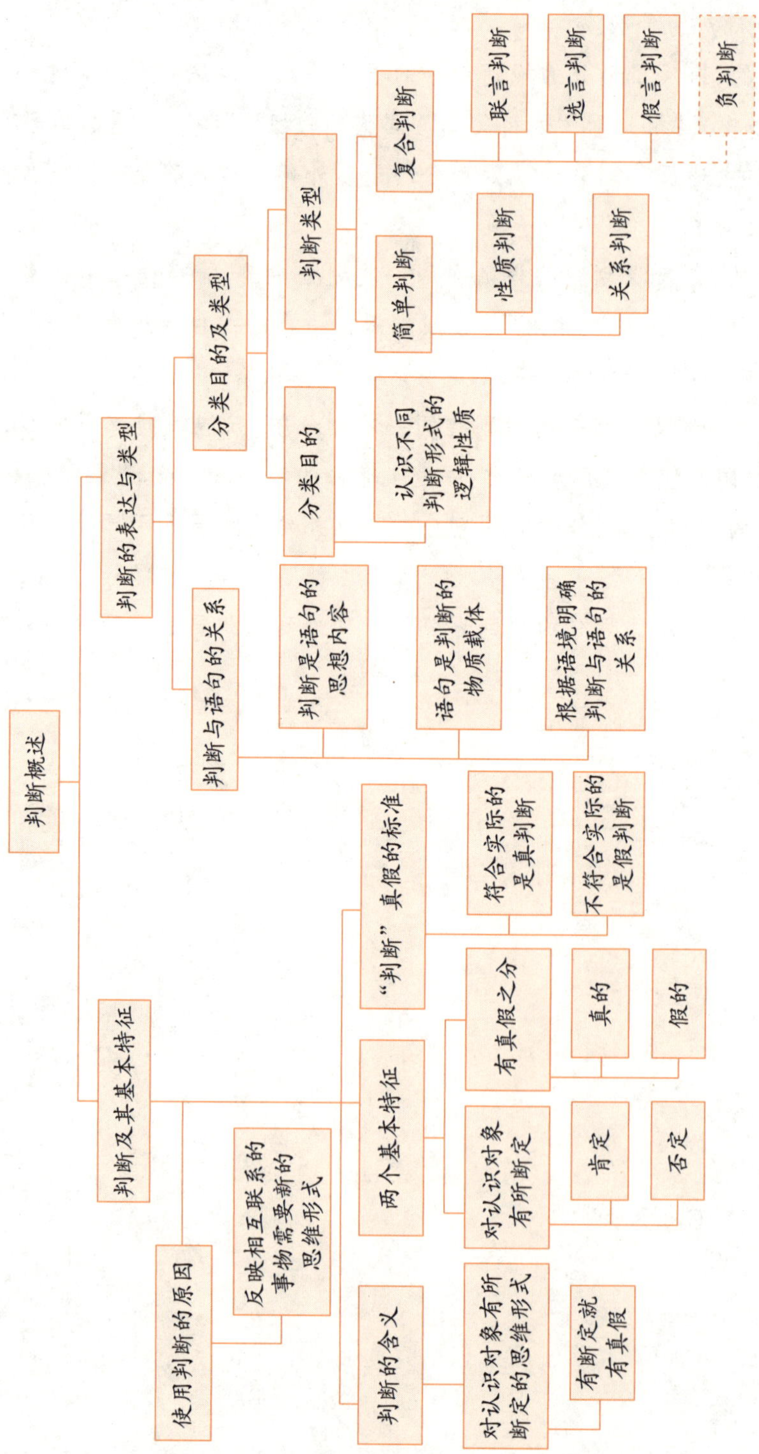

学霸笔记

学习要点

1.使用判断的必要性

人们认识事物,必然会对事物作出判定,或者肯定它们是什么、具有什么性质,相互之间有什么关系,或者否定它们是什么、不具有什么性质,相互之间没有什么关系。在作出肯定或否定的认识活动中,就需要使用判断。思维对象之间是相互联系的,这种联系是事物情况的一种,面对较为复杂的事物情况必须用判断这种思维形式,才能反映出事物的客观情况。

2.判断的含义及其两个基本特征

(1)判断的含义。判断就是对认识对象有所断定的思维形式。事物情况是一种客观存在,只有当人们在实践基础上认识了某种事物情况存在或不存在,才能在思维中肯定或否定这种事物情况,即对这种事物情况作出断定,形成判断。如果没有对事物情况进行断定,就不是判断。例如,“地球是绕太阳运行的”是一个判断,而“地球是不是绕太阳运行的?”就不是一个判断,因为它没有对“地球”和“太阳”之间的关系进行断定。

(2)判断的两个基本特征。其一,对认识对象有所断定。断定的方式有两种:一是肯定,二是否定。它或者肯定事物具有何种性质或相互之间有什么关系,或者否定事物具有何种性质或相互之间有什么关系。任何判断总是对事物情况作出断定,如果既不肯定什么,又不否定什么,就不是判断。其二,有真假之分。既然判断是对认识对象情况的断定,判断对事物情况的反映就有与认识对象实际情况是否符合的问题,有的符合客观实际,有的不符合客观实际。如果一个判断的断定符合认识对象的实际情况,它就是真的;否则它就是假的。

3.不同领域中对于判断真假的研究角度不同

哲学认识论是从主客体关系角度研究判断的真假。形式逻辑研究判断只是从形式上研究其真假特征,以及判断之间在形式上的真假关系。在人们的交际活动中,确定某个判断的真假往往需要借助于语境,而语境则涉及上下文、时间、地点、被指对象等多种因素。

4.判断真假的检验标准及其两个特征之间的关系

判断来源于人们的社会实践,其正确与否要经受社会实践的检验。有判断就会有真假之分,符合实际的判断就是真判断,不符合实际的判断就是假判断。也就是说,一个具体的、真实的有所断定的判断不仅是在实践中形成的,而且经受了社会实践的检验;而一个有所断定的假判断一定是对事物情况的歪曲反映,经受不住实践的检验。因此,判断既是对事物情况有所断定,又有真假之分,判断的两个基本特征是相互联系的。

5.判断与语句的关系

首先,判断是通过语句表达的。判断是语句所表达的思想内容,判断作为一种思维形式,其思想内容不能离开语句独立存在。语句是判断的语言形式,也是物质载体,判断离不开语句,只有借助于语句,判断才能存在和表达。

其次,不作断定、没有真假的语句并不表达判断。这就是说,有的语句不能表达判断,判断和语句既有联系又有区别,它们之间的关系比较复杂,并不是一一对应的关系。一般来说,对对象有所断定的陈述句表达判断,而疑问句、祈使句、感叹句不表达或者至少不直接表达判断。

最后,对于含义不明确的语句,我们需要依据语言的具体情况排除歧义,才能准确把握这些语句与其所表达的判断之间的关系。

另外,还需要注意一种情况,从表面上看,好像是同一语句表达不同的判断,其实是不同语句表达不同的判断。例如,相传,从前有一位财主家的小姐,因为长得丑:脸黑、满脸麻子、秃头、大脚,以致到了二十八岁,仍然没有嫁出去。为了把小姐嫁出去,财主请人写了一封没有标点的巧妙婚书,其中,对其外貌的描写为"麻子无头发黑脸大脚不大好看"。由于标点符号的位置不同,可以形成两种不同的语句:"麻子无、头发黑、脸大、脚不大、好看"和"麻子、无头发、黑脸、大脚、不大好看"。

6.把握不同判断类型的目的

要准确地把握不同判断的逻辑性质,必须清楚地把握判断的类型。作为一种思维形式,判断是人们认识事物的工具,是构成推理的基本要素。因此,正确地认识和运用各种判断形式,是正确地认识和运用各种推理形式的必要条件。只有对各种不同的判断形式进行分门别类的研究,准确地理解各种判断形式的逻辑性质和逻辑要义,我们才能正确地运用由各种判断形式构成的相应的推理形式,获得对客观事物的正确认识。

7.依据不同的标准可以将判断分为不同的类型

依据判断本身是否包含其他判断,判断分为简单判断和复合判断。

简单判断是直接由概念构成而不包含其他判断的判断。其中,又可以依据判断所断定的是对象的性质还是对象之间的关系,将简单判断分为性质判断和关系判断。

复合判断是本身包含其他判断的判断。它又可以分为联言判断、选言判断、假言判断等。

学习心得

1.识记方式

(1)情境记忆法。针对含义不明确的语句,我们需要设想一些具体的情境,目的在于排除歧义,以便确定语言表达的具体情况。例如,"那个天真的小朋友当时正在书包上写字",这个语句表达就有歧义,可以设想两种不同的场景:一是一个小朋友直接在书包上面写字,二是一个小朋友拿出作业本放在书包上面,然后在作业本上写字。相应地,就有两种断定:"那个天真的小朋友当时正用书包垫着写字"或者"那个天真的小朋友当时正把字写在书包上"。这就需要我们结合具体的语境,选择不同的语句来准确表达自己的断定。同学们还可以结合自己的生活实践,选取一些类似的事例进行分析,辅助记忆。

(2)理解记忆法。我们要在理解的基础上才能准确把握判断的含义及其两个基本特征。判断是人们的一种思维方式,是对思维对象有所断定,所以它不是概念与概念之间的随意组合,必须在不同概念之间进行一种肯定或者否定的判定。也正因为有断定,才体现出判断具有是否和实际相符合的特征:和实际符合就是真的,不符合就是假的。例如,"地球是绕太阳运行的",断定了地球围绕太阳运行的事实,它是一个真判断。再如,"小明和小张是好朋友",对小明和小张的关系进行了断定,有断定就有真假,如果两个人真的是好朋友,它就是真判断,否则就是假判断。

(3)比较记忆法。就判断与语句的关系而言,通过不同的语句之间的分析与比较,可以增强记忆的效果。例如,通过对"小李在上班""小李难道不在上班吗?""小李不可能不在上班""小李在上班吗?"等语句的比较,可以感知哪些具有有所断定的语气,哪些不具有断定的语气。很显然,"小李在上班""小李难道不在上班吗?""小李不可能不在上班"等语句都有断定的语气,而一般疑问句"小李在上班吗?"则没有这种语气,它不表达判断。由此可知:有的语句表达判断,有的语句不表达判断;同一个判断可以用不同的语句来表达;在不同的场合,我们需要选用恰当的语句来表达判断。

(4)形式化记忆法。针对简单判断和复合判断的区分可以采用形式化的记忆方法,即抛开语句的具体内容,只通过分析语句的形式结构来辨识。例如,简单判断就是概念与概念的联结,而复合判断则是本身包含了其他判断的判断。

2. 主要特点

“判断的概述”这一框,包括两目:第一目“判断及其基本特征”,主要阐述了使用判断的原因、判断的含义、判断的两个基本特征以及检验判断真假的标准,明确了判断这种思维形式不仅有所断定,而且有真假,不过,它的真假只能依据实践进行判定;第二目“判断的表达与类型”,主要阐述了判断和语句之间的关系,明确了可以依据不同标准对判断进行分类。这两目内容采用渐进式讲述方式,以“有所断定”为主线来阐述了判断的含义及其两个基本特征。“有所断定”是本框的核心概念,只有理解和掌握了“有所断定”才能明确判断的含义,才能懂得判断的两个基本特征,理解判断和语句之间的关系。

3. 核心观点

判断是有所断定的思维形式,它有两个基本特征:对认识对象有所断定,有真假之分。

判断和语句之间既相互联系,又相互区别。

4. 比较分析

从哲学认识论、形式逻辑和人们日常生活三个层面理解判断的真假,明确形式逻辑研究判断只是从形式上研究其真假特征。

5. 强化理解

有所断定的内涵、判断的真假含义、判断与语句之间的辩证关系,这些知识点需要强化理解。

学习诀窍

1. 课前、课中和课后学习相结合

课前要积极主动预习。认真阅读教材,搜集相关的资料,对教材内容有一个大体的了解,以发现问题的意识进行预习。课堂听讲是关键。要跟随老师的节奏,遵循老师的思路,认真聆听和理解老师对各个知识点的讲解,以及对案例的具体分析。在听讲的同时,还要勤于动笔,及时记下老师强调的一些重点知识。课后学习主要有三点:首先,要结合教材知识点,对课堂笔记进行理论化和系统化的整理,可以适当充实一些具体事例,以加深对教材内容的理解;其次,不断对知识点进行复习和强化,直到整框内容的知识体系能够在头脑中完整而清晰地再现出来;最后,在生活实践中自觉地运用已学到的知识,即注重理论和实际的结合。

2. 课外辅助学习

各个知识点,尤其是自己感觉有疑惑的,要想方设法弄明白。例如,究竟何为有所断定? 何为有真假? 如何区分真假? 语句和判断的联系和区别具体表现在哪些方面? 为什么有的语句需要结合语境才能明确它所表达的意思? 等等。如果我们在课堂上没有彻底弄明白这些问题,就要通过课外其他方式使自己尽快理解这些知识,例如查阅相关资料、与老师和同学进行交流、利用一些线上学习平台等。

3. 理解和练习相统一

逻辑学科的特点和数学相似,仅仅理解还不够,必须进行大量的练习,才能真正地巩固知识点。学习本框知识需要通过分析大量的语句,来巩固对判断的基本特征、判断与语句之间的关系等知识点的掌握。

典型例题

简答题

1.下列引号内的语句是否表达判断？为什么？

(1)韩信说:“如今向东争夺天下,项王难道不是您的敌人吗?”汉王说:“是。”韩信说:“大王估计自己和项王相比,在勇敢、强悍、仁厚和兵力方面,哪个更强?”汉王沉默了好一会儿,说:“我不如项王。”

(2)赵王说:“秦王请求用十五座城池交换我的和氏璧,能否给他?”蔺相如说:“秦国强大,赵国弱小,不能不答应他。”

(3)我这时很兴奋,但不知道怎么说才好,只是说:“阿！闰土哥,——你来了？……”

(4)翠翠同祖父吃饭时,祖父说:“翠翠,我不去,你同小狗去好不好?”“您要不去,我也不想去!”

(5)普罗斯对她说:“倘若我是您,您知道我会怎么办吗?”

(6)“到底老了啊!”他暗自地伤心着。

答案解析:

(1)韩信的第一句话表达判断,他断定项王是汉王的敌人;他的第二句话不表达判断,没有断定,只是在提问。“我不如项王”表达判断,汉王有所否定,断定自己不如项王。

(2)赵王的话不表达判断,没有断定,只是提问。蔺相如的话表达判断,用双重否定表达肯定的断定。

(3)表达判断,有所肯定,结合语境是断定“闰土哥”来了。

(4)祖父的话不表达判断,只是提问。翠翠的“您要不去,我也不想去!”表达判断,断定了“祖父不去”和“她也不去”之间的充分条件关系。

(5)不表达判断,没有断定充分条件关系。

(6)表达判断,结合语境,他是断定自己“老了”。

2.下列引号内的语句表达的判断是否明确？为什么？

(1)“你在我先走。”

(2)“这篇文章到处闪烁着马克思主义的观点。”

(3)“只要坚持到底,就能成功。”

(4)“中国人民是勤劳的,并且中国人民反对外来侵略。”

(5)“合肥位于长江之间。”

(6)相传,从前有一个店家,在酒店开业之际想夸赞酒店的酒好、醋酸、猪肥、人丁旺,并且店里又没有老鼠,特意花费重金求到一副对联:“养猪大如山老鼠头头死;酿酒缸缸好造醋坛坛酸”,横批为“人多病少财富”。

答案解析:

(1)不明确。表达有歧义,可以理解为两个不同的语句,即“你在,我先走”和“你在我之前走”。所以,我们要结合语言的具体情况排除歧义,明确断定的情况,才能准确表达判断。

(2)不明确。对认识对象的属性断定不准确,可修改为“这篇文章到处闪烁着马克思主义的光芒”。

(3)不准确。“坚持到底”是“能成功”的必要条件,不是充分条件,可修改为“只有坚持到底,才能成功”。

(4)不准确。“勤劳的”和“反对外来侵略”没有关联,可修改为“中国人民是勇敢的,并且中国人民反对外来侵略”。

(5)不准确。没有断定出认识对象“合肥”的位置,原因在于对“关系的性质”不理解,可修改为“合肥位于长江和淮河之间”。

(6)不明确。没有对认识对象有所断定,既可以理解为“养猪大如山,老鼠头头死。酿酒缸缸好,造醋坛坛酸”,横批为“人多,病少,财富”;也可以理解为“养猪大如山老鼠,头头死。酿酒缸缸好造醋,坛坛酸”,横批为“人多病,少财富”。这其实是用不同的语句表达不同的判断。

3.下列判断分别有什么特征?分别属于何种具体的判断类型?

(1)这条被子就是她唯一的嫁妆。

(2)秦昭王图谋吞并六国,或者出兵进攻邻国韩、魏,或者派使者与齐国结盟。

(3)雄伟的关城既是边塞的战略要地,也是戍边将士战斗和生活的地方。

(4)如果不是有人把铁轨铺进深山,你怎么也不会发现台儿沟这个小村。

(5)作家只有对生活的体验达到一定的深度和广度,才有可能将作品写得精彩。

答案解析:

(1)为简单判断,(2)(3)(4)和(5)为复合判断,因为它们本身都是包含其他判断的判断。上述判断分别属于不同的判断类型:(1)为性质判断,(2)为选言判断,(3)为联言判断,(4)和(5)为假言判断。

实战演练

简答题

1.用三种不同的语句来表达判断“科学的最终目的是为人类造福”。

2.下列语句表达判断是否准确?为什么?

(1)昨天那场足球赛我们没有输。

(2)两个师范大学的学生是女生。

3.课外阅读小组总结会上,甲同学说:“有的文章既通俗易懂,又晦涩难懂。”请问他的话能否准确表达判断?

4.1742年,数学家哥德巴赫在给数学家欧拉的信中提出:“每一个不小于6的偶数都是两个奇素数之和;每一个不小于9的奇数都是三个奇素数之和。”欧拉在回信中认为这个猜想可能是真的,但他无法证明。请问:既然欧拉说这个猜想他无法证明是真的,那么它是不是就不是判断?

参考答案:

1.(1)科学的最终目的不是不为人类造福。(2)难道科学的最终目的不是为人类造福吗?(3)没有科学的最终目的不是为人类造福的。

2.不准确。语句(1)(2)的含义都不明确,(1)中被断定的情况“没有输”包括两种情况:赢、和局;(2)中被断定的对象“学生”可以是“师范大学的两个学生”,也可以是“来自两个不同师范大学的学生”。

3.甲同学的话不能准确表达判断,因为总体看来,一篇文章不能同时具有相互矛盾的属性,可改为“有的文章通俗易懂,有的文章晦涩难懂”。这样既有所断定,又有真假之分。

4.虽然欧拉无法证明这个猜想的真假,但是这个猜想是一种肯定的断定,必定有真假之分,人们可以在今后的实践中判定其真假。

第二框 正确运用简单判断

思维导图

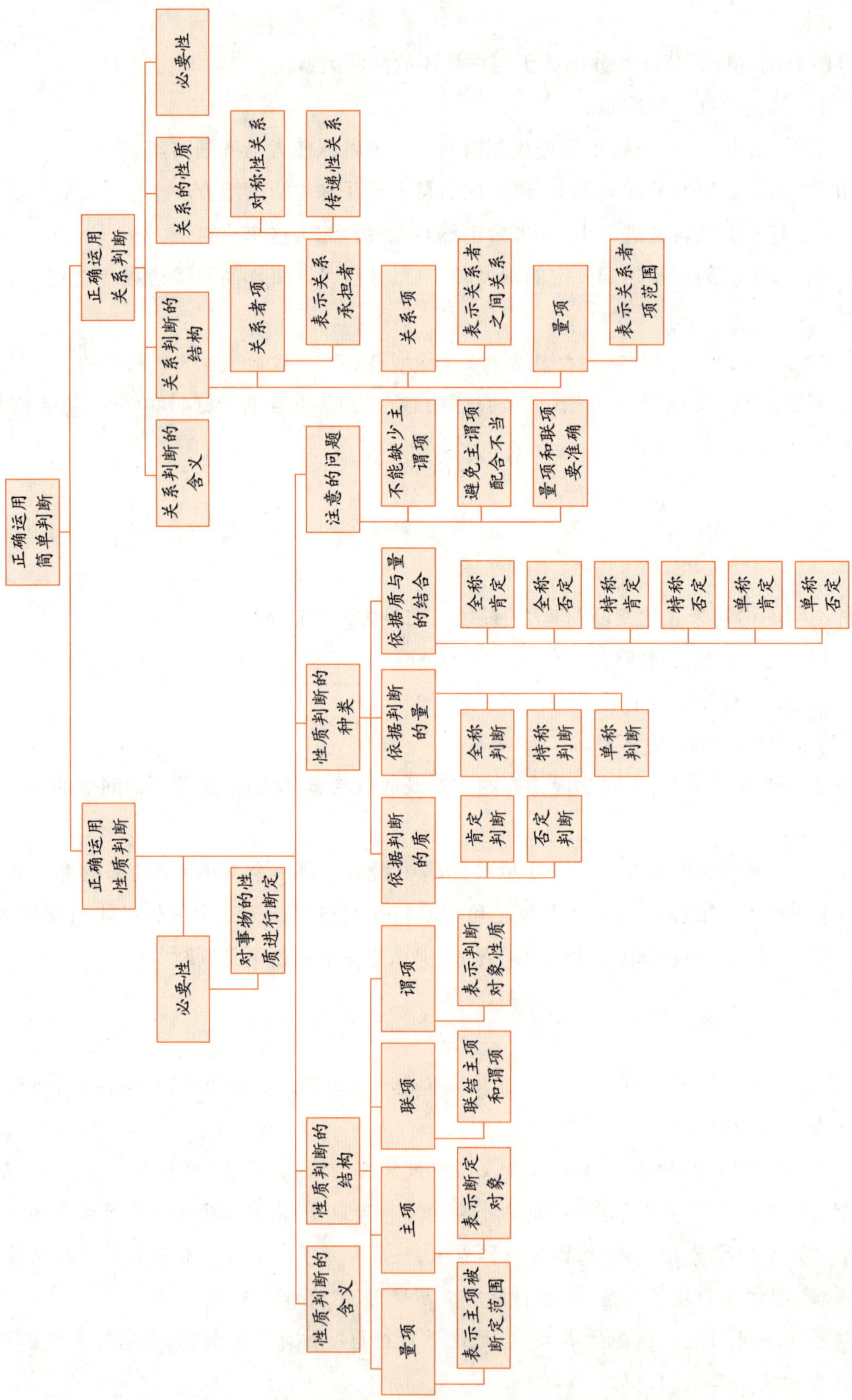

学霸笔记

学习要点

1. 运用性质判断的必要性

人们认识事物,首先要判断它们是什么或者不是什么,这就要对事物的性质作出“有”(“是”)或者“无”(“不是”)的判定,这就是性质判断。人们要认识事物,首先要通过性质判断,对事物的性质作出正确且深刻的判断。

2. 性质判断的含义及其结构

(1)含义。性质判断是指断定认识对象具有或者不具有某种性质的简单判断。性质判断是简单判断的一种,由于性质判断是直接的、不附加任何条件的,所以它又称为直言判断。

(2)基本结构。性质判断一般由量项、主项、联项和谓项组成。其中,表示断定对象的叫作主项,表示判断对象性质的叫作谓项。表示主项被断定范围的叫作量项,一般称为判断的“量”,例如“所有”表示全部对象,“有些”“有的”表示部分对象,“这个”表示一个对象。起着联结主项和谓项作用的叫作联项,一般称为判断的“质”,常用“有”(“是”)表示肯定,用“无”(“不是”)表示否定。

3. 依据不同的标准可以将性质判断分为不同的种类

(1)依据判断的质(联项),即判断所用的断定方式是肯定的还是否定的,可以将判断分为肯定判断和否定判断。其中,肯定判断是断定对象具有某种性质的判断,否定判断是断定对象不具有某种性质的判断。

(2)依据判断的量(量项),即判断所断定的对象的范围,性质判断分为全称判断、特称判断和单称判断。其中,全称判断断定的对象是某类事物的全部,特称判断断定的对象是某类事物的部分,单称判断断定的对象是某类事物中的单个对象。在使用性质判断时一定要注意量项是否恰当,如果量项使用不当,就会犯逻辑错误。

(3)依据判断的质与量的结合,即任何事物都是“质”与“量”的统一体,反映事物的性质判断也应该是“质”与“量”的统一,性质判断有六种基本的判断形式:全称肯定判断、全称否定判断,特称肯定判断、特称否定判断,单称肯定判断和单称否定判断。其中,全称肯定判断是断定一类对象的全部都具有某种性质的判断,全称否定判断是断定一类对象的全部都不具有某种性质的判断,特称肯定判断是断定某类对象中至少有一个具有某种性质的判断,特称否定判断是断定某类对象中至少有一个不具有某种性质的判断,单称肯定判断是断定某一对象具有某种性质的判断,单称否定判断是断定某一对象不具有某种性质的判断。

4. 准确运用性质判断应该注意的问题

第一,不能缺少主项和谓项,否则判断就不完整。第二,避免主项与谓项配合不当,否则不能如实地反映事物情况,容易造成误解。第三,要准确使用量项和联项,以保证判断的“质”与“量”都准确无误。

5. 运用关系判断的必要性

事物的客观情况很复杂,除了具有某些性质外,还与其他事物有多种关系。因此,在认识客观事物的过程中,不仅要认识事物的性质,还要认识事物之间的关系,这就要运用关系判断。

6. 关系判断的含义及逻辑结构

(1)含义。关系判断是指断定认识对象之间关系的判断。对关系判断的把握重点在于把握“关系的性质”。

(2)基本结构。关系判断一般由关系者项、关系项和量项三部分组成。其中,表示关系承担者的叫作关系者项。关系判断是断定对象之间关系的判断，而任何关系总存在于两个或两个以上对象之间，即关系判断的断定对象有两个或两个以上。按照关系承担者出现的顺序可以分为第一关系者项、第二关系者项、第三关系者项等，对于不同关系者项来说，谁在前、谁在后，有时会影响关系判断的性质；表示关系者之间关系的叫作关系项；表示关系者项范围的叫作量项。例如，在关系判断"有的女生比有些男生跑得快"中，"有的""有些"为量项，"女生"为第一关系者项，"男生"为第二关系者项，"……比……跑得快"是关系项。

7."关系的性质"可分为对称性关系和传递性关系

(1)对称性关系。分为对称关系、反对称关系和非对称关系三种。在互换关系者项位置之后，原有"关系"的性质不变，或者说"关系"依然成立，则称这种关系为对称关系；在互换关系者项位置之后，原有"关系"不再成立，则称这种关系为反对称关系；在互换关系者项位置之后，原有"关系"可能成立，也可能不成立，则称这种关系为非对称关系。例如，"同学"关系是对称性关系，"大三岁"关系是反对称关系，"认识"关系是非对称关系。

(2)传递性关系。分为传递关系、反传递关系和非传递关系三种。在三个对象之间，如果第一个对象和第二个对象之间有某种关系，并且第二个对象和第三个对象之间也有这种关系，第一个对象和第三个对象之间这种关系一定成立，则称这种关系为传递关系。如果第一个对象和第二个对象之间有某种关系，并且第二个对象和第三个对象之间也具有这种关系，第一个对象和第三个对象之间这种关系一定不成立，则称这种关系为反传递关系；如果第一个对象和第二个对象之间，第二个对象和第三个对象之间都有这种关系，但是第一个对象和第三个对象之间这种关系是否成立无法确定，则称这种关系为非传递关系。例如，"……岁数比……大"关系是传递关系，"……是……的父亲"关系是反传递关系，"同学"关系是非传递关系。

8.把握对象的性质和对象之间关系的必要性及其意义

(1)认识事物，只有既弄清对象的性质，又了解对象之间的关系，才能对对象有较为全面的把握。某个对象是否具有某种性质，两个或两个以上对象是否具有某种关系，这些都需要对事物进行全面的把握，要搞清楚反映事物情况的性质和关系。

(2)在社会生活中，把握对象的性质和弄清不同对象之间的关系，对我们认清自己的社会地位和角色，明确自己的职责，更好地履行应尽的义务、维护合法权利，具有重要的意义。

(3)把握对象的性质和对象之间的关系有助于形成准确的性质判断和关系判断，并以此为前提，进行演绎推理，得出新结论。

学习心得

1.识记方式

(1)形式化记忆法。形式化记忆法在本框具有重要作用。抛开语句的具体内容，将判断形式化为量项、主项、联项和谓项几部分，并分析其形式结构，有利于区分六种性质判断类型。根据判断的形式结构便于判定是对认识对象进行断定，还是对不同的认识对象之间的关系进行断定，这有利于区分性质判断和关系判断。对于对称性关系和传递性关系的区分，也可以通过形式结构去辨析，"关系的性质"在一个判断中谈不上传递性关系，但是在两个以上的判断中，"关系的性质"就可能涉及传递性关系。

(2)理解记忆法。任何判断都要从"质"和"量"两个方面去理解，找出表示"质"的概念和表示"量"的概念。另外，对"关系的性质"而言，需要理解表示关系项的语词的含义，才能准确把握其逻辑特征，避免使用时出现逻辑错误。

(3)比较记忆法。针对性质判断的六种类型,需要对六种不同的语句类型进行比较,分析它们的异同点,这可以使思路更加清晰。

2. 主要特点

“正确运用简单判断”这一框采用并列式讲述方式,分别阐述了性质判断和关系判断的基本内容。第一目“正确运用性质判断”,主要阐述了性质判断的含义、结构和分类,明确了使用性质判断需注意的问题;第二目“正确运用关系判断”,主要阐述了关系判断的含义和结构,明确了运用关系判断的重要作用。“性质判断的结构”和“关系判断的结构”是本框的核心内容,只有理解和掌握了它们,才能分清它们的不同类型,进而正确运用它们。

3. 核心观点

性质判断就是断定认识对象具有或者不具有某种性质的简单判断;性质判断一般由量项、主项、联项和谓项组成;要正确运用性质判断,必须准确使用其中各个项。

断定认识对象之间关系的判断叫作关系判断,关系判断一般由关系者项、关系项和量项三部分组成。

4. 比较分析

将性质判断和关系判断的含义、结构、类型等进行比较分析,以便明确不同类型的简单判断。

5. 强化理解

对不同类型的简单判断,要从语句的结构方面来区分。对特称量词“有的”,要明晰其含义是至少存在一个认识对象,也可以是全部认识对象,因此,“有的是”并不意味着“有的不是”,“有的不是”也不意味着“有的是”。另外,在性质判断中,逻辑的否定是对常项(量项和联项)进行否定,即否定判断的质和量两个方面。例如,甲说“有的人是男生”,乙说“不对”。在这里,从形式逻辑角度来理解,乙的意思就是“所有的人都不是男生”。简而言之,进行逻辑否定时,“所有”和“有的”、“是”和“不是”要同时互换,单称判断因为只有一个认识对象,则只需要将“是”和“不是”进行互换。

学习诀窍

1. 课前、课中和课后学习相结合

课前了解判断的含义和结构及运用判断的意义,形成对判断的初步认识。课堂听讲不仅是记忆知识点的环节,也是澄清问题的重要环节,尤其要注意性质判断的质与量的统一,以及判断真假断定的标准问题。课后要及时整理笔记,并对知识点进行复习和拓展,有利于进一步把握素材相同的性质判断之间的真假关系。

2. 理论与实际相统一

本框许多知识点只是理论上的规范,实际上,我们日常见到的许多语句并非如此规整,这就需要将日常语言进行整理,使它们尽可能有一个和理论相吻合的形式结构。例如,日常生活中,我们经常省略全称量词,经常用双重否定表示肯定,经常用“不都是”表示“有的不是”。有的语句的含义还要根据情境进行判定。

典型例题

简答题

1. 下列判断的表述有什么问题?

(1)世界是一个不断运动、变化和发展的过程。

(2)翻滚的乌云和倾盆大雨瞬间从天空倾泻下来。

(3)从大量科学发现的案例中告诉我们,掌握逻辑思维很重要。

(4)大家经过一番布置,林先生的铺子又焕然一新。

(5)张老师说:“这个班级的学生都很用功。”陈老师说:“我不同意,这个班级有的同学很用功。”

答案解析:

(1)主项和谓项搭配不当。可去掉“过程”,或者将“过程”改为“物质世界”。

(2)主项和谓项搭配不当。可改为“倾盆大雨瞬间从天空倾泻下来”,或者“天空乌云翻滚,倾盆大雨瞬间倾泻下来”。

(3)缺主项。可改为“大量科学发现的案例告诉我们,掌握逻辑思维很重要”。

(4)缺谓项。可改为“经过大家一番布置,林先生的铺子又焕然一新”。

(5)陈老师话可修改为“我不同意,这个班级有的学生不是很用功”。因为既然是不同意断定主项(学生)的全部外延具有某种属性(很用功),那么至少存在一个主项不具有这种属性,或者形式化理解为逻辑的否定,则必须“所有”和“有的”,“是”和“不是”同时互换。

2.请指出下列关系判断是否正确?为什么?

(1)汉三年,项羽与汉王相距京索之间,因为汉三年,汉王与项羽相距京索之间。

(2)马克思的夫人比马克思大四岁,因为马克思比其夫人小四岁。

(3)那个侠客看见了店小二,因为远远地,店小二就看见了那个侠客。

(4)杭州在武汉成都的东边,因为武汉在成都的东边,杭州在武汉的东边。

(5)区小队的队长应该认识村里的女人,因为村里的女人认识水生,水生认识区小队的队长。

(6)野兔跑得不一定比猎豹慢,因为猎豹跑得比羚羊快,羚羊跑得比野兔快。

答案解析:

(1)正确,因为关系项的关系的性质是对称关系。

(2)正确,因为关系项的关系的性质是反对称关系。

(3)不正确,因为关系项的关系的性质是非对称关系。

(4)正确,因为关系项的关系的性质是传递关系。

(5)不正确,因为关系项的关系的性质是非传递关系。

(6)不正确,因为关系项的关系的性质是反传递关系。

实战演练

简答题

1.甲、乙、丙、丁四个游客在公园游玩,甲看见一只鸵鸟不会飞,于是,他说:“有的鸟是不会飞的。”由此,引起一段对话。乙说:“这就是说,有的鸟是会飞的。”甲说:“我没有那个意思,我只是说‘有的鸟不是会飞的’。”丙说:“你的意思是‘鸟不是会飞的’。”甲无奈地说:“我的意思是说‘并非鸟都是会飞的’。”丁说:“怎么能说‘鸟是不会飞的’呢?”对于甲的话,乙、丙和丁的理解是否正确?为什么?

2.林丹参加了一个聚会,在座的有他父亲的朋友,他同事的父亲,他姐夫的女性朋友,他哥哥的女朋友,他女朋友的哥哥。这个聚最少有多少人参加?

参考答案：

1.乙、丙、丁的理解不正确。甲的三句话是等价的。首先，甲说的“有的鸟是不会飞的”是一个特称肯定判断，这只是对作为主项的“鸟”的部分外延进行了断定，至少有一只鸟(如那只不会飞的鸵鸟)具有“不会飞”的属性。也就说，甲并没有断定主项具有“会飞”的属性，故乙的理解错误，理解错了谓项和联项。其次，甲说的“有的鸟不是会飞的”是一个特称否定判断，同理，这是断定至少有一只鸟不具有“会飞”的属性(如那只不会飞的鸵鸟)，并没有断定鸟的全部不具有“会飞”的属性，故丙的理解是错误的，错误在于把主项的断定范围扩大了。最后，甲说“并非鸟都是会飞的”，这是对“鸟都是会飞的”的否定，并不是对“鸟是不会飞的”的否定，故丁的理解是错误的，错误在于把作为具有“不会飞”的属性的鸟的范围扩大到全部。

2.最少三个人。林丹；“他姐夫的女性朋友”和“他哥哥的女朋友”可以是同一个女性；“他父亲的朋友”“他同事的父亲”和“他女朋友的哥哥”可以是同一个男性。

选择题

1.关于某班级的学习状况有如下三个描述：(1)“所有同学都很勤奋”；(2)“所有同学不都是很勤奋”；(3)“小乔同学很勤奋”。事实证明，其中有两个判断是假的。请问下列哪个判断不能确定真假(　　)

A.小乔同学很勤奋　　B.所有同学都不是很勤奋

C.有些同学不是很勤奋　　D.所有同学都很勤奋

2.关于某班级的学习状况有如下三个描述：(1)“有的同学很勤奋”；(2)“所有同学都不是很勤奋”；(3)“小乔同学很勤奋”。事实证明，其中有两个判断是真的。请问下列哪个判断不能确定真假(　　)

A.小乔同学很勤奋　　B.所有同学都不是很勤奋

C.有些同学不是很勤奋　　D.小乔同学不是很勤奋

参考答案：

1.B　判断(2)可以理解为“有的同学不是很勤奋”。如果判断(3)为真，则只能断定有的同学是很勤奋的，无法断定有的同学不是很勤奋，也不能断定所有同学都很勤奋，故无法满足题干要求，所以判断(3)为假，即小乔同学不是很勤奋。也就是说，至少存在一个小乔同学不是很勤奋，即有的同学不是很勤奋，判断(2)为真。既然判断(2)为真，也就意味着并不是“所有同学都很勤奋”(其实，(1)和(2)是互相矛盾的判断)，即判断(1)为假。

当然，也可以从判断(1)入手分析：如果判断(1)为真，则意味着对主项的全部外延进行了断定，即所有的同学都很勤奋，当然包括小乔同学，即判断(3)也真，无法满足题干要求，所以判断(1)只能为假。既然判断(1)为假，就意味着并不是全部同学都很勤奋，即判断(2)为真。只有两个判断为假，所以判断(3)为假。

综上所述，A为假，C为真，D为假。只有B无法确定真假。

2.C　如果判断(3)为真，就意味着“有的同学很勤奋”(因为至少有一个小乔同学很勤奋)，即判断(1)为真，至少存在一个同学很勤奋，就意味着并不是所有同学都不是很勤奋，即判断(2)为假，满足题干要求。综上所述，A为真，B为假，D为假。只有C无法确定。

第三框　正确运用复合判断

思维导图

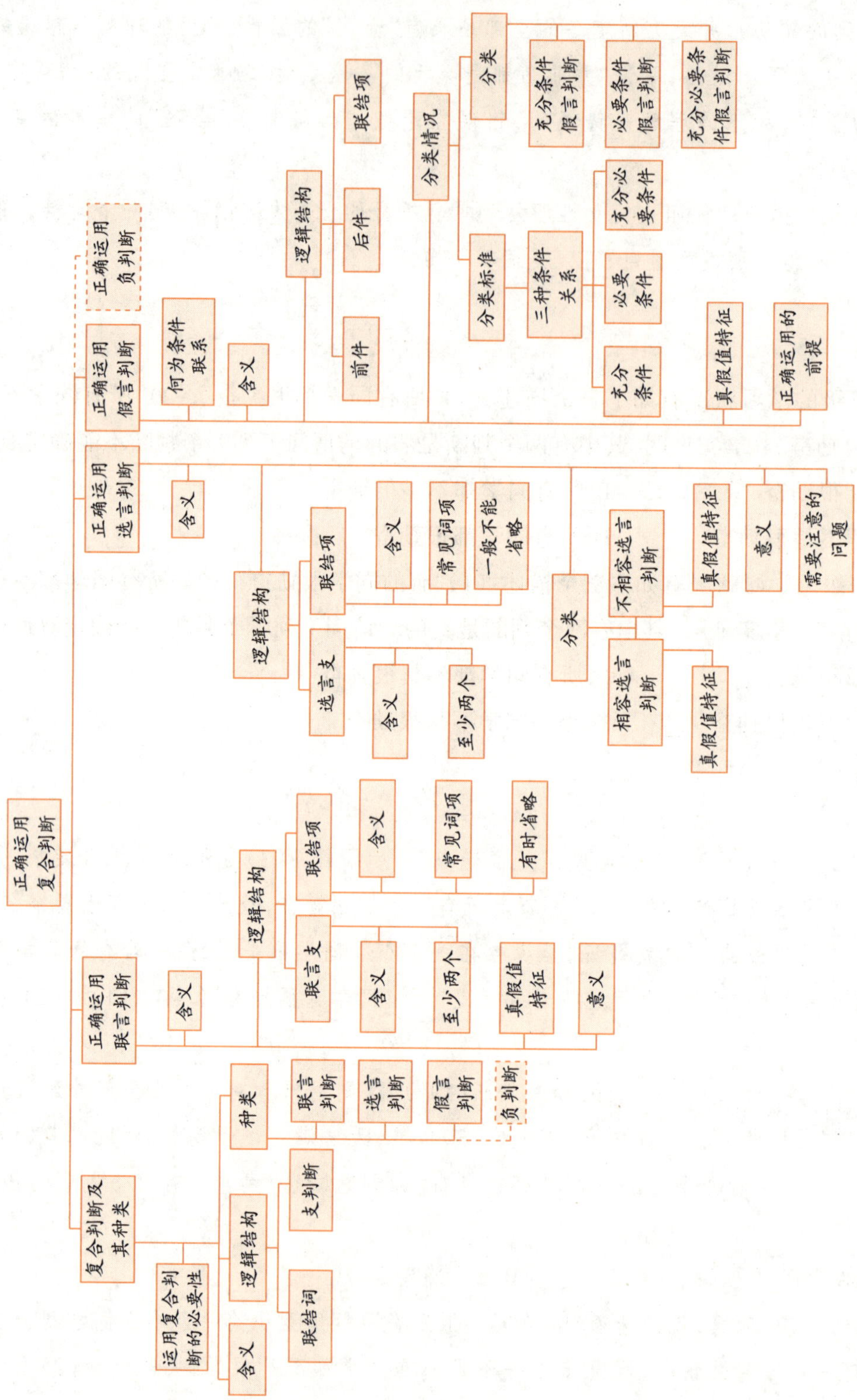

学霸笔记

学习要点

1.复合判断

复合判断是其本身包含其他判断的判断，它由支判断和联结词两部分组成。其中，支判断为组成复合判断的判断，它是逻辑变项；联结词为联结支判断的词项，它是逻辑常项，它的逻辑特性决定了复合判断的真假值特性。根据断定情况的不同，复合判断可以分为联言判断、选言判断和假言判断等。

2.联言判断

正确运用联言判断有助于将认识对象的多种情况综合起来进行考虑，多方面地分析和把握事物的情况，从而使思考更加周密，判断更为恰当。

(1)含义及其逻辑结构。联言判断是断定对象的几种情况同时存在的判断，它由联言支和联结项组成。其中，一个联言判断至少包含两个联言支；联结项是联结联言支的词项，常见的有表达并列、转折和递进关系的语词，在日常语言的表达中，有时可以省略。

(2)真假值情况。联言判断为真，则各个联言支为真；联言判断为假，则各个联言支的真假值不能确定。各个联言支都为真，则联言判断为真；只要有一个联言支为假，则联言判断为假。

3.选言判断

(1)含义及其逻辑结构。选言判断是断定对象的可能情况的判断，它由选言支和联结项组成。其中，一个选言判断至少包含两个选言支；联结项是联结选言支的词项，在日常语言的表达中，一般不能省略。

(2)分类。依据对选言支之间关系的断定情况，可分为相容选言判断和不相容选言判断。相容选言判断的选言支所断定的情况可以同时并存，这样的选言支称为相容的选言支，联结项通常用“或者……或者……”来表达。不相容选言判断的选言支所断定的情况只能有一种存在，不能有两种和两种以上的情况并存，这样的选言支称为不相容选言支，联结项通常用“要么……要么……”来表达。

(3)真假值情况。对于相容选言判断而言，选言判断是真的，无法确定选言支的真假，但是选言支至少有一个是真的，也可以都是真的；选言判断是假的，则各个选言支都是假的。反之，只要有一个选言支是真的，则相容选言判断为真；各个选言支都假，相容选言判断才为假。对于不相容选言判断而言，不相容的选言判断不管是真的，还是假的，都无法确定各个选言支的真假。当它为真时，只能判定选言支中有而且只能有一个是真的。当它为假时，只能有两个或两个以上的选言支是真的，或者没有选言支是真的。

(4)注意事项。首先，根据认识对象的实际情况，确定断定的各种情况是否可以并存，以便准确使用相容选言判断或不相容选言判断；其次，尽可能把对象的各种可能情况都揭示出来，不要遗漏有价值的可能情况。

4.断定同一认识对象的联言判断和相容选言判断之间真假值的对应关系

(1)联言判断为真时，说明断定的几种情况同时存在，也就意味着至少有一种情况存在是真的，即对相同的认识对象而言，联言判断为真，则选言判断必定为真。

(2)联言判断为假时，说明断定的几种情况中至少有一种不存在，也就意味着断定认识对象或者不是这样，或者不是那样为真，即联言判断为假，由联言支的矛盾判断作为选言支的选言判断为真。

(3)选言判断为真时，说明断定的几种情况不可能都假，即由选言支的矛盾判断作为联言支的联言判断是假的。

(4)选言判断为假时,说明断定的几种情况都假,即选言判断为假,由选言支的矛盾判断组成的联言判断为真。

5.正确运用假言判断

正确运用假言判断的前提是掌握假言判断前后件之间的条件关系,如果不能分清前件和后件所揭示的事物之间的条件关系,就不能准确地反映认识对象的情况,那么就会发生断定错误。

(1)条件联系。事物之间的诸多联系中,有一种联系为条件联系,是指某一情况的发生会促使另一情况的发生;某一情况不发生,会导致另一情况不发生。

(2)假言判断的实质及其逻辑结构。假言判断又叫条件判断,就是断定事物某情况的存在(或不存在)是另一情况存在(或不存在)的条件的判断。一个假言判断由前件、后件和联结项组成,其中,表示条件的判断叫作前件,表示依赖这一条件而成立的判断叫作后件;联结项是联结前件和后件的词项,典型的语词有"如果……那么……""只有……才……""……当且仅当……"

(3)真假值。假言判断是反映条件关系的判断,它的真假不取决于前件和后件本身的真假,而是取决于所揭示的事物之间条件关系能否成立。如果条件关系成立,有时前件和后件都是假的,假言判断仍然可以是真的。

6.正确运用充分条件假言判断

(1)含义。如果有前一种事物情况就必有后一种事物情况,前一种情况就是后一种情况的充分条件,反映这种条件关系的判断为充分条件假言判断。

(2)真假值情况。充分条件假言判断为真,是指前件是后件的充分条件,即前件为真时,后件一定为真。反之亦然,当前件为真,后件一定为真,说明前件是后件的充分条件,则由它们组成的充分条件假言判断为真。充分条件假言判断为假,是指前件不是后件的充分条件,即前件为真时,后件为假。反之亦然,当前件为真,后件为假,说明前件与后件不是充分条件关系,则判断为假。由于充分条件假言判断并没有断定前件假时后件会怎样,也没有断定后件真时前件会怎样,所以当前件实际为假时,或者后件实际为真时,充分条件假言判断是真的。

7.正确运用必要条件假言判断

(1)含义。必要条件是产生某种事物所不可缺少的条件,如果没有前一种事物情况就一定没有后一种事物情况,前一种情况就是后一种情况的必要条件,反映这种条件关系的判断为必要条件假言判断。

(2)真假值情况。必要条件假言判断为真,是指前件是后件的必要条件,即前件为假时,后件一定为假。反之亦然,当前件为假,后件一定为假,说明前件是后件的必要条件,则由它们组成的必要条件假言判断为真。必要条件假言判断为假,是指前件不是后件的必要条件,即前件为假时,后件为真。反之亦然,当前件为假,后件为真,说明前件与后件不是必要条件关系,则判断为假。由于必要条件并没有断定前件为真时的情况,也就是说,只要前件确实是后件的必要条件,那么当前件实际为真时,必要条件假言判断也是真的。

例如,甲说:"如果明天不下雨,那么小红去唱歌。"乙说:"只有明天下雨,小红才去唱歌。"若甲和乙的判断都对,请问第二天有没有下雨?因为甲和乙的判断都对,说明他们断定前件和后件之间的充分条件和必要条件分别成立。当第二天下雨为真时,两个假言判断为真。

8.充分必要条件假言判断是同时断定充分和必要两种条件关系的假言判断

充分必要条件假言判断是反映事物情况之间充分必要条件关系的判断,所谓充分必要条件关系是这样一种条件关系:有了这种情况,必将产生某种情况;没有这种情况,必不产生该种情况。

学习心得

1.识记方式

(1)形式化记忆法。形式化记忆法在本框具有重要作用。例如,区分不同类型的复合判断,就需要舍去判断的具体内容,将其结构进行形式化处理,以便准确判断其具体类型;掌握各种复合判断的逻辑性质,就要从形式结构的角度去把握其逻辑特征,尤其是支判断和复合判断之间的真假制约关系,仅仅只是指形式上的真和假的制约关系。

(2)理解记忆法。着重理解各种类型复合判断的逻辑常项,也就是联结项(联结词)的逻辑性质。可以先选取一些具体的、自己熟悉的复合判断去理解联结词的含义,熟能生巧,慢慢地抛开具体内容去把握其逻辑特征。例如,对于充分条件假言判断而言,只要前件为真,则后件为真。只要前件是后件的充分条件,即使前件虚假,充分条件假言判断也为真。

(3)比较记忆法。针对各种不同类型的复合判断,就需要对其真假特征进行反复比较,分析它们的异同点,这可以使思路更清晰。

2.主要特点

"正确运用复合判断"这一框包括四目内容。这四目内容采用总分式的讲述方式,首先从总体上阐述了复合判断的基本内容,然后分别阐述各种类型的复合判断的基本知识点,其中各种类型的复合判断的真假特征是本框的核心内容,只有理解和掌握了它们,才能分清他们各自的逻辑性质,进而正确运用它们。

3.核心观点

复合判断的真假特征。

4.比较分析

将各种类型的复合判断的真假特征进行比较分析,以便明确各种不同类型复合判断的逻辑性质。

5.强化理解

本框需要强化理解之处,主要就是从形式上把握各种类型复合判断的真假特征。

学习诀窍

1.课前、课中和课后学习相结合

课前初步理解复合判断的含义和种类,以及在逻辑思维中正确运用判断的重要意义。课堂上认真听讲,尤其是要深刻理解复合判断的逻辑结构及其真假特征,以及选言判断的选言支穷尽问题。课后及时复习,这种一气呵成的学习过程,有利于我们巩固所学的知识。

2.形式化理解

拓展运用真值表分析复合判断的真假特征,以及判定推理的有效性。

典型例题

简答题

1.请指出下列判断的具体类型和真假。

(1)黄山不仅自然风景优美,而且有着悠久的历史文化。

(2)李清照是男性并且是诗人。

(3)张飞或者是男性,或者是诗人。

(4)杜甫要么是唐朝人,要么是宋朝人。

答案解析:

(1)(2)为联言判断,(1)为真,(2)为假;(3)为相容选言判断,真;(4)为不相容选言判断,真。

2.“小明在班级里既做学习委员,又做体育委员”为假,下面各判断的真假情况分别是什么?

(1)小明在班级里做体育委员。

(2)小明在班级里不做学习委员。

(3)小明在班级里或者不做学习委员,或者不做体育委员。

答案解析:

联言判断为假,联言支的真假不确定,因为只要有一个为假即可。所以,(1)(2)的真假情况不确定;(3)为真,因为联言判断为假,联言支至少有一个是假的,所以“小明在班级里不做学习委员”和“小明在班级里不做体育委员”中至少有一个是真的。

3.如果“介子推辞官不言禄”为真,那么下列判断是真是假?

(1)介子推既不是辞官不言禄,又不是抱树而死。

(2)或者介子推不是辞官不言禄,或者介子推不是抱树而死。

答案解析:

(1)为假,因为“介子推不是辞官不言禄”为假。(2)的真假情况不确定,因为从题干无法判定“介子推抱树而死”的真假情况。

4.“或者介子推辞官不言禄,或者介子推抱树而死”为真,下面各判断的真假情况分别是什么?

(1)介子推抱树而死。

(2)介子推既是辞官不言禄,又是抱树而死。

(3)介子推既不是辞官不言禄,又不是抱树而死。

答案解析:

(1)(2)的真假不确定,因为每个选言支都真假不定;(3)为假,因为选言支至少有一个是真的,所以“介子推既不是辞官不言禄”和“介子推不是抱树而死”中至少有一个为假。

5.“或者介子推辞官不言禄,或者介子推抱树而死”为假,下面各判断的真假情况分别是什么?

(1)介子推辞官不言禄。

(2)介子推辞官既是不言禄,又是抱树而死。

(3)介子推既不是辞官不言禄,又不是推抱树而死。

答案解析:

选言判断为假,则所有选言支为假。故(1)(2)为假,(3)为真。

6.“只有我们努力学习,才能考取大学”为真,下面各判断的真假情况分别是什么?

(1)如果我们努力学习了,就一定能考取大学。

(2)我们没有考取大学,一定是因为我们没有努力学习。

(3)如果我们不努力学习,就一定不能考取大学。

答案解析:

(1)(2)的真假情况不确定,(3)为真。因为必要条件假言判断为真,只能说明不存在前件假,同时后件为真的情况,即“我们不努力学习,但是考取了大学”不可能为真。

7.“只有我们努力学习,才能考取大学”为假,下面各判断的真假情况分别是什么?

(1)我们努力学习。

(2)我们考取大学。

(3)我们没有努力学习,却考取了大学。

答案解析:

必要条件假言判断为假,即“我们努力学习了”为假,“我们能考取大学”为真。故(1)为假,(2)为真,(3)为假。

8.张三对李四说:“如果四月不下桃花雪,‘五一’假期我和你一道去登山。”李四说:“只有你陪我,我才会去。”事实证明他们都爽约了。请问下列判断哪个是真的?

A.四月下了桃花雪 B.张三去登山了

C.“五一”假期张三没有空闲 D.或者张三去登山了,或者李四去登山了

答案解析:

D 因为他们都爽约了,说明李四登山了。

实战演练

简答题

1.下列选言判断的表达是否正确,为什么?

(1)这盘棋,他或者输,或者赢。

(2)这棵树不是桃树,就是梨树。

(3)小明要么是学生,要么是运动员。

2.下列假言判断的表达是否正确,为什么?

(1)如果不入虎穴,那么得不到虎子。

(2)如果天空已经狂风大作,那么海面依旧不会起浪。

(3)如果杜甫是唐朝人,那么他是诗人。

(4)只有“学霸”是“三好”生,“学霸”才学习好。

(5)只有伽利略发现万有引力,才会水向低处流。

(6)2+2=5,当且仅当,人工智能取代人类。

3.“我们或者选小赵当‘三好’生,或者选小郑当‘三好’生”为真,能否确定下面判断的真假?

(1)如果我们选了小赵当“三好”生,那么我们选了小郑当“三好”生。

(2)如果我们不选小赵当"三好"生,那么我们不选小郑当"三好"生。

(3)如果我们不选小郑当"三好"生,那么我们选了小赵当"三好"生。

4."我们或者选小赵当'三好'生,或者选小郑当'三好'生"为假,能否确定下面判断的真假?

(1)如果我们选了小赵当"三好"生,那么我们选了小郑当"三好"生。

(2)如果我们选了小赵当"三好"生,那么我们不选小郑当"三好"生。

(3)如果我们不选小郑当"三好"生,那么我们选了小赵当"三好"生。

(4)如果我们不选小赵当"三好"生,那么我们不选小郑当"三好"生。

5."除非人连续工作会产生疲倦,人才不是机器人。"这个必要条件假言判断是否正确,为什么?

6.如果"鱼与熊掌不可兼得"是正确的,那么引号内的判断至少可以理解为几种复合判断的表达?

参考答案:

1.(1)不正确,输和赢没有穷尽可能。(2)不正确,没有穷尽可能。(3)不正确,小明也可能是其他身份。

2.(1)正确,前后件之间为充分条件关系。(2)不正确,天空已经狂风大作,势必海面会起浪。(3)不正确,虽然前件真,后件真,但是前后件之间没有条件关联。(4)不正确,"学霸"不是"三好"生,其学习也好。(5)不正确,虽然前件假,后件也假,但是前后件之间没有关联。(6)不正确,前后件之间没有关联。

3.选言判断为真,意味着只有选言支都是假的情况不可能出现,即"我们选小赵当'三好'生"和"我们选小郑当'三好'生"不可能同时为假。这样一来,一个选言支为假,那么另外一个选言支必须是真的,这又相当于,一个选言支的矛盾判断为真,另外一个选言支必须是真的。所以,当"我们选小郑当'三好'生"为假时,"我们选小赵当'三好'生"必须为真,这相当于,"我们不选小郑当'三好'生"为真时,"我们选小赵当'三好'生"必须为真。故(3)为真,(1)(2)的真假情况不确定。

4.选言判断为假,则选言支都假。即"我们选小赵当'三好'生"为假,"我们选小郑当'三好'生"为假。所以(1)(2)(3)为真,(4)为假。

5.正确。虽然前后件均为真,但是前后件之间为必要条件关系。

6.可以理解为:(1)不能够既得到鱼,又得到熊掌;(2)或者得不到鱼,或者得不到熊掌;(3)如果得到鱼,则得不到熊掌;(4)如果得到熊掌,则得不到鱼。不能够理解为:(1)得不到鱼,但是得到了熊掌;(2)得不到熊掌,但是得到了鱼;(3)既得不到鱼,也得不到熊掌。

第六课 掌握演绎推理方法

第一框 推理与演绎推理概述

思维导图

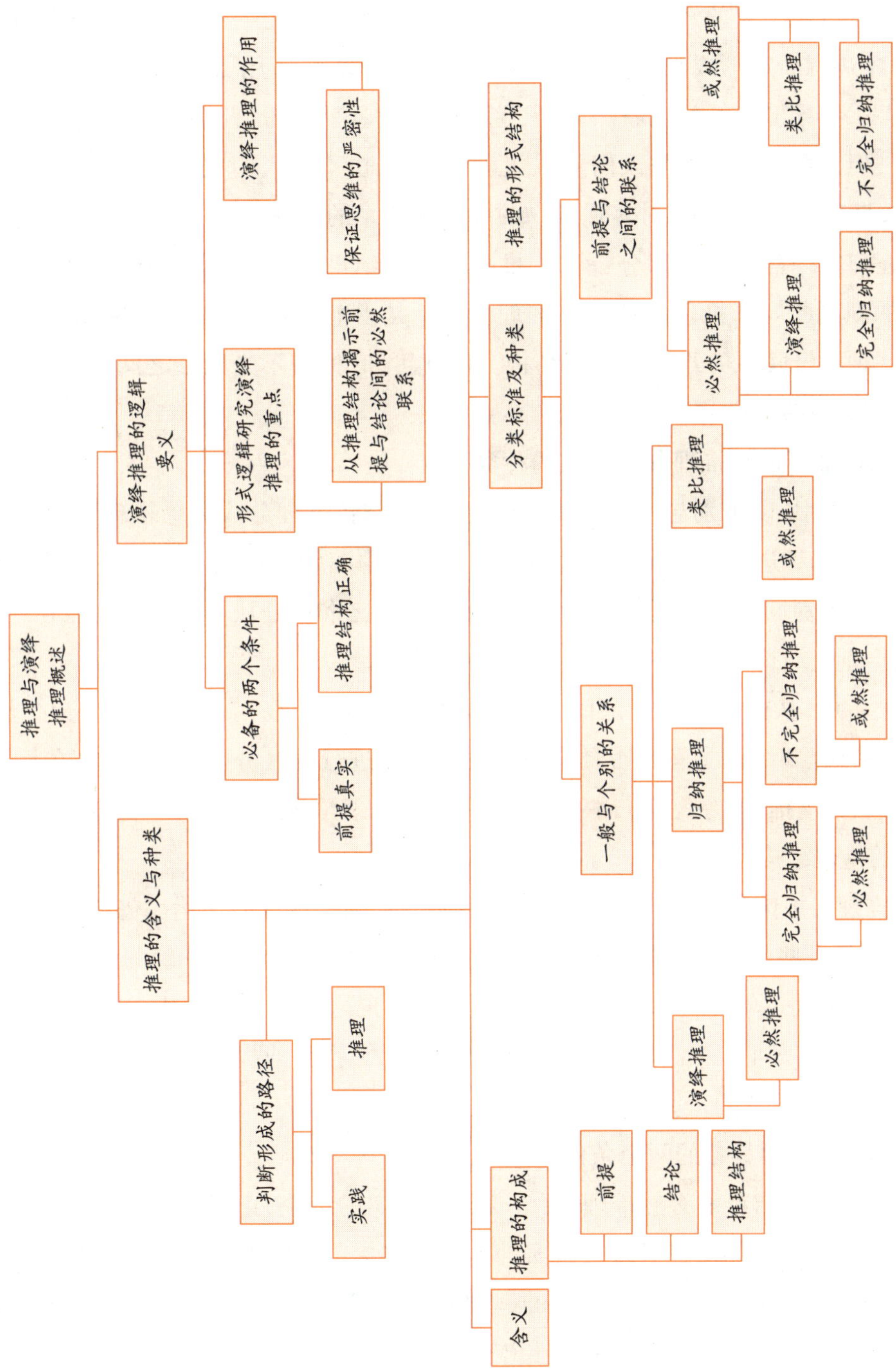

学霸笔记

学习要点

1.判断形成的两条路径

在学习和生活中,我们要对认识对象作出判断。一个判断的形成有两条路径:一是通过实践,直接对对象进行观察或调查,然后作出判断;二是借助已有的判断,合乎逻辑地推出一个新的判断。

2.推理的含义和构成

(1)含义。推理是从一个或几个已有的判断推出一个新判断的思维形式。人们运用在社会实践中所形成的逻辑推理,可以从已有的知识推出新的知识,所以逻辑推理是一种获得新知识的方法。这就是说,人们在对认识对象进行断定形成判断之后,思维活动并没有停止,为了满足认知活动的进一步需要,还要从已知的判断出发,推导出未知的或新的判断,这种思维过程就是推理。不过需要注意的是,推理虽然是思维活动的延续,但是逻辑推理不是人们主观随意制造的,也不是人们先天固有的,更不是从天上掉下来的,而是人们在长期的社会实践中,对客观事物的联系和关系的反映。

(2)构成。任何推理都包括三部分:前提、推理结构和结论。其中,推理所依据的已有的判断叫作推理的前提,推出的新判断叫作推理的结论。推理的结论是由前提推出来的,前提和结论之间存在着一种逻辑联系方式,这种逻辑联系方式叫作推理结构。由此可知,推理不是判断之间的任意组合,而是依据前提和结论之间的逻辑关系形成的。

3.依据不同的标准可以将推理分为不同的种类

(1)在哲学认识论中,以个别与一般的关系为标准,可以将推理分成演绎推理、归纳推理和类比推理。这是从推理所表现的思维进程的方向方面进行的区分。其中演绎推理是从一般性前提推出个别性结论的推理;归纳推理是从个别性前提推出一般性结论的推理;类比推理是从一般性前提推出一般性结论,或从个别性前提推出个别性结论的推理。

(2)在形式逻辑中,从前提与结论之间是否有必然联系的角度,可以将推理分为必然推理和或然推理。这是从推理的前提和结论之间是否具有蕴含关系方面进行的区分。由此可知,在哲学认识论中的演绎推理是必然推理,归纳推理(除完全归纳推理外)和类比推理是或然推理。

4.形式逻辑的推理结构

形式逻辑把推理结构作为自己的研究对象,告诉人们正确的思维应该运用怎样的推理结构,以及运用推理结构时应该遵循哪些规则,进而帮助人们识别什么样的推理结构是正确的,什么样的推理结构是不正确的。也就是说,形式逻辑本身只能告诉我们前提和结论之间的逻辑规则,它不研究每个推理所反映的认识对象的具体内容,即它不能具体解决前提真实与否的问题,前提是否真实只有靠各门具体科学、靠实践来解决。

5.正确的演绎推理必须具备的两个条件

演绎推理是前提蕴含结论的必然推理,要确保得到真实的结论,正确的演绎推理必须具备两个条件。第一个条件是作为推理根据的前提必须是真实的判断。如果前提虚假,由前提推出的结论就不能保证真实可靠。第二个条件是推理结构正确。如果推理结构不正确,也就是说,前提和结论之间的逻辑联系方式是错误的,那么尽管前提真实,也不能保证推出正确的结论。

6. 形式逻辑研究演绎推理的重点以及掌握演绎推理方法的意义

(1)形式逻辑研究演绎推理的重点。任何事物都存在着内容和形式两个方面,推理也不例外。就内容而言,推理存在着前提是否符合实际的问题,即前提的真实性问题;就形式而言,推理存在着是否遵守推理规则的问题,即形式是否有效的问题。对于一个具体的推理来说,只要保证了前提真实,形式有效,就可以推出可靠的结论。不过,形式逻辑是从推理结构方面揭示前提与结论之间的必然联系,从推理结构(或者说推理形式)方面来研究一个推理是否有效,即形式正确,则推理有效。它所提供的是从推理结构方面保证推理的正确性的知识,这也有利于人们掌握正确的演绎推理方法,以便人们从真实的前提必然地推出真实的结论。

(2)掌握演绎推理方法的意义。掌握演绎推理的方法,对人们保持思维的严密性具有重要作用。

学习心得

1. 识记方式

(1)理解记忆和形式化记忆相结合。推理由前提、推理结构和结论组成,首先要理解什么是前提,什么是结论,什么是推理结构,然后在理解的基础上,结合具体事例进行形式化的记忆。例如,“老虎是要吃人的,东北虎是老虎;所以,东北虎是要吃人的”。在这个推理中,“所以”之前是前提,“所以”之后是结论,前提和结论之间的逻辑联系方式是推理结构。我们可将这个推理形式化,用M表示“老虎”,用P表示“要吃人的”,用S表示“东北虎”,其推理结构就是:所有M是P,所有S是M,所以,所有S是P。

(2)比较记忆法。针对依据不同的标准对推理的分类,可以将各种不同类型的推理进行比较,分析它们的异同点,这可以使自己的思路更加清晰。例如,演绎推理的前提和结论具有必然联系,而类比和归纳推理(除完全归纳推理外)的前提和结论只具有或然性联系。那么,在这里为什么要将完全归纳推理排除在外呢?我们可以通过具体事例来理解。例如,“亚洲有生物,欧洲有生物,非洲有生物,大洋洲有生物,北美洲有生物,南美洲有生物,南极洲有生物,亚洲、欧洲、非洲、大洋洲、北美洲、南美洲、南极洲是世界上的全部大洲。所以,世界上所有的大洲都有生物。”这就是一个完全归纳推理。因为这个推理的前提已经完全包含了结论所指的范围,所以它的前提和结论之间是必然联系。

2. 主要特点

“推理与演绎推理概述”这一框包括两目内容。这两目内容采用递进式讲述方式,第一目“推理的含义与种类”主要阐述推理的含义和不同的分类,第二目“演绎推理的逻辑要义”则进一步阐述演绎推理必须具备的条件,强调了形式逻辑研究演绎推理的重点所在。“推理结构”是本框的核心概念,演绎推理必须具备的两个条件是本框的重要内容,只有理解和掌握了它们,才能明晰演绎推理对于保持思维的严密性具有重要作用。

3. 核心观点

推理的结论是由前提推出来的,前提和结论之间存在着一种逻辑联系方式,这种逻辑联系方式叫作推理结构。演绎推理必须具备两个条件:一是前提是真实的,二是推理结构正确。形式逻辑把推理结构作为自己的研究对象,它研究演绎推理,是从推理结构方面揭示其前提与结论之间的必然联系。依据不同标准,可以将推理进行不同的分类,在哲学认识论中,依据个别与一般的关系,可以将推理分为演绎推理、类比推理和归纳推理;形式逻辑依据前提与结论是否具有必然联系,可将推理分为必然推理和或然推理。同一个推理可以分属不同类型,演绎推理是必然推理,类比和归纳推理(除完全归纳推理外)是或然推理。

4.比较分析

将不同类型的推理进行比较分析,以便明确各种不同类型推理的各自特点以及相互之间的共同点。

5.强化理解

本框需要强化理解的是从形式逻辑角度理解推理的有效性。推理结构是一种前提与结论之间的逻辑联系方式,演绎推理自身必须满足推理结构正确这一条件,至于前提是否真实是演绎推理自身无法保证的,这需要实践的检验。也就是说,只要推理结构正确,推理就是有效的。

学习诀窍

1.课前、课中和课后学习相结合

课前初步了解推理的含义和构成,推理的分类标准及其具体的种类;课堂上要弄懂推理结构及其对于人们正确思维的意义,领会演绎推理的含义和逻辑要义,把握形式逻辑研究演绎推理的重点等内容。课堂听课是学生学习的关键环节,学生必须专心听讲。课后及时总结、复习和巩固,深刻领悟运用演绎推理方法对人们保持思维严密性的重要作用。

2.理解与记忆相结合

不能为了记忆去理解,而应该为了解决问题去理解。要留意日常生活中遇到的一些推理形式,思考如何将这些推理形式进行归类,判断它们的推理结构是否正确,前提与结论之间是否具有必然性,这些推理的作用具体表现在哪些方面。这样一来,我们既可以明晰知识点之间的内在关联,又可以把握推理结构这个主线。

典型例题

简答题

1.请指出下列推理的前提与结论是否存在必然关系并说明理由。

(1)商品是用来交换的劳动产品,所以,有的商品是用来交换的劳动产品。

(2)北京在天津的北面,所以,天津不在北京的北面。

(3)无赖是喜欢说假话的,高俅是无赖,所以高俅是喜欢说假话的。

(4)美国土著居民是美洲印第安人,他们是从亚洲迁徙来的,后来的居民是从欧洲迁徙来的,所以,美国居民的祖先是从国外迁徙来的。

(5)喜鹊会飞,啄木鸟会飞,布谷鸟会飞,燕子会飞,所以,所有的鸟都会飞。

(6)强弩之末,势不能穿鲁缟,所以,曹军之众一日一夜行三百余里,远来疲敝。

(7)青年人要勇担时代使命,也要永葆家国情怀,所以,青年人要怀有家国情怀。

答案解析:

(1)存在必然联系,因为这是从一般性前提推出个别性结论的演绎推理。

(2)存在必然联系,因为“……在……的北面”是反对称关系。

(3)存在必然联系,因为这是演绎推理。

(4)存在必然联系,因为这是完全归纳推理,个别性前提是结论中某类事物的全部。

(5)不存在必然联系,因为这是从个别性前提推出一般性结论的不完全归纳推理。

(6)不存在必然联系,因为这是从个别性前提推出个别性结论的类比推理。

(7)存在必然联系,因为这是演绎推理。

2.下列演绎推理是否正确,为什么?

(1)煮熟的鸭子是会飞的,野猪不是煮熟的鸭子,所以,野猪不是会飞的。

(2)处于静止状态的物体是会伤人的,一支射出的箭是会伤人的,所以,一支射出的箭是处于静止状态的物体。

(3)所有的四边形都不是曲线,所有的四边形都是几何图形,所以,所有的几何图形都不是曲线。

(4)权威的言论不是检验真理的标准,逻辑证明也不是检验真理的标准,所以,逻辑证明不是权威的言论。

(5)关于力与运动之间关系的研究,亚里士多德早于伽利略,伽利略早于牛顿,所以,关于力与运动之间关系的研究,亚里士多德早于牛顿。

(6)凡人都有死,苏格拉底是人,所以,苏格拉底有死。

答案解析:

(1)不正确。虽然结论正确,但是结论的真不是通过演绎推理保证的,因为前提“煮熟的鸭子是会飞的”是虚假的。

(2)不正确。前提虚假,无法保证结论的真。

(3)不正确。推理结构不正确,不具有保真性。

(4)不正确。推理结构不正确,不具有保真性。

(5)正确。具备演绎推理的两个条件。

(6)正确。具备演绎推理的两个条件。

实战演练

简答题

1.“逻辑思维清晰的张老师写的文章很感人,所以,逻辑思维清晰的李老师写的文章也会很感人。”按照这个推理,逻辑思维清晰的李老师写的文章应该也不错,但是实际上,李老师写的文章却很生硬。这个推理为什么无法保证结论的真实性?

2.我们经常听说,只有考取大学的孩子,才是有出息的。那么某人没有考取大学,就应该是没有出息的。但是在现实生活中,我们又经常见到这样的情况:某人没有考取大学,但是他作出了一番成就。请问演绎推理的结论与社会现实之间存在矛盾,是否意味着演绎推理方法不适用了,为什么?

3.有人说:“推理不研究内容的真实性,只关注形式的有效性,由此逻辑推理是人造的。”你是否赞同这个说法,为什么?

4.“马是哺乳动物,白马是哺乳动物,所以,白马是马。”这个推理结构不正确,为什么结论真实?

5.“凡是你丢掉的东西就是你没有的东西,你头上没有角,所以,你丢掉了头上的角。”这个推理是否正确,为什么?

参考答案:

1.按照不同的标准,推理可以分为不同的类型,并非任何推理类型都能够保证前提与结论之间具有必然的联系。只有从一般到个别的演绎推理是必然推理,而本题是从个别性前提推出个别性结论的类比推理,它和归纳推理(除完全归纳推理外)是或然性推理,即前提真实,符合规则,结论不一定真实。

2.从前提“只有考取大学的孩子,才是有出息的”和“某人没有考取大学”,按照正确的演绎推理结构,确实必然推出“某人没有出息”。不过,进行演绎推理需要两个必要条件:其一是推理结构正确,其二则是作为推理工具的前提是真实可靠的判断。形式逻辑研究演绎推理关注的只是推理形式的有效性,仅从推理结构方面来揭示前提与结论之间的必然联系。也就是说,只要前提真实,正确的演绎推理结构必然保证结论的真实性,然而,演绎推理自身无法保证前提是否真实可靠,这需要实践的验证。正因为现实生活中经常出现“某人没有考取大学,但是他作出了一番成就”的情形,这恰恰验证了“考取大学的孩子”和“是有出息的”之间并非必要条件关系,或者说必要条件关系为假,也就是演绎推理的前提为假。这说明,演绎推理的结论与社会现实之间存在矛盾不仅不意味着演绎推理方法不适用,反而揭示了这种方法对于保持人们思维的严密性具有重要作用。

3.不赞同。虽然形式逻辑不研究每个推理所反映的认识对象的具体内容,而是以推理结构作为自己的研究对象,揭示不同推理中前提与结论之间的逻辑规则,目的在于帮助人们正确地选择和运用推理。但是,不能认为逻辑推理是人造的。因为逻辑推理规则不是人们主观随意创造的,而是人们在长期的社会实践中,在思维形式上对客观事物之间的联系和关系的一种反映,并且逻辑推理的前提和结论的真实性都需要实践的检验。

4.这个推理结构不正确,不具有保真性。结论“白马是马”并不是通过推理推出的,而是依据“白马”和“马”的外延之间具有种属关系得来的。我们只要将“白马”换成“狗”,就可以推出“狗是马”的荒谬结论,而前提真实,通过正确的演绎推理的结构则得不出假结论。

5.不正确。虽然推理结构正确,但是前提虚假。“丢掉的东西”和“没有的东西”的外延之间可以是同一关系,也可以是种属关系。也就是说自己“没有的东西”还可以是自己“本来就没有的东西”,所以“头上没有角”还可以是“本来就没有角”。

第二框　简单判断的演绎推理方法

思维导图

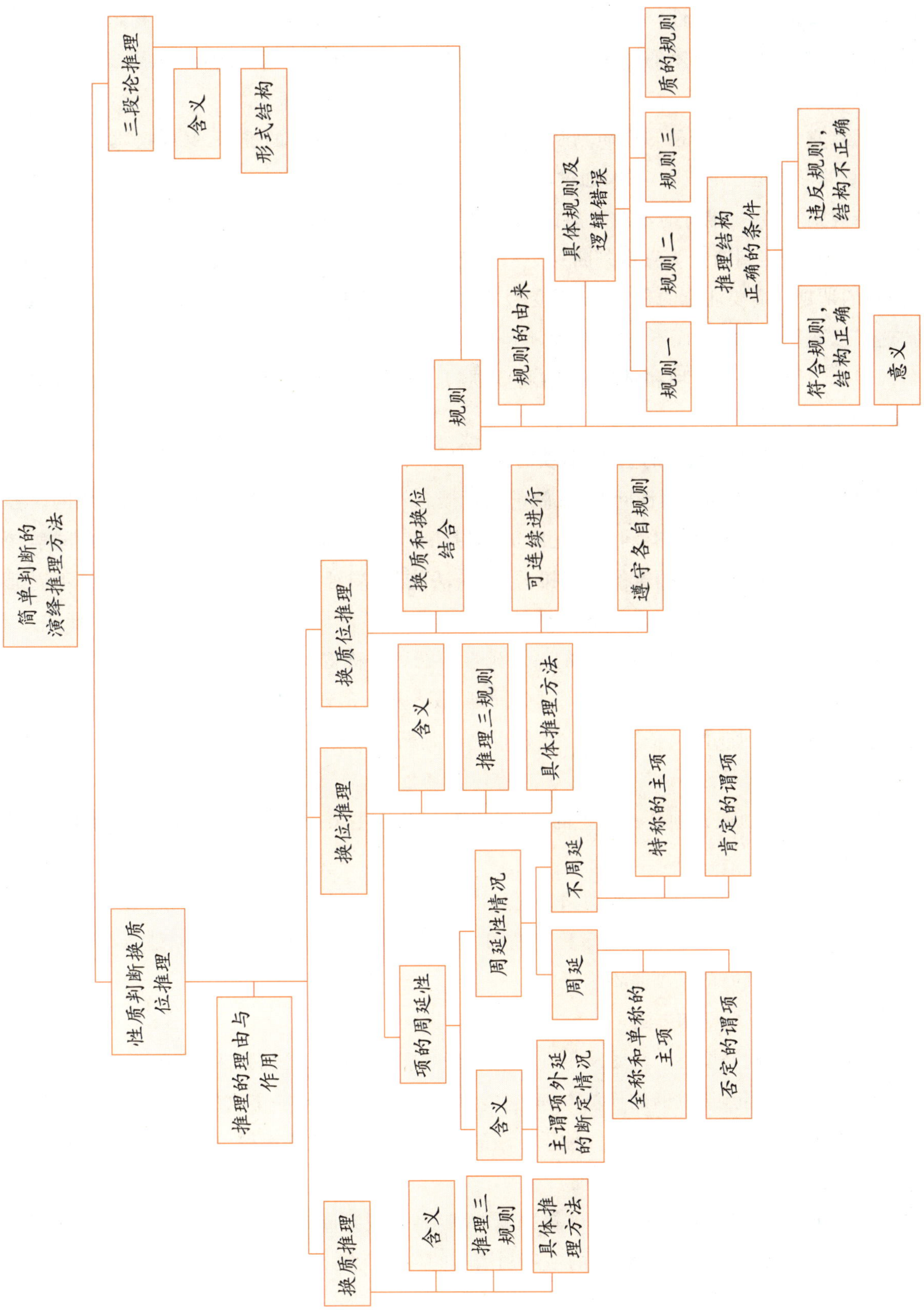

学霸笔记

学习要点

1.换质推理的含义、规则和方法

(1)运用换质推理的必要性。在说话或写文章时,为了使表达更为适当和灵活,我们常常要根据上下文的具体情况,对一些性质判断的形式结构进行变换,如将肯定判断形式和否定判断形式互相转换,这就要运用性质判断换质推理。

(2)含义。它是通过改变已知性质判断的"质"而得出一个新判断的推理,又叫换质法。这里的"质"是指性质判断的形式是肯定或否定的,通过联项具体表现出来。

(3)三条规则。第一,推理时不改变前提判断的主项和量项;第二,改变前提判断的质,即把肯定判断变为否定判断,把否定判断变为肯定判断;第三,找出前提性质判断中与谓项相矛盾的概念,用它作为结论性质判断的谓项。需要注意的是,谓项要变为矛盾概念,而不是反对概念。例如,"这张纸是白的"换质后应为"这张纸不是非白的",而不是"这张纸不是黑的"。

(4)两步法。第一步是主项和量项不变,将联项"是"改为"不是","不是"改为"是";第二步是将谓项改为与其相矛盾的概念。

2.项的周延性是指性质判断的主项、谓项的周延性

只有在判断中才有项的周延性问题,反映的是对概念外延的断定情况,与所表示的对象的内容,或者说实际情况无关。例如,某班所有同学都是团员,但判断"有的某班同学是团员"中的"某班同学"就是不周延的。再如,在判断"法院是国家的审判机关"中,"法院"是周延的,"国家的审判机关"是不周延的,尽管就实际内容而言,"国家的审判机关"的全部外延就是"法院"的全部外延,但由于其判断形式并未断定谓项的全部外延,因而其谓项就是不周延的。周延性问题可以称得上是推理的一块基石,在推理过程中,项的周延性是不能扩大的,任何项只能从周延到周延,或者从周延到不周延,而不能从不周延到周延。

(1)性质判断的主项或谓项是周延的,就是指这个判断确定地断定了其主项或谓项所反映的全部对象,或者说断定了其全部外延。

(2)性质判断的主项或谓项是不周延的,就是没有断定其主项或谓项所反映的全部对象,或者说,没有断定其全部外延。

(3)不同种类的性质判断中主项和谓项的周延情况不同,主项和谓项位置的变换相应会引起其外延断定情况的变化。一般说来,全称判断和单称判断的主项是周延的,特称判断的主项是不周延的,否定判断的谓项是周延的,肯定判断的谓项是不周延的。

3.换位推理的含义、规则和方法

(1)运用换位推理的必要性。为了从不同方面加深对事物的认识,我们有时需要将性质判断的断定对象进行变换,这就要运用性质判断的换位推理,它能够帮助我们认识同一事物的两个不同方面。

(2)含义。换位推理是通过改变已知性质判断的主项和谓项的位置而得出一个新判断的推理,又叫换位法。这里的"位"是指主项和谓项的位置。

(3)三条规则。第一,推理时不改变前提判断的联项,前提判断是肯定的(或者否定的),换位后还是肯定的(或者否定的);第二,将前提判断的主项和谓项的位置互换;第三,在前提中不周延的项,换位后也不能周延。

（4）两步法。第一步，不改变联项，主项与谓项的位置互换；第二步，前提中不周延的项换位后不能周延。

4.正确运用换质位推理和换位质推理不仅可以起到变换语句形式或语气的作用，而且可以起到调整或强调认识重点的作用

（1）换质位推理，指将换质法和换位法结合起来运用，对性质判断交替进行先换质后换位的推理，换质时遵守换质的规则，换位时遵守换位的规则。

（2）换位质推理，指将换位法和换质法结合起来运用，对性质判断交替进行先换位后换质的推理，换位时遵守换位的规则，换质时遵守换质的规则。

5.三段论推理的含义和逻辑结构

（1）含义。三段论是演绎推理的一种重要形式，它是以两个已知的性质判断为前提，借助一个共同的项推出一个新的性质判断的推理。

（2）逻辑结构。其一，三段论的项。每个三段论有三个性质判断，三个性质判断各有一个主项和一个谓项，每一个主项和谓项在三段论推理中都出现两次，人们把结论中的谓项叫作“大项”，把结论中的主项叫作“小项”，把在结论中不出现而在前提中出现两次的那个项叫作“中项”。其二，三段论的前提和结论。每一个三段论中有两个性质判断为前提，一个性质判断为结论，其中，包含大项的前提叫作“大前提”，包含小项的前提叫作“小前提”；三段论的大项和小项在前提中并没有直接发生联系，只是分别和中项有一定的关系，通过中项这个媒介，大项和小项才有了一定的联系，构成结论。

6.三段论的一般性规则与推理结构

（1）一般性规则的由来。三段论可以有很多形式结构，其中，有些是正确的，有些是不正确的。通过对无数个思维事例的考察，人们在实践中概括出正确进行三段论推理的一般性规则，即三段论规则是合乎规律的实践活动在人们头脑中沉淀而形成的。

（2）凡是符合一般性规则的三段论，其推理结构就是正确的，这是保证三段论推理结构正确的条件。违反其中任何一个规则，其推理结构都是不正确的。

（3）一个形式结构正确的三段论只能有三个不同的项，在前提和结论中，大项、小项和中项必须分别出现两次。如果出现四个不同的项，结论就不能必然得出，这种逻辑错误叫作“四概念”的错误。

（4）三段论的中项在前提中至少周延一次。如果中项在两个前提中都不周延，就可能会出现这样的情况：大项与中项的一部分外延发生联系，小项与中项的另一部分外延发生联系，这样，大项和小项的关系就不能确定，结论就不能必然得出，这种逻辑错误叫作“中项不周延”的错误。

（5）前提中不周延的项在结论中不得周延。这是针对大项和小项提出的要求，因为根据一类事物的部分对象具有某种属性，不能推断出这类事物的全部对象都具有这种属性，即结论不能扩大前提所给概念的外延，否则，就会犯“大项不当扩大”或“小项不当扩大”的逻辑错误。

（6）规定三个性质判断质的规则。其一，两个否定的前提不能必然推出结论。因为中项与大项、小项都是排斥的不相容关系，起不到确定大项与小项关系的媒介作用，从前提到结论没有保真关系，所以结论不能必然得出。其二，结论否定，当且仅当，前提中有一否定。因为前提否定，中项要么与大项、要么与小项是排斥的不相容关系，以它为媒介，大项与小项之间只会形成排斥的不相容关系，即结论否定，反之亦然。简而言之，三段论中肯定的性质判断要么是三个，要么只在前提中有一个。或者说，三段论中否定的性质判断要么没有，要么前提和结论中分别有一个。

（7）掌握三段论推理规则的意义。三段论是生活和工作中常用的推理类型，只有熟知其推理的规则，才能自觉地避免这类推理中的逻辑错误,进而揭露诡辩,维护真理。

学习心得

1.识记方式

(1)理解记忆。针对一些基本的概念和问题,首先要理解清楚,然后才能进行记忆。例如,何为周延性?为何主项和谓项位置互换就要考虑周延性?不交换主项和谓项的位置,就不需要考虑周延性,但是为什么又要将谓项改为矛盾的概念?为什么强调变形推理过程中,项的周延性不能扩大,而在连续换位过程中,实际上会出现某个项由不周延变成周延,但是这却并没有违背规则呢?这些问题其实都涉及如何理解判断的质与量相互统一的问题,以及周延性是判断中一个概念相对于特定的另一个概念而言的。

(2)比较记忆法。将各种不同类型推理的正确结构进行比较,分析它们的异同点,使自己思路更加清晰。

(3)形式化记忆。针对性质判断的直接变形推理和三段论而言,在理解基本规则的内涵之后,就不需要再受判断具体内容的影响,更应从形式化的推理结构角度进行记忆,牢记正确的推理结构,辨识错误的推理结构。心中要有坚定的信念:只要形式有效,推理就正确。

(4)实战记忆法。在推理部分,最有利于强化知识点的方法,就是勤动笔,做大量的习题。当然,不能只是单纯地做,同时还要对题型进行系统化的总结和归纳。

2.主要特点

"简单判断的演绎推理方法"这一框包括两目内容。这两目内容采用并列式讲述方式,第一目主要阐述性质判断换质推理和换位推理的规则和具体方法,第二目主要阐述三段论的结构、推理规则以及常见逻辑错误。本框的中心线索是性质判断与质和量的统一,运用性质判断进行的直接推理或者间接推理都要考虑到质和量两个方面,具体到本框知识点中,换质推理、换位推理以及三段论的规则是核心内容,只有理解和掌握了它们,才能正确运用简单判断的演绎推理方法。

3.核心观点

首先是项的周延性:一个性质判断如果断定了其主项或谓项所反映的全部对象,它就是周延的,否则就是不周延的。其次是换质法、换位法的具体规则,三段论的具体规则以及违背规则所犯的逻辑错误。

4.比较分析

对各种类型的性质判断的换质推理与换位推理的逻辑结构进行比较分析,总结出异同点,有利于我们更好地掌握换质法和换位法的含义和具体方法。对三段论的逻辑结构进行分析总结,有利于更好地运用三段论。

5.强化理解

本框需要强化理解之处,主要就是从形式上把握各种简单判断推理的正确结构。

学习诀窍

1.课前、课中和课后学习相结合

课前要初步了解性质判断换质和换位推理的含义,了解三段论推理的含义和结构,课堂上要掌握简单判断推理的各种规则、违背它们所犯的逻辑错误,课后还需要反复琢磨简单判断中项的周延性问题。一般来说,课前预习、课堂上听讲和课后复习是相辅相成、缺一不可的。当然,课前预习重在主动发现问题,课堂听讲重在释疑解惑,课后复习重在巩固知识。

2.形式化记忆

在推理部分，一定要慢慢养成只见推理结构，不见判断内容的功力，这就需要牢记不同类型简单判断推理的形式结构。

3.做大量练习

做大量的习题，可以帮助我们掌握不同类型的演绎推理的形式。

典型例题

简答题

1.下列推理的结构为何不正确？

(1)在中国，人民法院是国家审判机关，所以，在中国，国家审判机关是人民法院。

(2)有的河水不是清澈的，所以，有的河水是清澈的。

(3)有的野生的不是熊猫，所以，有的熊猫不是野生的。

(4)有的好货不便宜，所以，便宜不都是好货。

(5)有的智者是寡言少语的人，所以，有的智者不是寡言少语的人。

(6)“醉翁之意是喝酒”是假的，所以，“醉翁之意不是喝酒”是真的。

(7)小明这个粉丝喜欢所有参赛的歌手，所以，有的粉丝不喜欢所有参赛的歌手。

答案解析：

(1)前提中的谓项不周延，在结论中周延了。

(2)联项由否定变为肯定，谓项应变为相互矛盾的概念。

(3)和(4)前提中的主项不周延，在结论中周延了。

(5)联项由肯定变为否定，谓项应变为相互矛盾的概念。

(6)断定对象的全部具有某种属性是假的，不能由此确定对象的全部不具有某种属性的真假。

(7)有一个喜欢所有歌手的小明，只代表有的粉丝喜欢所有歌手，不能得出“有的粉丝不喜欢所有参赛的歌手”。

2.下面的三段论推理犯了什么逻辑错误？

(1)人是有情感的，木偶不是人，所以，木偶没有情感。

(2)所有的波士猫都是自负的猫，有的自负的猫是让人生气的猫，所以，有的波斯猫是让人生气的猫。

(3)有的动物会跳跃，这个兔子会跳跃，所以，有的动物是兔子。

(4)所有弓箭兵是守城士兵，弓箭兵都是装备了弓箭的，所以，守城士兵都是装备了弓箭的。

(5)人民群众是历史的创造者，英雄人物是人民群众，所以，英雄人物是历史的创造者。

(6)人称代词不是指示代词，指示代词不是疑问代词，所以，人称代词不是疑问代词。

(7)千里马是常有的，伯乐不是马，所以，伯乐不常有。

(8)老虎是森林之王，老虎不是狮子，所以，狮子是森林之王。

答案解析：

(1)大项不当扩大。

(2)中项不周延。

(3)中项不周延。

(4)小项不当扩大。

(5)四概念,在大前提中,“人民群众”是集合概念,而在小前提中,则是非集合概念。

(6)两个否定的前提不能必然推出结论。

(7)四概念。

(8)前提中有一个否定,结论应为否定。

实战演练

简答题

1.将“从本质上说,所有社会生活都是实践的”进行连续的换质位推理或换位质推理,并回答:(1)推理到性质判断的哪种判断形式就不能继续进行下去?(2)在连续换质位后,前提中的不周延的谓项,能否在结论中变成周延的,为什么?

2.“所有动物都会跑,这只鹿不会跑,所以,这只鹿不是动物。”请问这个推理符合规则,为何结论是虚假的?

参考答案:

1.先换质后换位:从本质上说,所有社会生活都不是非实践的;从本质上说,所有非实践的都不是社会生活;从本质上说,所有非实践的都是非社会生活;从本质上说,有的非社会生活是非实践的;从本质上说,有的非社会生活不是实践的。

先换位后换质:从本质上说,有的实践的是社会生活;从本质上说,有的实践的不是非社会生活。

(1)每次都是进行到特称否定判断就无法继续推理,因为再进行换位推理,将使得不周延的特称变成周延的谓项。

(2)在连续换质位后,前提中不周延的谓项,能够在结论中变成周延的。例如“有的非社会生活不是实践的”中的谓项“实践”。原因在于,前提中“实践”是针对“社会生活”进行断定的,而在结论中并非如此,而是针对其矛盾概念“非社会生活”进行断定的。

2.原因在于大前提是虚假的。

选择题

1.“没有上进心的学生不想得到老师的表扬。”“学生不都想得到老师的表扬。”如果这两个判断均为真,能够推出以下哪个判断?(   )

A.有的学生有上进心　　B.所有学生有上进心

C.有的学生没有上进心　　D.没有学生有上进心

2.关于某读书小组的6名学生,有以下判断:(1)有人是男生;(2)有人不是男生;(3)小组长是男生。事实证明,只有一个判断为真,请问下列哪项为真(   )

A.6个都是男生　　B.6个都是女生　　C.只有一个女生　　D.只有一个男生

3.关于某读书小组的6名学生,有以下判断:(1)所有人是男生;(2)所有人不是男生;(3)小组长是女生。事实证明,只有一个判断为假,请问下列哪项为真(   )

A.6个都是男生　　B.6个都是女生　　C.只有一个女生　　D.只有一个男生

4.“有的艺术爱好者扎小辫子。所以，有的扎小辫子的人穿运动鞋。”下面哪个判断为真，可保证题干三段论的推理结构是正确的?(　　)

A.有的艺术爱好者不穿运动鞋　　B.所有艺术爱好者都穿运动鞋

C.有的艺术爱好者不扎小辫子　　D.所有穿运动鞋的人都是艺术爱好者

参考答案：

1.C　题干可整理为“有上进心的学生是想得到老师的表扬，有的学生不是想得到老师的表扬，所以，有的学生不是有上进心的，即有的学生没有上进心”。前提有一个否定判断，结论必然否定，而A为肯定判断，B和D为小项不当扩大。

2.B　首先，(3)为假，因为如果它为真，则(1)为真，所以，小组长是女生。其次，小组长是女生，则(2)为真。最后，因为只有一个判断为真，所以(1)为假，即所有人都是女生。

3.B　首先，(3)为真，因为如果它为假，则小组长是男生，即“小组长不是男生”为假，所以(2)也为假。其次，(3)为真，即“小组长是男生”为假，则(1)为假。最后，因为只有一个判断为假，所以(2)为真，即所有人是女生。

4.B　如A、C和D为真，则都是中项不周延，且D也只能得到穿运动鞋和扎小辫子之间的不确定的联系。

第三框　复合判断的演绎推理方法

思维导图

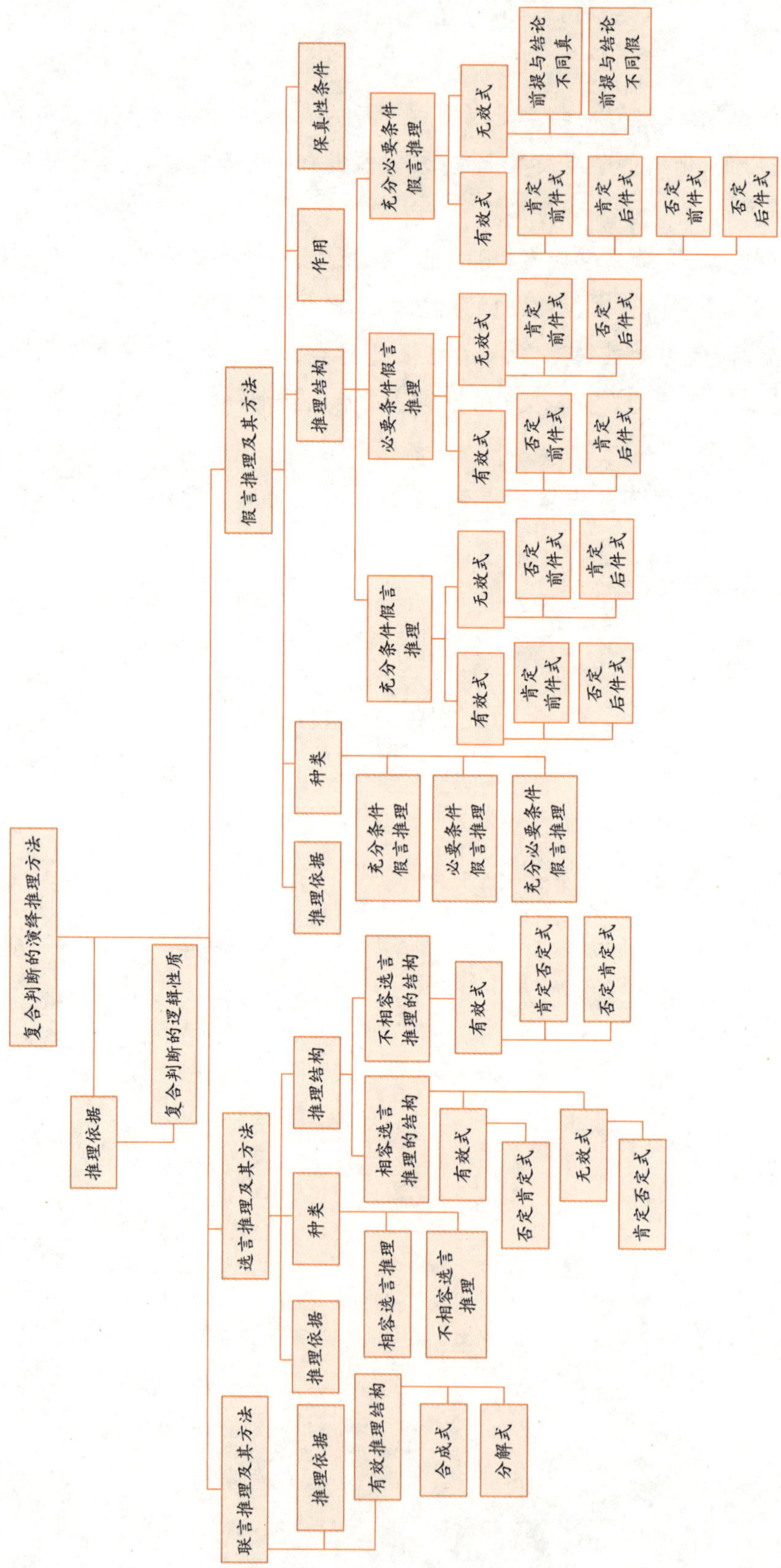

学霸笔记

学习要点

1. 联言推理的推理依据及其正确运用

(1)在实践中,有时需要将分别存在的对象情况综合成比较全面的认识,有时又需要将对象的某种情况从众多共存的情况中分割出来,实现认识由肯定总体到突出重点的转化,这就需要运用联言推理,其推理依据是联言判断的逻辑性质。

(2)联言推理有两个有效式:合成式,如果前提分别断定了各个联言支是真的,它的结论就能断定由这些联言支构成的联言判断是真的;分解式,如果前提断定联言判断是真的,它的结论就能够断定这个联言判断的联言支是真的。

2. 选言推理的推理依据及其正确运用

(1)由于事物存在的可能情况是多种多样的,人们不可能通过实践来认识其中的每一种情况,当在事物诸多可能情况中作出某种选择时,就需要选言推理,其推理依据是选言判断的逻辑性质。

(2)正确的(有效式)推理结构和错误的(无效式)推理结构。其一,相容选言推理的有效式为否定肯定式:否定选言判断前提中的一部分选言支,结论肯定剩下的另一部分选言支。其二,相容选言推理的无效式为肯定否定式:肯定选言判断前提中的一部分选言支,结论不能必然地否定剩下的另一部分选言支。其三,不相容选言推理的有效式为肯定否定式和否定肯定式:肯定选言判断前提中的一部分选言支,结论否定剩下的另一部分选言支;否定选言判断前提中的一部分选言支,结论肯定剩下的另一部分选言支。

3. 假言推理的客观基础、依据、种类及作用

在实践中,如果把握了事物之间的条件关系,并且确认了相关事实,就可以运用假言推理推断未知的事物情况,其推理依据是不同类型假言判断的逻辑性质。相应地,假言推理有三种类型:充分条件假言推理、必要条件假言推理和充分必要条件假言推理。

事物情况之间的条件联系体现着事物发生、发展的内在规律。依据正确反映事物情况之间条件联系的假言判断进行假言推理,人们可以推断出新的情况,可以预见事物的发展方向,为进一步认识事物的本质和规律创造必要的前提。

4. 充分条件假言判断的推理依据及其正确运用

(1)推理依据。充分条件假言判断的推理依据在于充分条件假言判断的逻辑性质:前件真,后件就一定真;反过来看,后件假,前件就一定假。

(2)有效式。其一,肯定前件式:如果肯定假言判断的前件,结论就肯定假言判断的后件。其二,否定后件式:如果否定假言判断的后件,结论就否定假言判断的前件。

(3)无效式。其一,否定前件式:如果否定假言判断的前件,结论不能否定假言判断的后件。其二,肯定后件式:如果肯定假言判断的后件,结论不能肯定假言判断的前件。

5. 必要条件假言判断的推理依据及其正确运用

(1)推理依据。必要条件假言判断的推理依据在于必要条件假言判断的逻辑性质:前件假,后件就一定假;反过来看,后件真,前件就一定真。

(2)有效式。其一,否定前件式:如果否定假言判断的前件,结论就否定假言判断的后件。其二,肯定后件式:如果肯定假言判断的后件,结论就肯定假言判断的前件。

(3)无效式。其一,肯定前件式:如果肯定假言判断的前件,结论不能肯定假言判断的后件。其二,否定后件式:如果否定假言判断的后件,结论不能否定假言判断的前件。

6.充分必要条件假言判断的推理依据及其正确运用

(1)推理依据。充分必要条件假言判断的推理依据在于充分必要条件假言判断的逻辑性质:前件真,后件就一定真;前件假,后件就一定假。反过来看,后件真,前件就一定真;后件假,前件就一定假。

(2)有效式。其一,肯定前件式:如果肯定充分必要条件假言判断的前件,结论就肯定它的后件。其二,肯定后件式:如果肯定充分必要条件假言判断的后件,结论就肯定它的前件。其三,否定前件式:如果否定充分必要条件假言判断的前件,结论就否定它的后件。其四,否定后件式:如果否定充分必要条件假言判断的后件,结论就否定它的前件。

(3)无效式。如果充分必要条件假言推理的前提和结论出现不同真和不同假的关系时,推理是无效的。

7.演绎推理保真性条件在于遵循演绎推理的规则

演绎推理是必然推理,是从真前提保证推出真结论的推理。这种"保证"是在遵循演绎推理的规则下得以实现的。演绎推理的规则是人们通过无数次的思维实践而认识到的。违背演绎推理的规则,就不能保证从真前提必然推出真结论。

8.复合判断推理相互之间的关系

对于相同的认识对象,可以从联言判断的真,推出相容选言判断的真,再推出相关假言判断的真。

学习心得

1.识记方式

(1)理解记忆和形式化记忆相结合。形式化记忆法在本框的学习中具有重要作用。针对不同类型的复合判断,牢记各自正确的推理结构,以便从形式有效的角度去把握真假特征,在推理过程中不要纠结于它的具体内容,只要形式有效,推理就正确。例如,"如果天下雨,那么操场会湿"。我们判定这是一个充分条件假言判断,前件为"天下雨",后件为"操场会湿"。如果假定它为真,那么前后件之间有效的推理为:前件真,则后件真;后件假,则前件假。如果假定它为假,则可以推出前件真,并且后件假。这些都和前件、后件的具体内容无关。如果不从推理的结构去看,那么很容易得出"如果天不下雨",则"操场不会湿",即前件假、后件假的错误结论。尤其对于必要条件,则更不好把握。例如,"只有思想好、学习好和身体好,才能当'三好'生"为真,其实,从正确的推理结构上看,它只告诉我们:前件假,则后件假(某个学生并不是思想好、学习好和身体好,那么他肯定当不上"三好"生);后件真,则前件真(某个学生当上了"三好"生,那么他肯定是思想好、学习好和身体好)。但是,在实际交流中,有人就会产生这样的想法:某个学生思想好、学习好和身体好,那么他肯定会当上"三好"生。这就是受到具体内容的干扰,其实从推理结构上看,这是必要条件假言推理的无效的推理结构,即肯定前件,又肯定了后件。

我们要着重理解各种类型复合判断的支判断和复合判断之间的真假制约关系,要先选取一些具体的、自己熟悉的复合判断去理解真假的含义,慢慢地抛开具体内容,从形式上去把握真假特征,这样进行推理就能排除干扰。

(2)比较记忆法。将各种不同类型的复合判断的推理进行比较,分析它们的异同点,使自己思路更加清晰。

(3)实战法。复合判断的推理形式很多,这就需要我们在平时进行大量的训练,并且这种训练不能仅仅在头脑里想，要勤于动手做题才行。

2. 主要特点

“复合判断的演绎推理方法”这一框采用并列式讲述方式，分别阐述了联言推理及其方法、选言推理及其方法和假言推理及其方法，其中各种复合判断推理的有效结构是本框的核心内容，只有理解和掌握了它们，才能进行正确的推理。

3. 核心观点

各种类型的复合判断的逻辑性质及真假特征的语句体现。

4. 比较分析

将各种类型复合判断的正确的推理结构进行比较分析，以便明确各种不同类型复合判断的推理方法。

5. 强化理解

从形式上强化理解各种类型复合判断推理的正确结构，尤其是假言推理的有效式和无效式。

学习诀窍

1. 课前、课中和课后学习相结合

课前要了解运用联言推理对于全面认识事物的重要性，运用选言推理对于从诸多事物情况中作出某种选择的意义，了解假言推理对于认识事物本质和规律的重要意义，了解演绎推理方法具有保真性，保证思维严密性的意义，由此形成对复合判断推理的初步认识。课前预习时还需要明晰本框的核心观点在于各种复合推理的有效结构，从而在课堂听讲和记笔记时做到有的放矢。各种复合判断推理的推理依据、推理结构及常见的推理错误，尤其是关于假言推理的内容，这些都是课堂听讲环节需要理解的重要内容。课后要及时整理笔记，通过及时与老师和同学交流、查阅相关资料等方法化解心中的困惑。

2. 形式化记忆

牢记各种复合判断演绎推理的形式化的有效结构，以避免具体内容的干扰。

3. 做大量练习

通过训练来固化不同类型演绎推理的模式，加深对推理规则和推理错误的理解，并尝试运用真值表方法判定推理的有效性。

典型例题

简答题

1. 下列推理结构是否正确？为什么？

(1)老师是传授道理的。

老师是讲授学业的。

老师是解答疑难问题的。

所以，老师是传授道理、讲授学业、解答疑难问题的。

(2)小D也将辫子盘在头顶上了，而且也居然用一支竹筷。

所以，小D也将辫子盘在头顶上了。

(3)小明和小李至少有一人可以被推荐去参加数学比赛。

小明没有被推荐参加数学竞赛。

所以,小李被推荐参加数学竞赛。

(4)某地要么建儿童游乐场,要么建生活超市。

某地要建儿童游乐场。

所以,某地不会建生活超市。

(5)禹之功大矣,渐九川,定九州。

所以,禹之功大矣,定九州。

(6)如果城池不能归赵国,那么蔺相如就把和氏璧完好带回赵国。

蔺相如把和氏璧完好带回赵国。

所以,城池不能归赵国。

(7)只有当攻城军队精疲力竭之时,赵军才能出城进攻。

赵军出城进攻。

所以,攻城军队已经精疲力竭了。

(8)三角形三条边相等,当且仅当,其三个角相等;三角形三内角之和等于180°。

这个三角形的三条边相等,

所以,这个三角形的三个角都是60°。

答案解析:

(1)正确,这是联言判断的合成式。

(2)正确,这是联言判断的分解式。

(3)正确,这是相容选言判断的否定肯定式。

(4)正确,这是不相容选言判断的肯定否定式。

(5)正确,这是联言判断分解式。

(6)不正确,这是充分条件假言判断的肯定后件式,是无效的。

(7)正确,这是必要条件假言判断的肯定后件式。

(8)正确,这是充分必要条件假言判断的肯定前件式。

2.下列推理为何无效?

(1)没有了因特网,万维网也就不存在了。

有因特网。

所以,有万维网。

(2)李白或者是宋朝人,或者是将军。

李白是唐朝人。

所以,李白是将军。

(3)“汉字不是记录汉语的文字,并且汉字是表意的文字”为假。

汉字是记录汉语的文字。

所以,汉字是表意的文字。

答案解析:

(1)形式无效。若理解为“如果没有因特网,那么万维网也就不存在”,则否定前件为无效式;若理解为“只有出现了因特网,才有万维网”,则肯定前件为无效式。

(2)作为前提的选言判断虚假。

(3)形式无效。联言判断假可能联言支都假,不能认定一个联言支假,另一个联言支真。或者将本题理解为相容选言判断的肯定式。

实战演练

选择题

1.秦始皇统一了六国,并且开创了帝制。由此,推不出( )

A.秦始皇统一了六国
B.秦始皇开创了帝制
C.如果秦始皇统一了六国,那么他没有开创帝制
D.秦始皇统一了六国,或者没有开创帝制

2.凤仙郡三年不下雨,孙悟空找到玉帝,玉帝说:“如果做到三件事就下雨:一是鸡啄完米山;二是狗舔完面山;三是灯焰烧断金锁。”后来,鸡啄完了米山,但是天仍然没有下雨,由此可推出( )

A.狗没有舔完面山
B.灯焰没有烧断金锁
C.狗没有舔完面山,并且灯焰没有烧断金锁
D.或者狗没有舔完面山,或者灯焰没有烧断金锁

3.只有那天下午被卢梭的《爱弥儿》吸引,否则康德不会放弃三点半的散步。只有卢梭的《爱弥儿》太精彩了,康德才会被它吸引。那天下午康德确实被卢梭的《爱弥儿》吸引了。由此可以推出( )。

A.卢梭的《爱弥儿》不是很精彩
B.卢梭的《爱弥儿》太精彩了
C.下午三点半康德没有去散步
D.康德去散步了

4.关于这次作文比赛的获奖情况有以下预测:

(1)如果小明获得一等奖,则小李也会获得一等奖;

(2)小明获得一等奖;

(3)小明或者小张获得一等奖。

获奖结果公布后,已知小明、小李和小张至少一个人获得一等奖,同时知道上述三个预测只有一个是正确的。据此,可以推出( )

A.小明获得一等奖 B.小李获得一等奖 C.小张获得一等奖 D.小明或者小张获得一等奖

5.为增加学生课外阅读量,甲班规定,如果一学期完成读后感超过5篇,奖励该学生1本书;只有一学期完成读后感超过3篇的,才可以奖励1本笔记本。学期结束后,该班学生上交的读后感,要么超过6篇,要么少于2篇。如果上述断定为真,则以下哪项断定一定为真?( )

A.获得书的学生,一定获得笔记本
B.获得笔记本的学生,一定获得1本书
C.超过2篇读后感的同学得不到书
D.读后感少于2篇的同学得到笔记本

6.路边的大爷笑道:“如果没有金刚钻,那么不要揽瓷器活。”如果大爷的判断是真的,可能出现的情况是( )

①某人没有金刚钻,揽了瓷器活 ②某人没有金刚钻,没有揽瓷器活

③某人有金刚钻,没有揽瓷器活 ④某人有金刚钻,揽了瓷器活

A.② B.①②④ C.③④ D.②③④

7.只有穿长衫的,才踱进隔壁的房子坐着喝酒。孔乙己是穿长衫的。由此,下列哪个选项为真( )

A.孔乙己是坐着喝酒的
B.孔乙己是站着喝酒的
C.孔乙己是站着喝酒而穿长衫的人
D.无法确定孔乙己怎么喝酒

参考答案:

1.C　题干为真联言判断,可以推出联言支真。即"秦始皇统一了六国"和"秦始皇开创了帝制"均为真,含有这两个支判断的选言判断也为真。

2.D　通过题干中的充分条件假言判断可知,后件为假,说明前件为假。前件为三件事组成的联言判断,联言判断假说明联言支至少一假,第一件事已经成真,那么第二件事和第三件事中至少有一个没有实现。

3.B　题干中的判断结构可简化为:只有被《爱弥儿》吸引,才没有去散步;只有《爱弥儿》太精彩了,才会被吸引;被《爱弥儿》吸引了。既然被《爱弥儿》吸引了,那就说明《爱弥儿》太精彩了,这是必要条件假言判断推理的有效式:肯定后件式。由被《爱弥儿》吸引了,推出康德没有去散步,这是必要条件假言判断推理的无效式:肯定前件式。

4.B　这题有两点容易出错。其一,三个预测只有一个是正确的,意思是题干中的三个判断只有一个是正确的;其二,前件为假,则充分条件假言判断为真。本题解题思路很多,切入点可以是假定题干中任何一个判断的真假。

以判断(1)为例:若假定(1)为真,则(2)和(3)为假,既然(2)和(3)为假,则小李获得一等奖,并且(1)也确实为真;若假定(1)为假,则前件真,并且后件假,由此得到(2)和(3)都为真。所以(1)不可能为假。

以判断(2)为例:假定(2)为假,则(1)为真;假定(2)为真,则(3)为真,所以(2)不可能为真。

以判断(3)为例:假定(3)为假,则(2)为假,所以(1)为真;假定(3)为真,则(2)可能为真,所以(3)不可能为真。

5.B　因为获得笔记本的学生,读后感肯定超过3篇,而超过3篇,就不是少于2篇,因此实际上就是超过6篇,所以,获得笔记本的学生一定获得1本书。

6.D　充分条件假言判断的真包括:前件真,后件真;前件假,后件真;前件假,后件假。

7.D　题干为必要条件假言判断的无效式:肯定前件式。

第七课 学会归纳与类比推理

第一框 归纳推理及其方法

思维导图

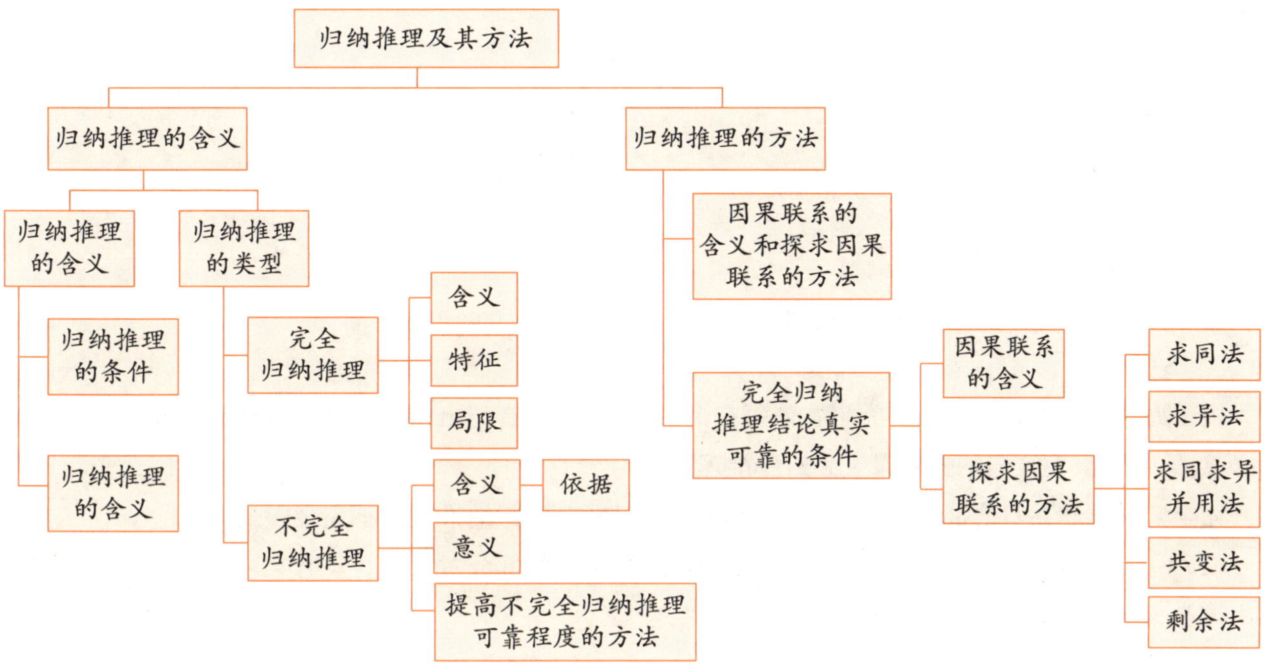

学霸笔记

学习要点

1.归纳推理及其分类

归纳推理是由个别性前提推出一般性结论的推理。

例如:摩擦双手手发热。

锯木头锯片发热。

锉刀锉铁铁发热。

摩擦双手、锯木头、锉铁都是摩擦。

所以,摩擦生热。

归纳推理可分为完全归纳推理和不完全归纳推理。

(1)完全归纳推理。完全归纳推理是根据某类事物的每个对象是否具有某种属性推出该事物全部对象是否具有某种属性的推理。

例如:地球是绕太阳运行的,

金星是绕太阳运行的,
木星是绕太阳运行的,
水星是绕太阳运行的,
火星是绕太阳运行的,
土星是绕太阳运行的,
天王星是绕太阳运行的,
海王星是绕太阳运行的,
地球、金星、木星、水星、火星、土星、天王星、海王星是太阳系的全部大行星,
所以,太阳系的全部大行星都是绕太阳运行的。

完全归纳推理的结构为:

S_1——P
S_2——P
S_3——P
……
S_n——P
S_1,S_2,S_3,…,S_n是S类的全部对象
―――――――――――――――
S——P

由于完全归纳推理考察了一类事物的每一个对象,结论没有超出前提的范围,所以结论与前提的联系是必然的。因此,完全归纳推理属于必然性推理。

完全归纳推理在归纳推理中不具有典型性,典型意义上的归纳推理是不完全归纳推理。

(2)不完全归纳推理。不完全归纳推理是根据某类事物的部分对象是否具有某种属性,并未遇反例而推出该类事物全部对象是否具有某种属性的推理。

例如:金导电,
银导电,
铜导电,
铁导电,
锡导电,
金、银、铜、铁、锡都是金属,
未遇一种金属不导电,
所以,金属导电。

不完全归纳推理的公式是:

S_1——P
S_2——P
S_3——P
……
S_n——P
S_1,S_2,S_3,…,Sn是S类的部分对象
―――――――――――――――
S——P

由于不完全归纳推理只考察了一类事物的部分对象而不是全部对象，结论超出了前提的范围，所以前提与结论之间的联系是或然的。也就是说，它的结论不是可靠的。未遇反例，是不完全归纳推理的重要推理依据；但未遇反例并不等于不存在反例，一旦发现反例，不完全归纳推理的结论就被推翻了。如，原先，人们看到千千万万的天鹅每一只都是白的，于是得出结论：所有天鹅都是白的。但后来有人在澳大利亚发现了黑色的天鹅，于是上述结论被推翻。

为了提高不完全归纳推理的可靠程度，应当注意以下三点：第一，考察和列举的对象越多，推理的可靠程度越高。因为考察的对象越多，遗漏反例的可能性越小。第二，考察的范围越广，推理的可靠程度越高。因为考察范围越广，遗漏反例的可能性就越小。例如，对双手摩擦生热、锯片摩擦生热、锉刀摩擦生热等多种现象的考察，就比只考察双手摩擦生热现象的范围广，因而结论的可靠程度也就高。第三，尽可能分析出认识对象与有关现象之间的因果关系。

(3)归纳推理的应用。归纳推理是一种发现真理的方法。因为归纳推理是由个别到一般的推理，其结论反映了事物的一般规律。演绎推理的大前提往往是靠归纳推理获得的，我们上面谈到的“摩擦生热”这个结论，便是由归纳推理获得的一条真理。

2.探求因果联系的方法

因果联系，是事物之间的一种联系方式。一个或一些现象的存在或发生，引起了一个或另一些现象的存在或发生，那么，前面发生的现象是原因，后面发生的现象就是结果。这种联系，叫作因果联系。例如，物体的摩擦引起了物体的温度升高。那么，物体的摩擦就是原因，温度升高就是结果。

事物现象之间的因果联系是普遍存在的。任何现象都有其产生的原因，也都会产生一定的结果。没有无因之果，也没有无果之因。

因果联系是复杂的，有一因一果，也有多因一果，还有多因多果。因果联系是确定的，在同样的条件下，同样的原因一定会产生同样的结果。例如，在标准大气压下，水到0℃就会结冰。因果联系的这种确定性，使人们可以把握并利用它。

英国逻辑学家穆勒总结前人的探索，提出了五种判明因果联系的方法，即求同法、求异法、求同求异并用法、共变法和剩余法，称为“穆勒五法”。

(1)求同法。求同法的思路是：在被研究现象出现的若干场合中，如果只有一种情况是相同的，那么这一情况就是被研究现象出现的原因或结果。

例如，钟摆有一定的摆动周期。决定摆动周期的原因是什么？人们做了这样的实验，把摆动周期相同的许多钟放在一起进行比较，这些钟摆的质地不同，形状各异，唯有钟摆的长度是相同的。于是人们得出了这样的结论：钟摆的长度是决定摆动周期的原因。

求同法的特点是异中求同。其公式如下：

场合	相关情况	被研究现象
①	A、B	a
②	A、C	a
③	A、D	a
……		

A是a的原因或结果

公式中的①②③表示不同的场合，a表示被研究现象，A、B、C……表示被研究现象的伴随情况，该公式显示，如果在都有被研究现象a出现的各种相关情况中，只有A是相同的，那么A就是a的原因或结果。

求同法不是一种必然有效的方法，原因有以下三点：第一，共同情况A也许与被研究现象无关；第二，A本身不是被研究现象的原因或结果，真正的原因或结果在A的内部；第三，也许真正的原因或结果在于表面上看起来不同的各种情况之中所包含的共同因素。

例如，人们发现，在沼泽地带很容易患疟疾，所以认为沼泽地带是引起疟疾的原因。后来人们才发现，引起疟疾的原因是沼泽地带的一种叫作疟蚊的蚊子的叮咬。这一例子说明，被研究现象的原因可能在A的内部。

又如，据说有三位科学家想搞清楚究竟是什么东西使人醉。他们一起来到酒店喝酒，第一位科学家喝的是白兰地，第二位科学家喝的是伏特加，第三位科学家喝的是威士忌。然后，他们都喝了水，后来都醉了。事后，他们想，对他们三个人的醉来说，只有一种情况是相同的，那就是都喝了水。于是，他们断定喝水是使人醉的原因。显然，这个结论是错误的，他们醉的原因是不同的酒中所含的相同的酒精成分。这个例子告诉我们，真正的共同情况也许在表面上看来不同的因素中，必须作进一步的分析，才能找到。

(2)求异法。求异法的思想是如果被研究现象出现的场合和被研究现象不出现的场合中，只有一个差别，其他情况都相同，这一差别是被研究现象出现的场合存在某一情况，而被研究现象不出现的场合不存在这一情况。那么，这一情况就是被研究现象的原因或结果。例如，把两个相同的电铃放在两个相同的玻璃罩中，把其中的一个玻璃罩抽成真空，接通电源，可以听到非真空玻璃罩中的电铃响，而听不到真空玻璃罩中的电铃响。这说明，空气是声音传播的原因。

求异法的特点是同中求异，其公式如下：

场合	相关情况	被研究现象
①	A、B、C	a
②	B、C	/

A是a的原因或结果

这里的场合①有被研究现象a，叫作正面场合，场合②没有被研究现象a，叫作反面场合。这两个场合只有一个差别，即正面场合有情况A，而反面场合没有情况A，那么，A是a的原因或结果。

求异法也不是一种普遍有效的方法。因为在正面场合中，也可能还存在着未被发现的区别情况。或者真正的原因或结果在区别情况的内部。例如，有位学生一上课就头疼，不上课就好了。一开始他以为头疼的原因是上课，怀疑自己患了神经衰弱症，经过医生检查，他并没有神经衰弱。后来发现，这位学生上课戴的那副近视眼镜不合适，那副眼镜才是导致头疼的原因。

求异法虽然并非普遍有效，但较求同法有更大的可靠性。因为它不仅有正面场合，也有反面场合，而且在两个场合中其他情况完全相同。因此，求异法经常被用于实验。例如，为了搞清楚一种新的教学方法是否能够提高教学质量，就可以用求异法进行实验。在实验中，让同一位教师教学，让水平相同的两个班级作为实验班，使用同一套教材。让不同的教学方法成为仅有的区别：甲班用旧的教学方法，乙班用新的教学方法。如果乙班的教学质量高，那么新的教学方法是提高教学质量的原因。

(3)求同求异并用法。求同求异并用法的思路是，如果在出现被研究现象的一组场合中都有一个共同情况，而在不出现被研究现象的一组场合中都没有这一情况，那么，这个情况与被研究现象之间存在着因果联系。例如，种植大豆、蚕豆、豌豆能增加土壤中氮的含量，而种植麦子、水稻、油菜等植物不能增加土壤的含氮量。后来人们发现，大豆、蚕豆、豌豆的根部都有叫作根瘤的突起物，而麦子、水稻、油菜等作物都没有根瘤。于是人们得出结论：根瘤是使土壤含氮量增加的原因。

求同求异并用法的特点是既求同又求异,其公式是:

场合	相关情况	被研究现象
①	A、B、C	a
②	A、D、E	a
③	A、F、G	a
①	B、C	/
②	D、E	/
③	F、G	/

A是a的原因或结果

上面的公式显示,有两组场合:正面场合、反面场合。正面场合都有被研究现象a,并且都有相关情况A,而反面场合都没有被研究现象a,并且都没有相关情况A。在各种情况中,正面场合与反面场合的根本区别只有一个,那就是前者有A而后者没有A,所以A是a的原因或结果。

求同求异并用法与求同法和求异法的相继应用是不同的。它是在不能满足求同法和求异法对有关条件的严格要求的情况下"退而求其次"的方法,因而这里的求同与求异都是广义的。因它在求同时并不要求"其他情况都不同",在求异时并不要求"其他情况都相同"。显然,使用这种方法,越是接近求同法与求异法的严格要求,其可靠程度越高。

(4)共变法。共变法的思路是,如果某一现象发生一定程度的变化时,另一现象也随之发生一定程度的变化,那么,这两个现象之间有因果联系。例如,热胀冷缩的规律就是运用共变法得出的结论。人们发现,物体的体积会随着温度的升高而增大。温度越高,体积越大,于是人们得出了上述结论。共变法的公式是:

场合	相关情况	被研究现象
①	A1、B、C	a1
②	A2、D、E	a2
③	A3、F、G	a3

A是a的原因

该公式显示:被研究现象a的程度变化与相关情况A的程度变化一致,而其他情况都没有变化。那么,A是a的原因。运用共变法应当注意如下两点。

第一,只有其他因素保持不变,两种共变现象之间才有因果联系。共变现象之间不一定都有因果联系。例如,雷鸣与闪电是共变现象,闪电光越强则雷鸣声越大。其实,这两者之间并无因果联系,它们都是空中自然放电现象的共同结果。

第二,有因果联系的共变关系,也往往有一定的限度。超出了这个限度,共变关系也将消失。例如,物体的热胀冷缩就是有限度的,水在0℃以下体积不仅不缩小反而会增大。又如,某种营养物质的摄入会增进健康,但超过了一定限度,就不仅不会增进健康,反而会损害健康。

(5)剩余法。剩余法的思路是,如果某一复合情况是另一复合现象的原因,而复合情况中的某些部分是复合现象某些部分的原因,那么其余情况就是这一复合现象其余部分的原因。例如,居里夫妇发现镭就运用了剩余法。他们已经知道纯铀的放射性强度,但是他们又发现一定量的沥青矿山所发出的放射线的强度是其他含纯铀物质所发出的放射线强度的许多倍，于是他们断定，沥青矿山中一定还有其他放射性极强的元素。后来，他们在沥青矿山中提炼出了镭。剩余法的公式为：

相关情况	被研究现象
A、B、C、D	a、b、c、d
B	b
C	c
D	d

———————————————

A是a的原因

该公式显示：相关情况A、B、C、D是被研究现象abcd的原因，并且B、C、D分别是b、c、d的原因。那么，A是a的原因。运用剩余法应当注意，剩余情况A可能只是a、b、c、d复合原因的一部分，而不是a的原因。

判明因果联系的方法所得的结论都是或然性的。在运用时，应当注意其合理性，努力提高结论的可靠程度。这些方法的综合运用将提高结论的可靠程度。例如，摩擦生热的结论，可以通过求同法获得，那就是几种不同的事物摩擦都生热；也可以通过求异法获得，那就是锯片不锯木头时不热，锯木头就热；还可以通过共变法获得，那就是锯片锯一会儿木头会微热，锯的时间长就烫手。经过几种方法的检验，结论就可靠多了。

学习心得

1.识记方式

（1）情境记忆法。归纳推理、类比推理是和演绎推理性质不同的推理。因此，在学习中，可以借助具体的生活情境帮助自己获得感性知识，特别是注意结合教材中的探究活动，理解和把握归纳推理和类比推理。

（2）公式刻画记忆法。对探求因果联系的"穆勒五法"，即求同法、求异法、求同求异并用法、共变法以及剩余法的内容，可以采用公式刻画记忆的方式，理解和把握这五种方法的思路与特点。

（3）理解记忆法。关于"不完全归纳推理的意义"的内容，我们需要理解记忆。只有理解并把握了不完全归纳推理在日常生活和科学研究中的重要意义，我们才能更加积极主动地提高不完全归纳推理的可靠程度，从而掌握提高不完全归纳推理可靠程度的方法。

2.主要特点

"归纳推理及其方法"包括两目内容。第一目"归纳推理的含义"，主要阐述了归纳推理的含义，阐明了归纳推理的类型，揭示了完全归纳推理和不完全归纳推理的含义与特征；第二目"归纳推理的方法"，主要阐释了完全归纳推理的条件，阐明了提高不完全归纳推理的可靠性要求，阐释了探求事物因果联系的五种方法。

这两目内容采用层层递进的讲述方式，以"归纳推理"为主线，着重阐述了归纳推理的含义、特征以及归纳推理的类型，帮助学生理解和掌握提高完全归纳推理和不完全归纳推理可靠性的要求，进而帮助学生学会运用归纳推理探求事物的因果联系，寻找事物现象之间的规律性关系。

3.核心观点

归纳推理是以个别性或特殊性知识为前提推出一般性结论的推理形式。归纳推理的结论超出了前提陈述的范围（完全归纳推理除外），所以当其前提真时，结论并不必然为真。根据前提是否考察了某类事物的全部对象，归纳推理可分为完全归纳推理和不完全归纳推理。完全归纳推理是对某类事物中的每个对象具有或不具有某种属性都进行了考察，从而推出该类事物全部对象都具有或不具有某种属性的归纳推理。由于完全归纳推理考察了某类事物中的每一个对象，结论没有超出前提的范围，所以结论与前提的联系是必然的。因此，完全归纳推理不属于逻辑分类中的或然推理，而属于必然推理。

不完全归纳推理是根据某类认识对象中的部分对象具有或不具有某种属性，推出该类事物全部对象具有或不具有某种属性的归纳推理。由于不完全归纳推理只考察了一类事物的部分对象而不是全部对象，结论超出了前提的范围，所以前提与结论之间的联系是或然的。

4. 比较分析

完全归纳推理和不完全归纳推理之间有着重要的区别，应当对二者进行比较。我们可以借助教材中的“探究与分享”，比较其中甲与乙的做法，通过比较两种不同的做法，深入理解完全归纳推理与不完全归纳推理的区别。

5. 强化理解

关于探求因果联系的方法需要进行强化理解。特别是教材中提到的求同法、求异法和共变法，我们要把握这些方法的逻辑形式及其特点。

学习诀窍

1. 课前预习、课后复习

学生课前可以对简单列举归纳推理和科学归纳推理知识的内容进行预习，这样上课时可以有针对性地听教师的讲解；课后要对上过的知识点进行复习，特别是其中的核心知识点，比如探求因果联系的方法的内容等，一定要在课后进行深入的复习和把握。

2. 积极参与课堂讨论

课堂讨论可以活跃思维，可以激发学生从不同的角度或层面看问题。关于完全归纳推理和不完全归纳推理，可以结合具体情境进行小组讨论，从而在讨论中相互启发。

3. 比较理解

有比较才有鉴别，事物的特点是在与其他事物的比较中显示出来的。因此，作比较是学习的重要方法之一。对完全归纳推理和不完全归纳推理的内容就可以采取比较的方式进行理解。

典型例题

推理题

1. 写出下列推理的逻辑形式

氦是惰性气体，氖是惰性气体，氩是惰性气体，氪是惰性气体，氙是惰性气体，氡是惰性气体。氦、氖、氩、氪、氙和氡是元素周期表中零族的所有元素。所以，零族的所有元素都是惰性气体。

答案解析：

该推理的逻辑形式为：

S_1——P

S_2——P

S_3——P

……

S_n——P

$S_1,S_2,S_3,\cdots,S_n$是S类的全部对象

S——P

2.写出下列推理的逻辑形式

人们知道，白菜、大豆、水稻、棉花、柳树、小草都是绿色的植物，又都能进行光合作用，没有遇到相反的情况，于是得出结论：所有绿色的植物都能进行光合作用。

答案解析：

该推理的逻辑形式为：

S_1——P

S_2——P

S_3——P

……

S_n——P

$S_1,S_2,S_3,\cdots,S_n$是S类的部分对象

S——P

实战演练

选择题

1.“蚂蚁搬家，蛇过道，必有大雨到。”这是通过何种推理得到的？(　　)

A.完全归纳推理　　B.简单枚举归纳推理　　C.求同法　　D.求异法

2.夏天，人们经常可以发现，过夜的馒头发霉变质了，过夜的米饭发霉变质了，过夜的剩菜发霉变质了，过夜的肉汤也发霉变质了，这些主食和副食虽然质地各不相同，但它们都是置于霉菌易于滋生的高温环境里。可见，易于滋生霉菌的高温条件是过夜主副食发霉变质的原因。上述因果联系的判定是运用何种推理得出的？(　　)

A.求异法　　B.共变法　　C.求同法　　D.剩余法

3.科学家发现，太阳黑子大量出现的年份，长江流域的雨量就大；太阳黑子出现不多的年份，长江流域的雨量就不大；太阳黑子很少出现的年份，长江流域的雨量就很小。据此科学家认为，太阳黑子出现的多少同长江流域雨量的大小之间有因果联系。这一结论的得出运用的是探求因果联系方法中的(　　)

A.求同法　　B.求异法　　C.共变法　　D.剩余法

参考答案：

1.B　简单枚举归纳推理，即根据一类事物中的部分对象具有(或不具有)某种属性，并且没有遇到相反的事例，从而概括出该类事物的一般性结论。

2.C　根据求同法的定义，如果被考察的现象a出现在多个场合中，而在这些场合中只有一个有关因

素A是共同的，那么，这个共同因素A与被考察的现象a有因果联系。

3.C

简答题

1.我国古代有一起因欠债不还而用镰刀杀人的案件。检验官命令当地居民将镰刀全部交出，排列在地上。当时正值夏天，很快苍蝇就飞在其中一把镰刀上。检验官当即命令将这把镰刀的主人逮捕讯问，但那人不服。检验官指着镰刀说："其他镰刀上都没有苍蝇，而你用此镰刀杀人，血腥气还在，所以苍蝇聚集其上，这不足以说明问题吗？"杀人者叩头认罪。

检验官运用了哪种探求因果联系的逻辑方法？请写出其逻辑形式。

2.人们观察到，种植豌豆、蚕豆、大豆等植物时，不仅无需向土壤中施氮肥，反而还能增加土壤中氮的含量。尽管这些植物有许多不同之处，但它们的根部都有突出的根瘤。由此可见，根部有突出根瘤的植物能增加土壤中氮的含量。

这里运用了哪种探求因果联系的逻辑方法？请写出其逻辑形式。

3.某地有一养鱼池，因池水被大量污染物质严重污染，池中的鱼全部死亡。后来，人们在池中种上水葱，不到两个月，污染物质竟全部消失，池中又可以养鱼了。这说明，水葱有很强的净化污水的能力。

这里运用了哪种探求因果联系的逻辑方法？请写出其逻辑形式。

4.某铁路局货运段接到一批外地托运来的发菜，在搬运过程中，发现这些货包的重量远远超过该体积发菜应有的重量，于是断定货包里除发菜外，一定还有其他东西，打开货包一看，里面果然藏着许多银圆。

这里运用了哪种探求因果联系的逻辑方法？请写出其逻辑形式。

5.每一种化学元素都有自己特定的光谱。1866年，简孙和罗克耶尔研究太阳光谱时发现，太阳光谱中有一条红线、一条青绿线、一条蓝线和一条黄线。红线、青绿线和蓝线是氢的光谱，而黄线是什么呢？在当时已知的元素中，没有一种元素的光谱里有这样的黄线，于是他们猜测，这条黄线是某种未知的天体物质的光谱。他们把这种新发现的物质叫作氦。

这里运用了哪种探求因果联系的逻辑方法？请写出其逻辑形式。

参考答案：

1.求异法，其逻辑形式为：

场合	相关情况	被研究现象
①	A、B、C	a
②	B、C	/

———————————

A是a的原因

2.求同法，其逻辑形式为：

场合	相关情况	被研究现象
①	A、B、C	a
②	A、D、E	a
③	A、F、G	a

……

A是a的原因

3.求异法，逻辑形式同第1题。

4.求异法，逻辑形式同第1题。

5.剩余法，其逻辑形式为：

相关情况	被研究现象
A、B、C、D	a、b、c、d
B	b
C	c
D	d

A是a的原因

第二框　类比推理及其方法

思维导图

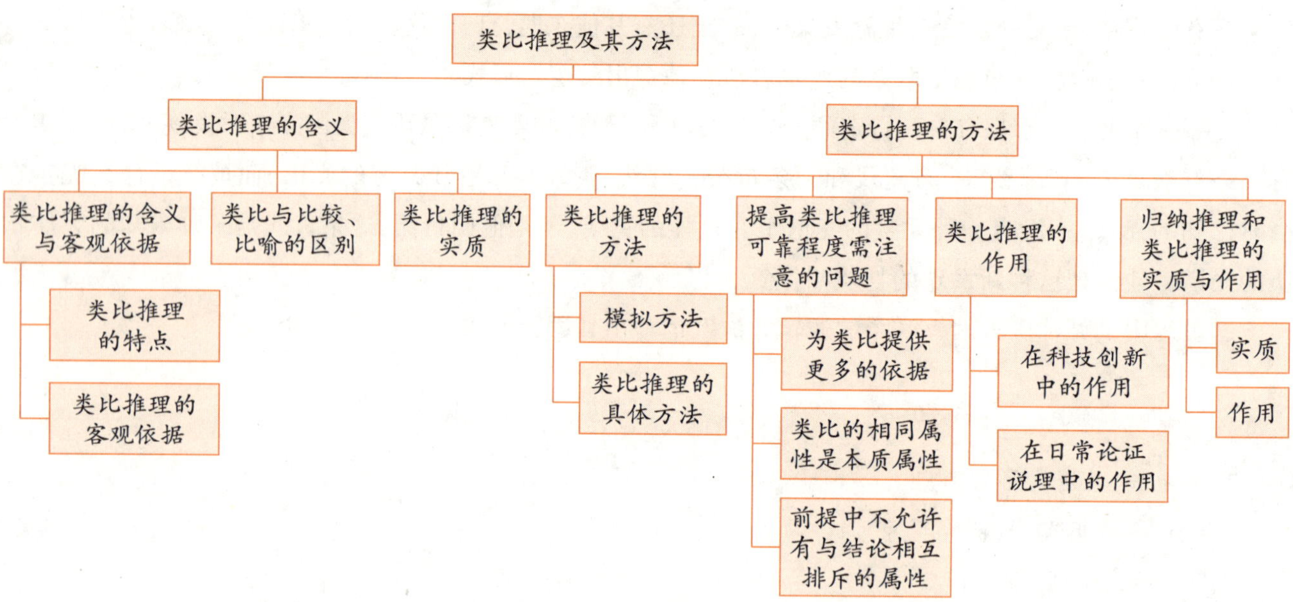

学霸笔记

学习要点

1.什么是类比推理

类比推理是根据事物之间的相同性或相似性所进行的推理。

当人们了解到两个事物的某些属性相同或相似，并了解到其中一个事物还具有其他属性时，就推出另一个事物也具有同样的其他属性。例如，地质学家李四光知道我国松辽地区的地质结构与中亚西亚地质结构相似，并且了解到中亚西亚蕴藏着丰富的石油资源，于是推出我国松辽地区也蕴藏着丰富的石油资源。李四光根据这个类比推理，为国家找到大油田作出了贡献。

类比推理的公式是：

A对象具有a、b、c、d属性；

B对象具有a、b、c属性；

所以，B对象也具有d属性

类比推理是一种或然性推理。第一，类比推理是在A、B两个对象之间进行的，尽管这两个对象具有若干相同属性，但毕竟是两个不同的对象，因而它们总具有相异属性。因此，作为类推属性的d，既有可能是A、B两个对象之间的相同属性，也可能是A、B两个对象之间的相异属性。如果是第一种情况，那么由真的前提可以推出真的结论；如果是第二种情况，那么由真的前提也会推出假的结论。第二，对象A的众多属性中，有的是固有属性，有的是偶有属性。如果类推属性d是对象A的固有属性，那么对象B可能也有属性d；如果类推属性d不是对象A的固有属性，而是偶有属性，那么对象B是否也有属性d，是无法推断的。第三，对象的众多属性之间相互联系的性质、形式、程度是多种多样的，有些属性之间的联系是直接的、紧密的，有些属性之间的联系是间接的、疏远的。如果类推属性d与对象A中的a、b、c等属性关系疏远，相关程度低，那么推出对象B也具有属性d就不可靠了。类比推理结论所断定的知识范围超出了前提所断定的知识范围，因而是一种或然性推理。因此，要特别注意把握提高类比推理的可靠性的事项。

2.如何提高类比推理的可靠性？

为了提高类比推理的可靠性，应当注意以下三点。

（1）推理的根据即前提中确认的相同或相似属性越多，结论的可靠性越高。事物之间的相同或相似属性越多，说明它们的类别越接近，差异越小，因而类比结论的可靠程度就越高。所以人们在研制新药时，往往在狗、兔子、老鼠等动物身上做试验，因为这些动物比其他动物与人类有更多的相同或相似属性；如果用低等动物做试验，则因其与人类的相同属性较少，难以得到可靠的结论。

（2）前提中的相同属性与推出属性之间的相关程度越高，结论的可靠程度越高。相同属性与推出属性之间的联系越密切，也就越接近事物的本质，因而类比推理结论的可靠性程度越高。例如，李四光由松辽地区与中亚西亚相似的地质构造推出松辽地区有大油田的结论之所以可靠，就是因为地质结构与生成石油密切相关。但是，如果我们因为太阳系的其他行星与地球一样都围绕太阳运转，都有自转和公转，就认为其他行星里也有生命存在，这种类比的可靠性就很低，因为生物的存在与行星的自转公转等属性间的关系并不密切。

（3）前提中确认的属性不应该有与结论相互排斥的属性。如果类比的前提中出现了与结论相排斥的属性，那么，即使相同或相似属性再多，推理也必须放弃。例如，人们以前曾根据火星与地球许多高度相似的属性推论火星上有高等动物，但是经过科学探测，我们已经知道火星周围的大气层中二氧化碳占96%，根据已知科学原理，这一属性与“火星上有高等动物”的结论是相排斥的，因而推论必须放弃。当然，我们继续推论在这种条件下可以有某些低等生物的存在，则仍是合理的。

违反以上类比推理的合理性准则的逻辑错误统称“机械类比”。例如，基督教神学家曾用机械类比证明上帝的存在。在他们看来，宇宙是由许多部分构成的一个和谐的整体，正如同钟表是由许多部分构成的和谐整体一样，而钟表有一个创造者，所以宇宙也有一个创造者，即上帝。这是一个典型的机械类比。注意防止犯机械类比的错误，才能充分发挥类比推理在科学思维中的作用。

学习心得

1.识记方式

(1)形式刻画记忆法。关于类比推理的逻辑形式,可以通过刻画其逻辑形式的方式进行记忆。

(2)比较记忆法。类比推理在对象之间“比”的几个方面,需要比较记忆。从思维的角度说,类比推理既可以在对象的要素和结构之间进行类比,也可以在对象的功能之间进行类比,还可以从导致事物某种功能的条件方面进行类比。

(3)理解记忆法。关于类比推理的特征,需要在理解的基础上进行记忆,从而明确类比推理为什么是或然推理。

2.主要特点

“类比推理及其方法”包括两目内容。第一目“类比推理的含义”,主要阐述了类比思维方法的特点,揭示了类比推理的含义,阐释了类比推理的依据,阐明了类比与比较、类比与比喻的不同之处,揭示了类比推理的实质等;第二目“类比推理的方法”,主要阐述了类比推理的方法,讲述了提高类比推理可靠程度需要注意的问题,阐述了类比推理的作用、归纳推理和类比推理的功能等。

这两目内容采用渐进式的讲述方式,以“类比推理”为主线,着重阐述了类比思维方法的特点,揭示了类比推理的含义,阐述了类比推理的依据,阐明了类比与比较、类比与比喻的不同之处,阐明了类比推理的实质,帮助我们理解和掌握提高类比推理可靠程度的要求,进而帮助我们学会运用类比推理的方法。

3.核心观点

类比推理是一种或然推理,它的结论不是必然的。因为类比推理是根据两个或两类对象的某些属性相同,就推知另一个属性也相同。显然,结论断定的情况是前提中没有提供的,它超出了前提已知的范围。所以类比推理的根据很不充分,这就决定了它只能是一种或然推理。注意类比推理“比”的角度以及提高类比推理的可靠程度的方法。

4.比较分析

我们可以从思维进程的角度比较演绎推理、归纳推理和类比推理的异同。演绎推理思维的过程是从一般到特殊,归纳推理思维的过程是从特殊到一般,类比推理思维的过程是从特殊到特殊。

5.强化理解

理解类比为什么被誉为“思维创新的前锋”。类比推理尽管是或然的,但它对于思维创新具有重要的启发与推动作用。因为客观事物及其属性是相互联系、相互制约的,这为类比推理提供了客观依据。类比推理使人们的思维富于联想,产生新的思想火花,有利于人们提出新的认识课题与实践课题。

类比推理是发现真理的方法,也是一种发明创造的方法,在社会生活中有着广泛的应用。此外,类比方法在教育和教学中有着重要的意义。“启发式”教学原则中的“举一反三”正是对类比方法的运用。

学习诀窍

1.课前预习、课后复习

学生课前可以从类比推理的含义、类比推理的逻辑结构以及类比推理的逻辑机理等方面进行预习,这样上课时可以有针对性地听教师的讲解;课后要对上过的知识点进行复习,特别是其中的核心知识点,比如类比推理的逻辑形式和类比推理的逻辑机理等一定要在课后对其进行深入的复习和把握。

2. 积极参与课堂讨论

积极参与老师课堂上组织的小组讨论、积极思考并回答老师所提的问题，认真聆听老师对学生课堂表现给予的口头评价，从中找到自己可以学习的地方。小组讨论中可以探讨我们在学习和生活中是如何运用类比推理的，从而明确类比推理应用广泛，对于学习和生活有重要意义。

3. 练习巩固法

在学习类比推理的逻辑形式时，可以通过多做练习题的方法对教材内容进行深入掌握。

典型例题

简答题

1. 指出下列类比推理在“比”什么。

我国明代的科学家宋应星，在探求声音的传播方式时，用水波来作类比。他说，“物之冲气也，如其激水然。气与水，同一易动之物。以石投水，水面迎石之位，一拳而止，而其文浪以次而开，至纵横寻丈而犹未歇。其荡气也亦犹是焉”。

答案解析：

这是一个类比推理，宋应星把击物的声音与投石击水的纹浪进行类比，得出了声音在空气中是以波的形式传播的结论。

2. 某火场发现一具尸体，经检验口腔、鼻腔、气管内，特别是细支气管和肺泡内没有烧伤过程吸入的烟灰、炭木等异物，气管、支气管黏膜及肺泡壁无充血、水肿现象，没有稠厚的浆液纤维渗出、血管内无透明的血栓形成等。经调查证实，这一尸体不是现场烧伤致死，而是死后焚尸。当另一火场发现的尸体也有上述特征时，就可以推出该尸体也不是现场烧伤致死的。

这运用了什么推理方法？

答案解析：

这是一个类比推理，该推理是从烧伤致死的构成要素进行类比。

实战演练

选择题

1. 神学家比西安·亚雷在说明地球是太阳系的中心时，作了这样的推论：太阳是被上帝创造用来照亮地球的，就像人们总是移动火把去照亮房子，而不是移动房子去被火把照亮一样，因此，只能是太阳绕着地球转，而不是地球绕着太阳转。这个推理所犯的逻辑错误是(　　)

A. 机械类比　　B. 轻率概括　　C. 转移论题　　D. 以偏概全

2. 南极的企鹅是“滑雪健将”，每小时能滑雪30千米。人们观察到，企鹅滑雪时让肚皮贴在雪面上，雪面承受全身重量，双脚作“滑雪杖”蹬动。人们据此设计了“极地汽车”，车身贴在雪面上，两边的“轮勺”作“滑雪杖”，这样，极地越野车试制成功了，时速可达50千米，比企鹅还快。这一陈述中包含了何种推理？(　　)

A. 演绎推理　　B. 归纳推理　　C. 类比推理　　D. 简单判断推理

3.某市繁星商厦服装部在去年疲软的服装市场中打了一个反季节销售的胜仗。据统计，繁星商厦皮服的销售额在去年6、7、8月份连续成倍数增长，6月份销售527件，7月份销售1 269件，8月份销售3 218件。市有关主管部门希望在今年冬天向全市各大商场推广这种反季节销售的策略，力争今年11、12月和明年1月全市的夏衣销售能有一个大突破。以下哪项如果为真，能够最好地说明该市有关主管部门的这种希望可能会落空?(　　)

A.皮衣的价格可以在夏天一降再降，是因为厂家可以在皮衣销售淡季的时候购买原材料，其价格可以降低30%

B.皮衣的生产企业为了使生产销售可以正常循环，宁愿自己保本或者赚微利，把利润压缩了55%

C.在盛夏里搞皮衣反季节销售的不只是繁星商厦一家，但只有繁星商厦同时推出了售后服务时间由3个月延长到7个月，打消了很多消费者的顾虑，所以在诸商家中独领风骚

D.根据最近进行的消费者心理调查的结果，买夏衣重流行、买冬衣重实惠是消费者极为普遍的心理

4.一种高效杀虫剂，通过飞机喷洒，能够大面积地杀死农田中的害虫。这种杀虫剂的特殊配方虽然能保护鸟类免受其害，却无法保护有益昆虫。因此，这种杀虫剂在杀死害虫的同时，也杀死了农田中的各种益虫。以下哪项产品的特点和题干中的杀虫剂最为类似?(　　)

A.一种新型战斗机，它所装有的特殊电子仪器使得飞行员能对视野之外的目标发起有效攻击。这种电子仪器能区分客机和战斗机，但不能同样准确地区分不同的战斗机。因此，当它在对视野之外的目标发起有效攻击时，有可能误击友机

B.一种带有特殊回音强立体声效果的组合音响，它能使其主人在使用它的时候倍感兴奋和刺激，但往往同时使左邻右舍“不得安宁”

C.一部经典的中国文学名著，它真实地再现了中晚期中国封建社会的历史，但是不同立场的读者从中得出不同的见解和结论

D.一种新投入市场的感冒药，它能迅速消除患者的感冒症状，但也会使服药者在一段时间内昏昏欲睡

5.一般人总会这样认为，既然人工智能这门新兴学科以模拟人的思维为目标，那么，就应该深入地研究人的思维的生理机制和心理机制。其实，这种看法很可能误导这门新兴学科。如果说发明飞机的最早灵感可能是来自鸟的飞行原理的话，那么现代飞机从发明、设计、制造到不断改进，没有哪一项是基于对鸟的研究。题干是用类比的方法来论证自己的观点。以下哪项是题干中所作的类比(　　)

①把对人的思维的模拟，比作对鸟的飞行的模拟　　②把对人工智能的研究，比作飞机的设计制造

③把飞机的飞行，比作鸟的飞行

A.①③　　B.①②　　C.②③　　D.①②③

6.下列关于类比推理的阐述，正确的是(　　)

A.S类对象具有属性a、b、c、d，S类对象的某一个体具有属性a、b、c，所以，S类对象的某一个体具有属性d

B.S类对象的某一个体具有属性a、b、c、d，S类对象具有属性a、b、c，所以，S类对象具有属性d

C.S类对象具有属性a、b、c、d，P类对象具有属性a、b、c，所以，P类对象具有属性d

D.S类对象具有属性a、b、c、d，P类对象的某一个体具有属性a、b、c，所以，P类对象的某一个体具有属性d

参考答案：

1.A　根据对象之间某些表面的、偶然的相同或相似属性，或用两个完全不同的事物进行类比，得出牵强附会的结论，这就是“机械类比”的逻辑错误。

2.C　类比推理就是根据两个或两类对象在一些属性上相同或相似，推出它们在其他属性上也相同或相似的推理。类比推理在科学技术创新中具有先锋的作用，许多科学发现和技术发明都是从类比推理开始的。

3.D　市有关主管部门的建议依据的就是类比推理：夏季反季节销售冬季服装销量大增，因此，若在冬季反季节销售夏季服装也将销量大增。显然这个类比结论可能是错的，题目所要求的就是找出使这个类比不成立的理由。选项D非常准确地概括了买夏衣和买冬衣时人们的不同消费心理，说明繁星商厦夏季售皮衣之所以成功，是因为消费者买冬衣重实惠；但因为消费者买夏衣重流行，所以冬季售夏衣的计划可能难以奏效。这就使题干中所设想的反季节销售销量大增的一般规律不成立了。选项A、B、C都只是部分地说明了反季节销售冬衣成功的原因，与“反季节销售夏衣是否会成功”并不相干。

4.A　题干中的杀虫剂的特点是能区分鸟类和昆虫，但不能区分昆虫中的益虫与害虫，因此，在杀死害虫时虽然高效，但同时也杀死了益虫。A项中的战斗机的特点是能区分客机和战斗机，但不能区分战斗机中的敌机与友机，因此，攻击敌机虽然有效，但也可能误击友机。这和题干中的杀虫剂的特点类似。其余各项产品都不具有类似于题干中杀虫剂的特点。

5.B　题干中的已知信息说明研究人工智能不用研究人的思维，就像飞机的设计制造不需要研究鸟的飞行一样。将上下两句判断的主项、谓项进行对照可以知道“人工智能”类似于“飞机的设计制造”，“人的思维”类似于“鸟的飞行”，所以正确答案选①和②，即B选项。

6.C

简答题

1. 如何提高类比推理的可靠性？

2. 为什么类比推理的结论是或然的，类比推理却被誉为“思维创新的前锋”？

3. 美国农业部利用物候学对作物进行引种驯化，他们分析了世界各国特有的经济作物的生长、开花、结果时期，探明其对温度、湿度、日光的需求，然后将这些作物移植于美国适当的地区。过去他们曾从我国移植了不少品种，如移植到加利福尼亚的柑橘，移植到佛罗里达的油桐和移植到中西诸州的大豆等。经过一二十年的培育，美国不但能够实现这几种经济作物的自给，而且还能在国际市场上和我国竞争。

从逻辑思维的角度分析，美国移植世界各国特有的经济作物之所以取得成功的原因是什么？

4. 两百多年前，一位奥地利医生在解剖尸体时发现，一些病人死后胸腔内化脓、积水现象严重。为了及时诊断，挽救病人，这位医生反复思考。一天，他突然想起父亲经营酒业时，经常用手指关节叩击木制酒桶，根据声音就可以估量出桶中酒量的多少。于是他想：酒桶与胸腔都是封闭的，叩击时都能发出声音，既然能用叩击来估量桶内的藏酒量，那么也可以用叩击来判断人胸腔内的积水量。由此，这位奥地利医生发明了“叩诊”的方法。

试分析此类比推理是在对象之间“比”什么？

参考答案：

1. 为了提高类比推理的可靠性，可以从以下方面入手。首先，推理的根据即前提中确认的相同或相似属性越多，结论的可靠性越高。事物之间的相同或相似属性越多，说明它们的类别越接近，差异越小，因而类比结论的可靠程度就越高。其次，前提中的相同属性与推出属性之间的相关程度越高，结论的可靠程度越高。相同属性与推出属性之间的联系越密切，也就越接近事物的本质，因而类比可靠性程度越高。

最后，前提中确认的属性不应该有与结论相互排斥的属性。如果类比的根据中出现了与结论相互排斥的属性，那么，即使相同或相似属性再多，推理也必须放弃。

2. 类比推理尽管是或然推理，但它对于思维创新具有重要的推动作用。因为客观事物及其属性是相互联系、相互制约的，这为类比推理提供了客观依据。类比推理使人们的思维富于联想，产生新的思想火花，有利于人们提出新的认识课题与实践课题。

类比推理是发现真理的方法，也是一种发明创造的方法，在社会生活中有着广泛的应用。正因为类比推理有它的合理性，所以别人的经验值得学习。然而，因为类比推理的结论是或然的，所以别人的经验不能照搬。此外，类比方法在教育和教学中有着重要的意义。"启发式"教学原则中的"举一反三"正是对类比方法的运用。

3. 美国移植世界各国特有的经济作物之所以取得成功，一个重要的原因就是美国利用物候学的知识，充分注意到了引种地区与原产地区在自然环境和气候条件(温度、湿度、日光等)方面的相同属性应尽可能地多。从逻辑上分析，这里面就有对类比推理的运用，而移植的成功说明了前提所确认的共有属性越多，类比推理的合理性就越高，结论的可靠程度就越高。

4. 从思维的角度来说，类比推理既可以在对象的要素和结构之间进行类比，也可以在对象的功能之间进行类比，还可以从导致事物某种功能的条件方面进行类比。材料中的例子是在对象的功能之间进行的类比。

综合探究　把握逻辑规则　纠正逻辑错误

学霸笔记

学习要点

1. 明确概念

明确概念，就是要把一个概念的内涵是什么、外延有哪些说清楚。只有明确了概念，才能概念明确。概念是抽象思维的基本单元，是抽象思维的基石，因此，明确概念与概念明确对缜密的抽象思维而言具有重要意义。

2. 澄清概念的方法

澄清概念就是讲清楚概念的内涵和外延。澄清概念的方法就是讲清楚概念内涵和外延的方法。就讲清楚概念的内涵而言，教材讲解了定义的方法，定义就是揭示概念内涵的逻辑方法，是用简明的语句揭示概念所反映的客观事物的本质属性。就讲清楚概念的外延而言，教材讲解了划分的方法，划分就是明确概念外延的逻辑方法，是依据一定的标准，把一个概念的外延分为几个小类。不论是定义还是划分，要得到正确的结果就必须遵循相应的逻辑规则。

3. 正确运用判断的条件

从逻辑与思维的角度看正确运用判断的条件，主要表现在：其一，要对认识对象的情况(如对象的性质、范围以及对象之间的各种关系等)有正确的认识，认识不正确，不可能作出正确的判断，从根本上说，这样的正确认识只来源于人们的社会实践；其二，要能够正确运用内涵明确、外延确定的概念构成判断；

其三，在运用概念构成判断时，在判断的“联结”方面要恰当，比如，简单判断的性质判断的联结词有“是”“不是”，关系判断的联结词有“大于”“认识”等，复合判断的联结词有“与”“或”“非”“如果……那么”等。这些联结一定要恰当，否则就会产生判断不当的错误。

4. 因果关系

因果关系中的“因”是指原因，“果”是指结果。原因和结果是揭示客观世界中普遍联系着的事物之间具有的先后相继、彼此制约的一对概念。原因是指引起一定现象的现象，结果是指由于原因的作用而被引起的现象。因果关系是复杂的，有一因一果、一因多果、多因一果、多因多果等。求同法、求异法、共变法、求同求异并用法、剩余法等，是探求因果联系的逻辑方法。

5. 演绎推理的要义

演绎推理是前提蕴含结论的必然推理。要保证得到真实的结论，演绎推理必须具备两个条件：一是作为推理根据的前提是真实的判断，如果前提虚假，由前提推出的结论就不能保证真实可靠；二是推理结构正确，如果推理结构不正确，也就是说前提和结论的联系方式是错误的，那么尽管前提是真实的，也不能保证推出正确的结论。由此，可以得出：在遵守演绎推理规律或规则的前提下，从前提到结论，演绎推理可以“保真”，即保证能够由真实的前提推出真实的结论；从结论到前提，演绎推理可以“保假”，即保证能够由虚假的结论倒推出虚假的前提。

6. 诡辩

诡辩是指故意违反逻辑规律和规则的要求，为错误论点作辩护的各种似是而非的论证。“诡辩”源自希腊语，从技巧、智慧转化而来。其最初含义是掌握技巧、具有智慧的人，即智者，后来逐渐转化为为了欺骗而作的虚假的论证或议论。在中文里，“诡辩”一词最早出现于《淮南子·齐俗篇》：“诋文者处烦扰以为智，多为诡辩。”在现代文献中，“诡辩”一词有时也指一种主观主义、相对主义、折衷主义的世界观和方法论，指一种冒充辩证法、貌似辩证法的形而上学世界观和思想方法，通称“诡辩论”。进行诡辩的具体方法通常称为诡辩术，常见的诡辩术有偷换概念、偷换论题、含糊其词、模棱两可、捏造论据、机械类比、以偏概全、人身攻击等。

7. 论证

论证就是用已知为真的判断来确定某一判断真实性和虚假性的思维过程。论证由论题、论据和论证方式组成，如“吸烟有害，因为凡能够产生有害物质的都有害，吸烟能产生有害物质”，这就是一个论证。在这个论证中，“吸烟有害”是其真实性需要加以确定的判断，叫作论题；“凡能够产生有害物质的都有害，吸烟能产生有害物质”，是在这个论证中用以确定论题真实性的判断，叫作论据。论题和论据之间的联系方式，就是由论据得出论题的过程中所运用的推理形式叫作论证方式。这种由推理而进行的论证，通常也称为逻辑论证。

8. 逻辑错误

逻辑错误是指在思维过程中，特别是在表达和交流思想的论证过程中，由于思想与思想之间的联系违反了形式逻辑规律和规则的要求而产生的错误。比如，违反同一律的逻辑要求，出现混淆概念或偷换概念，混淆论题或偷换论题的逻辑错误；违反矛盾律的逻辑要求而引起的自相矛盾的错误；违反排中律的逻辑要求而引起的模棱两可（两不可）的错误，以及违反各种推理规则而产生的逻辑错误，如三段论推理中项一次都没有周延的错误，大、小项不当扩大的错误，充分条件假言推理从肯定后件到肯定前件的错误等。逻辑错误的产生有的是无意的、不自觉的，也有的可能是有意的、自觉的。如果是有意的、自觉的，那就是诡辩。

学习心得

1.识记方式

(1)在练习中识记规则。有些逻辑思维的学习者把逻辑规则与思想政治学科的其他知识点一样死记硬背,这种识记方法是不可取的,也不适合"逻辑与思维"课程的学习。一方面,逻辑与思维中的逻辑规则很多,在不理解的情况下死记硬背,很容易混淆。比如,充分条件假言推理与必要条件假言推理,它们之间的正确推理的规则与不正确推理的错误表现恰恰是颠倒的,如果只是机械记忆,难以做到活学活用。这些逻辑规则不能死记硬背,又不能不记忆,好的方法就是通过做习题的方式在应用中识记。因为在应用中识记,是带有具体案例情况的识记,是将抽象的规则与具体的实例结合在一起的,更容易识记,更不会混淆。

(2)对比识记法。对比识记是可以常用的学习方法。这里的对比识记既要对比不同认识对象(规则)的差异之处,也就是它们的特点,又要试着找出它们的相似或相同之处。这里的对比要注意可比性,也就是要在可比的对象之间进行比较。比如,我们可以比较概念、判断和推理的含义,比较它们有哪些共同点和不同点。但是我们不能在定义的规则和演绎推理的规则之间进行比较,因为它们之间的差异多而共同性少,这样的对比对我们的识记而言没有多少实质性帮助。

(3)练习归纳法。做练习是这一单元学习逻辑知识、掌握逻辑精髓的必要环节,但是做练习是有限制的,一方面时间有限,另一方面精力有限,即便我们可以做大量的练习题,也不可能把所有的逻辑思维习题都做完,因此,要学会将做过的习题进行归纳总结,寻找其中的规律性特征。比如,概念为什么会出现含混、误解,其逻辑根源在哪里?判断不准确的逻辑原因是什么?演绎推理出现错误,是违反了什么规则?归纳推理和类比推理的错误又是什么原因导致的?把这些原因归结起来,对我们理解原理,掌握逻辑要义,纠正逻辑错误是大有裨益的。

2.主要特点

这个单元"遵循逻辑思维规则"是全书的分论之一,主要讲述逻辑思维的基本要求。首先从思维的"细胞"——概念讲起,明确了概念是反映事物本质属性的思维形式,解说了明确概念内涵和外延的逻辑方法。之后,讲述了判断的基本特征和类型,以及形成恰当判断的条件,引导我们正确运用简单判断和复合判断。在明确了判断的相关问题之后,讲述了推理的内涵和类型,以及演绎推理、归纳推理和类比推理等方法。这个部分旨在引导我们遵循逻辑规则,力争实现逻辑思维由"自发性"向"自觉性"的转变。逻辑思维的"自觉性"表现在能够运用所学逻辑知识,依据逻辑规则,评析常见的逻辑错误,从而更为有效地进行科学思维。在这个单元中,把握概念、判断和推理的基本特征,掌握从内涵和外延两个方面明确概念的方法,了解形成恰当判断的条件、学会正确运用判断,掌握演绎推理的规则、辨析有效与无效的演绎推理,把握正确归纳和类比推理的条件,提高归纳和类比推理结论的可靠性等,是教与学的重点所在。

3.核心观点

逻辑思维是科学思维的基础,遵循逻辑思维规则是科学思维的必要条件。为了让我们对逻辑思维的具体内容有所把握,本单元具体阐述了明确概念、准确判断、有效进行演绎推理的方法,以及合理运用归纳和类比推理的方法,让我们对传统形式逻辑有一个相对完整的了解,能够基本掌握运用逻辑思维分析问题和解决问题的技能。如果说科学思维是"道",这一单元就是具体方法和技术层面的"器"。"道"有"器"的支撑才不空洞,"器"有"道"的指引才能不迷失方向。掌握"器"的技能,才能更好地实现"道"的目标。

学习诀窍

1. 善于比较

学习逻辑知识也要运用“逻辑思维”，就是要掌握不同知识点之间的逻辑关系。比如，概念的内涵与外延的关系，明确概念内涵的方法、规则与明确概念外延的方法、规则之间的关系。再如，简单判断的结构与复合判断结构之间的差异；确定简单判断的逻辑性质与确定复合判断的逻辑性质，它们在根据方面存在的差异；演绎推理中的简单判断演绎推理的依据与复合判断演绎推理的依据之间的比较。此外，还有归纳推理与类比推理的形式结构、推理依据，以及它们与演绎推理之间的比较等。作了这样的比较，不仅对我们学习各部分的知识点有帮助，还对我们掌握整个第二单元的全部知识要点有帮助。

2. 强化练习

第二单元的强化练习就是要通过大量的习题训练掌握其中的逻辑规则。记忆逻辑规则固然重要，但只有在做习题的过程中反复运用和鉴别，才能掌握这些逻辑规则。在强化练习中还能培养掌握概念、判断和推理的形式结构的意识。因为对具体的概念、判断和推理进行鉴别和分析，往往会受其实际内容的制约，对其中的含义可能有不同的理解，而有不同的理解就难以获得统一的答案。而形式结构是普遍的形式，不受实际生活中的具体内容的干扰，分析形式结构更容易快速地得到结论，只要能够准确把握这样的形式结构，熟练运用其中的逻辑规则，就能够得到正确的结论。

典型例题

选择题

1.“知识分子就是学有所长的人。”此定义犯的错误是（　　）

A. 循环定义　　B. 定义过宽　　C. 定义过窄　　D. 同语反复

答案解析：

B　因为定义项“学有所长的人”的外延大于被定义项“知识分子”。

2. 把三角形划分为等边三角形、等腰三角形和等角三角形，此划分犯的错误是（　　）

A. 划分不全　　B. 多出子项　　C. 划分标准不同一　　D. 母项不明确

答案解析：

C　因为这里划分三角形有等边、等腰、等角三个标准，而概念划分方法要求，在同一层次的划分中只能用一个标准。

3.（多项选择题）下列逻辑关系中，属于“反对称关系、传递关系”的是（　　）

A. 概念间的真包含关系　　B. 概念间的全异关系

C. 判断间的矛盾关系　　D. 判断间的蕴含关系

答案解析：

AD　因为概念间的真包含关系、判断间的蕴含关系是反对称关系，同时又是传递关系。两个概念间的全异关系是对称的、三个概念间的全异关系可能是传递的、非传递的；同样，两个判断间的矛盾关系是对称关系，但三个判断间的矛盾关系是反传递关系。

4.通过综合运用换位法和换质法,由SIP可推出(　　)

A.PES　　B.$PO\bar{S}$　　C.$\bar{P}OS$　　D.POS

答案解析:

B　因为SIP换位推理后是PIS,再进行换质推理是$PO\bar{S}$。其他的选项是不能合乎规则地推导出来的。

5.马季是曲艺演员,马季又是相声演员。所以,相声演员都是曲艺演员。

以下哪项对上述推理的评价最为恰当?(　　)

A.推理正确

B.推理错误。犯了中项不周延的错误

C.推理错误。犯了小项不当扩大的错误

D.推理错误。犯了大项不当扩大的错误

答案解析:

C　这是三段论第三格,结论只能为特称判断。题干中的结论是全称判断,犯了小项不当扩大的错误。

6.只有慢车,才在这站停;这列火车在这站停了;所以,这是一列慢车。对此,你怎么看?

答案解析:

这个推理是正确的。这是必要条件假言推理,它有两个有效的形式结构,一是否定前件而否定后件,二是肯定后件而肯定前件。这个推理就是由肯定后件而肯定前件的有效推理形式。

7.在一次对全省小煤矿的安全检查后,甲、乙、丙三人有以下结论:

甲:有小煤矿存在安全隐患。

乙:有小煤矿不存在安全隐患。

丙:大运和宏通两个小煤矿不存在安全隐患。

如果上述三个结论只有一个正确,则以下哪项一定为真?(　　)

A.大运煤矿和宏通煤矿都不存在安全隐患

B.大运煤矿和宏通煤矿都存在安全隐患

C.大运煤矿存在安全隐患,但宏通煤矿不存在安全隐患

D.大运煤矿不存在安全隐患,但宏通煤矿存在安全隐患

答案解析:

B　由于三人的断定只有一真,而甲与乙的判断是下反对关系,不可同假,而丙的判断与乙的判断可以具有同样的逻辑真假值。因此,只能是甲的判断真。乙的判断"有小煤矿不存在安全隐患"假,可以通过性质判断的对等关系得出"所有小煤矿都存在安全隐患"真。既然"所有小煤矿都存在安全隐患",那么大运煤矿和宏通煤矿也都存在安全隐患。

实战演练

选择题

1.下列直接推理中，推理形式没有错误的一项是（　　）

A.所有唯物主义者都是无神论者，所以，所有无神论者都是唯物主义者

B.有些网上信息不是可靠信息，所以，有些可靠信息不是网上信息

C.所有宗教徒都不是唯物主义者，所以，所有唯物主义者都不是宗教徒

D.并不是所有事故都是不可避免的，所以，所有事故都是可以避免的

2.“任何正确理论都是来源于实践的，这种理论是来源于实践的，因此，这种理论的正确性是无须怀疑的。”这个三段论（　　）

A.小项不当扩大　　B.中项不周延　　C.大项不当扩大　　D.形式正确

参考答案：

1.C　　2.B

简答题

1.“只有四边相等，才会是正方形。这个四边形的四边相等，所以，这个四边形是正方形。”这个推理是否正确，为什么？

2.“一个官员只有清正廉洁才能得到民众的拥护，这位官员没有得到民众的拥护，所以，他不是清正廉洁的。”这个推理是否正确，为什么？

3.甲：昨天早上有一个大夫从你家里出来了，你是不是病了，你需要帮助吗？

乙：只有疯子才会这样推理！假如昨天有个军人从你家出来，难道说你家爆发战争了吗？

请问甲和乙的推理是否有问题？为什么？

参考答案：

1.错误。必要条件假言推理不能由肯定前件而肯定后件。

2.错误。必要条件假言推理不能由否定后件而否定前件。

3.甲从有大夫从乙家出来，推测乙可能生病，这个推测有一定的根据，也表示了对乙的关心。乙非但不领情，还破口大骂甲是疯子，这是人身攻击。从形式逻辑角度说，乙按照甲的推测作出了“机械类比”，认为如果甲的推测成立，就可以推出“有军人从你家出来，你家就爆发了战争”。军人从谁家出来，与谁家爆发战争，其中没有因果关系，因此，前者推不出后者，乙犯了机械类比错误。

3

第三单元 运用辩证思维方法

★ 第八课　把握辩证分合

★ 第九课　理解质量互变

★ 第十课　推动认识发展

★ 综合探究　领悟辩证精髓　处理复杂问题

第八课 把握辩证分合

第一框 辩证思维的含义与特征

思维导图

- 把握辩证思维
  - 与其他思维方式的比较
    - 形而上学思维
    - 诡辩论
    - 相对主义
  - 辩证思维
    - 含义
    - 特征
    - 发展历程

学霸笔记

学习要点

1. 几种思维方式的比较

辩证思维与形而上学思维。形而上学思维认为事物是一成不变的，事物之间的界限都是绝对分明和固定不变的，并把这种看法变成一种世界观、方法论。该思维方式完全切断事物及其各个部分、各种性质之间的联系，不能正确反映事物本来的面貌及其变化发展，难以把握认识对象的本质和规律，在面临复杂问题时往往会陷入片面、僵化和自相矛盾之中。辩证思维则相反。

辩证思维与诡辩论。辩证思维用实践的观点看问题。凡未经实践检验的认识，绝不能轻信和盲从。这是其与唯心主义诡辩论的根本区别。举例说明，诡辩论认为“人一次也不可能跨进同一条河流”，即“跨越时的人已经不是想跨越的人，彼时的河流已经不是此时的河流”，将想跨的人与跨越的人区分开，将彼时的河流与此时的河流区分开。可以看出，诡辩论过分夸大了相对性，即夸大了绝对运动，不承认人与河流的内在抽象性，即不承认事物的本质，而是将事物割裂开来，看成是不同的部分。辩证法认为“人不可能两次跨进同一条河流”，即“人是同一个人，而河流在不断流动、是不断变化的，所以人不能两次跨进同一条河流”。这一方面承认“人”和“河流”是连续统一的整体，其具有内在抽象性——本质不变，另一方面承认相对性，因为河流的流动，此时的河流已不是彼时的河流，体现了事物的发展。辩证法体现了绝对运动与相对静止的统一。

辩证思维与相对主义。相对主义只是一种思考和认识方式，本身没有明确的价值取向，可一旦被个别主体有目的地使用，就容易陷入诡辩论的误区。需要澄清的是，相对主义并不等同于诡辩论，两者的根本区别在于是否按事物的本质和真实面貌揭示其间的联系和转化。相对主义无视事物相对性中的绝对性，否定客观的是非标准，片面地夸大了认识的相对性和主观性。

2.辩证思维的含义

所谓辩证思维，就是用联系、发展、全面的观点看待事物和思考问题，其实质和核心是运用矛盾分析方法，在对立统一中把握事物。

在认识过程中，人们需要将普遍联系着的对象及其各个部分、各种性质、各种关系相对地独立起来、区别开来，分别地加以研究，这样才能获得具体、深刻的认识。这是认识过程中的必经阶段。

我们认识事物，不仅要分别认识事物的各个局部、各种层次、各个阶段以及个别属性，而且要着眼于事物的整体及其发展趋势，这就需要运用辩证思维。

3.辩证思维的特征

辩证思维有两个重要的特征：第一个是整体性特征。整体性的辩证思维要求我们用全面的观点看问题，将认识对象的各个要素、各种联系的丰富性和多样性在头脑中再现出来，并从整体角度去思考如何解决问题。整体性的辩证思维具有它独特的作用：能够科学地处理“此”与“彼”、整体与部分之间的关系。第二个是动态性特征。客观事物是变化发展的，人们的思维要正确地反映事物实际存在的过程，就必须以动态的方式去思考认识对象。用动态性的辩证思维看问题，就是用变化发展的观点看问题，用矛盾运动的观点看问题。

我们要正确理解辩证思维的整体性与局部的独立性、动态性与相对的静态性的关系，辩证思维强调整体性，但不排斥局部的独立性；辩证思维强调动态性，但不排斥相对的静态性。辩证思维在整体性与独立性、动态性与静态性的对立统一中把握事物。

4.辩证思维的发展历程

辩证思维的发展和人们对辩证思维的研究经历了一个由自发走向自觉的过程。古代人以朴素的辩证思维方式把握世界的整体发展和矛盾运动。随着近代科学的产生和发展，人们开始自觉地、系统地研究辩证思维，但这时的研究大多带有唯心主义的性质。在总结人类最新科学成果、批判地继承以往辩证思维研究的合理因素，特别是黑格尔的辩证法的基础上，马克思和恩格斯创立了科学形态的辩证思维学说。随着社会实践和现代科学的发展，特别是研究复杂大系统的系统科学的兴起与发展，辩证思维学说得以进一步丰富和深化。

学习心得

1.识记方式

(1)情境记忆法。我们可以在具体的故事情境或者问题情境中思考辩证思维与形而上学思维的不同含义，进而把握辩证思维的定义。如我们可以通过以下情境判断并把握辩证思维的具体含义：第一，塞翁失马，焉知非福；第二，山重水复疑无路，柳暗花明又一村。

(2)比较记忆法。针对辩证思维的含义，我们可以采用比较记忆的方法，如将辩证思维与形而上学思维进行比较，从对立面出发，能够更深入地理解辩证思维的含义。形而上学思维是完全切断事物各个部分、各种性质之间的联系，认为事物是一成不变的，事物之间的界限是绝对分明和固定不变的；而辩证思维认为事物是处在不断变化发展的过程中的，我们认识事物不仅要认识事物的各个部分、各种层次、各个阶段，也要着眼于事物的整体及其发展趋势。

针对辩证思维的特征，我们可以通过辩证思维的整体性与局部的独立性、动态性与相对静态性之间的对比，从而更加明确辩证思维是整体性与局部独立性、动态性与相对静态性之间的统一。

(3)列表记忆法。为了有效理解和把握辩证思维整体性与局部的独立性、动态性与相对静态性之间的关系，我们可以通过列表的形式把相关的材料及其特点进行对比或对照，从而记忆其特点和材料之间的联系（见表3-1和表3-2）。列表记忆法的主要特点就是条理清晰，一目了然。

表3-1

<table>
<tr><td colspan="2"></td><td>整体性</td><td>局部独立性</td></tr>
<tr><td rowspan="2">区别</td><td>含义</td><td>整体是指事物的全局及其发展的全过程</td><td>局部是指事物各个部分和发展的各个阶段</td></tr>
<tr><td>地位、作用和功能</td><td>整体在事物发展过程中处于主导地位，起着决定作用。整体统率局部，具有局部所不具备的功能</td><td>局部在事物存在和发展过程中处于被支配地位，受整体的制约，局部服从和服务于整体</td></tr>
<tr><td colspan="2">联系</td><td colspan="2">整体和局部相互依存，一方面，整体离不开局部，整体由局部构成，没有局部就没有整体；另一方面，局部也离不开整体，局部是整体中的局部，离开了整体的局部就失去了它在整体中的意义，也就不称其为局部。整体和局部相互作用，整体的性质和功能状态影响着局部的功能的发挥；局部的功能及其变化也会影响着整体功能的发挥，特别是关键性部分的性质和功能状态的变化有时甚至会对整体功能状态起着决定作用</td></tr>
</table>

表3-2

<table>
<tr><td colspan="2"></td><td>动态性</td><td>相对静态性</td></tr>
<tr><td rowspan="2">区别</td><td>含义</td><td>动态性是指事物的运动、变化、发展的性质</td><td>相对静态性指的是事物的相对静止、相对稳定的性质</td></tr>
<tr><td>特点</td><td>动态性即运动是绝对的、无条件的。物质都是运动、变化、发展的，没有不运动的物质。运动是物质固有的属性，是物质存在的根本方式</td><td>相对静态性是指静止是相对的、有条件的，它是运动的一种特殊状态。静止并不是不运动，而是指物质运动在一定条件下、一定范围内处于暂时的稳定和平衡状态</td></tr>
<tr><td colspan="2">联系</td><td colspan="2">动态性和相对静态性是相互贯穿、相互渗透的，任何事物都是绝对运动和相对静止的统一。绝对运动中包含有相对静止，即“动中有静”；相对静止中又有绝对运动，即“静中有动”</td></tr>
</table>

(4)理解记忆法。理解是记忆的基本条件，针对我们所要记忆的知识，首先要理解其意义，就容易记住，而且记忆保存的时间还比较长。比如，记忆“辩证思维的特征”就必须真正理解辩证思维的整体性和动态性在实际生活中的意义，这样才能牢固地记住它。理解记忆的基本条件是对知识的理解和进行思维加工。辩证思维是一种比较抽象的概念，可以通过具体的事例来加深对其含义的理解，在理解的基础上才能够真正把握辩证思维，在生活中才能正确地运用辩证思维。

2. 主要特点

“辩证思维的含义与特征”这一框，包括两目。第一目是“辩证思维的含义”，阐释了辩证思维的必要性，由此引出了形而上学的思维方式，并与辩证思维方式作了对比，在比较分析中明确辩证思维的含义，进一步厘清了辩证思维的发展历程。第二目“辩证思维的特征”，主要阐释了辩证思维的两个特征，即整体性特征以及动态性特征，同时也阐释了辩证思维的整体性与局部的独立性、动态性与相对的静态性之间的关系，要求我们在认识事物时不仅要考察事物的现状和历史，而且要想到事物的未来，要多层次、多视角地认识事物，整体性地思考问题。

3. 核心观点

辩证思维是反映和符合客观事物辩证发展过程及其规律性的思维，是以变化发展视角认识事物的思维方式，通常被认为是与逻辑思维相对立的一种思维方式，是一种世界观。辩证思维的特点是从对象的内在矛盾的运动变化中，从其各个方面的相互联系中进行考察，以便从整体上、本质上完整地认识对象。辩证思维运用逻辑范畴及其体系来把握具体真理。辩证思维既不同于那种将对象看作静止的、孤立的形而上学思维，也不同于那种把思维形式看作确定的形式逻辑思维，辩证思维具有整体性和动态性的特征。它是辩证逻辑研究的对象，人类的辩证思维的历史发展经历了一个从自发到自觉的过程。

4. 比较分析

我们对辩证思维的含义可以采取比较分析的方法，在比较中把握辩证思维与其他几种思维方式的相同点与不同点。首先是与形而上学思维的比较，其次是与唯心主义诡辩论及相对主义的比较，从而明确辩证思维的含义。在探讨辩证思维的特征的时候，我们可以将整体性与局部独立性展开比较，将动态性与相对静态性展开比较，从而明确辩证思维是整体性与局部独立性、动态性与相对静态性之间的统一。

5. 强化理解

学习辩证思维，能帮助我们学会整体性、动态性地思考问题，把握事物变化发展的规律。辩证思维中的整体性与局部独立性、动态性和相对静态性之间的关系，需要进行强化理解。

学习诀窍

1. 学习计划——要做到有规律

良好的学习计划是获得良好的学习效果的基础，有了计划之后，学习的目标才会更加明确，学习动力也会更加充足。比如，制订课前预习、课后复习的计划。课前预习是为了对下一次课的学习内容有一个大致的了解，这样上课时的学习效率会更高。在听课的时候，能轻松跟上老师的思路，变被动听课为主动听课，变盲目听课为有目的地听课。预习的时候，自己已经掌握的知识可以不看，但要将不懂的问题记在书本或笔记本上，这样在课堂上就能根据这些问题有针对性地听讲，从而解决预习时遇到的问题，把握相关的知识点。

课后复习是对课堂学习的巩固，课后要对上过的知识点进行复习，特别是核心知识点，比如辩证思维与形而上学思维、唯心主义诡辩论的区别，辩证思维中的整体性与局部独立性、动态性和相对静态性之间的关系等，一定要在课后进行深入的复习和把握。

2. 如何听课——要重视效率

很多同学上课光顾着记笔记，全然不顾自己有没有听懂老师的讲课内容，认为记下来课后复习也可以。这样的学习方式，其实是有局限的。为什么我们上课前要预习呢？就是为了跟着老师抓重点，当堂搞懂自己在预习时不懂的问题。虽然记笔记是一种重要的学习手段，但是其作用是给思考和掌握知识留下线索，因此并不要追求“全”，而要讲究“精”，要选择重点的内容记。

3. 作业完成——要讲究自律

完成作业要计时、计量。要把做作业当作考试，独立思考，做完要检查。我们在把握辩证思维的含义与特征的知识点时，可以通过练习达到对这些知识点的熟练运用。

典型例题

选择题

1. 同学们一起去查看期末考试成绩。A同学发现自己的总分是645分，由期中考试时的全班第10名上升到第3名，于是他决定寒假要好好地上上网，好好地玩上一把，绝不再做与学习有关的事。B同学发现自己的总分是623分，由期中考试时的全班第2名降到第13名，于是他决定寒假要拼命学习，除了吃饭、睡觉就是学习。对A、B两位同学想法的判断，正确的是（　　）

A.A不合理，B合理　　　　B.A合理，B不合理

C.A、B都不合理　　　　D.A、B都合理

答案解析：

C　本题考查辩证思维。考生解答此题应作出明确判断，说明这两种思想都是不合理的，两位同学都没有正确认识和处理学习与适当放松的关系。

2.新时代，我国社会主要矛盾已经发生变化，但我国仍处于社会主义初级阶段。这段论述（　　）

A.没看到事物的动态性，犯了形而上学错误

B.没看到事物的静态性，犯了诡辩论的错误

C.正确坚持了辩证性思维

D.看到了事物发展的绝对静态性和相对动态性

答案解析：

C　本题关键词为“已经发生变化”“仍处于”，题中的论断既看到了相对静止，也看到了绝对运动，C符合题意，A、B、D错误。

简答题

1.谈一谈，下列材料中该市在发展经济过程中是怎样用辩证思维方法指导工作的？

某市前几年利用当地资源兴办了一些小造纸厂、小制革厂等小型企业。这些企业在带来经济利益的同时，也造成了当地自然资源的浪费及环境的污染。后来，为了当地经济的长远发展，当地领导提出，既要金山银山，也要绿水青山。他们采取了一系列措施，关停了污染严重的企业，投巨资治理环境，还断然拒绝了可能给当地造成环境污染的数额达千万美元的外商投资。最后，当地因环境优美，又吸引了大量外资，外商在该市的投资总额达十多亿美元，促进了当地经济的发展。

答案解析：

本题考查辩证思维这一知识点，回答本题关键要明确辩证思维所包含的内容。辩证思维就是用联系、发展、全面的观点看待事物和思考问题，其实质和核心是运用矛盾分析方法从对立统一中把握事物。

①坚持用联系的观点看问题，反对形而上学观点。人类社会和自然界是相互联系的。在经济建设中，既要改造自然，又要保护自然，把节约资源、保护环境放在重要位置，使经济建设与资源保护协调。该地领导提出，既要金山银山，也要绿水青山，正是坚持经济建设与环境保护协调发展的体现。②正确处理整体和局部的关系，从整体上把握事物的联系。事物是由各个局部构成的有机整体。局部离不开整体，全局高于局部。尽管一些小造纸厂等企业给当地带来暂时的经济利益，但该市领导从保护生态环境的大局出发，果断关停这些企业，是局部服从整体的体现。③坚持用全面的观点看问题，反对片面观点，对任何事物，在任何时候，都要运用一分为二的观点，坚持两分法。该市经济发展过程中，全面衡量经济利益和环境污染的利弊，断然关停了污染严重的企业，投巨资治理环境，并断然拒绝了可能给当地造成环境污染的外商投资，就是坚持全面观点，把握主流。④坚持用发展的观点看问题。当地领导由于坚持可持续发展战略，投巨资治理环境，结果当地因环境优美，又吸引了大量外资，促进了当地经济发展。

2. 科学思维方法就是辩证思维方法吗?

答案解析:

辩证思维方法是科学思维方法的重要组成部分,但不是全部,不能将二者等同。科学思维方法除了包括辩证思维方法以外,还包括分析与综合的方法、思维抽象和思维具体的方法等。

实战演练

简答题

1. 请问下文中的这位太太为什么犯了认识上的错误?

有个太太多年来不断抱怨对面的太太很懒惰:"那个女人的衣服永远洗不干净,看,她晾在外面院子里的衣服,总是有斑点,我真的不知道,她怎么连洗衣服都洗成那个样子……"直到有一天,有个明察秋毫的朋友到她家,才发现不是对面的太太衣服洗不干净。细心的朋友拿了一块抹布,把这个太太的窗户上的灰渍抹掉,说:"看,这不就干净了吗?"原来,是这位太太自己家的窗户脏了。

2. 请评析下列材料中债主和欠债人的观点。

古时有个人,借了别人的钱,到期债主来讨债了。欠债人说:"一切都是变化的,借钱的那个我已经不是现在的我了。因此,我不欠你的债。"债主发了脾气,打了他,两个人撕扭到了衙门。判官问欠债的人为何不还钱,他又把理由说了一遍。判官问债主为什么动手打人,债主也说:"一切都是变化的,打人的我已经不是现在的我了,因此我并未打人。"

参考答案:

1. 这位太太只把眼光盯在别人晾晒的衣服上,抱怨对方衣服洗不干净,却没看到其实污点出在自己窗户上,显然是只关注了事物的局部,没有从事物整体及其发展趋势上看问题。

2. 两人的观点都是肯定了绝对运动,但都否定了相对静止,属于形而上学的观点,没有进行辩证思维。客观事物是变化发展的,人们的思维要正确地反映事物的实际存在过程,就必须以动态的方式去思考认识对象。辩证思维是在动态性和相对静态性的对立统一中把握事物的。材料中的两个人都肯定了自己的变化,却否认了自己的相对静态性,没有从动态性和相对静态性的统一中去认识自己。

第二框　分析与综合及其辩证关系

思维导图

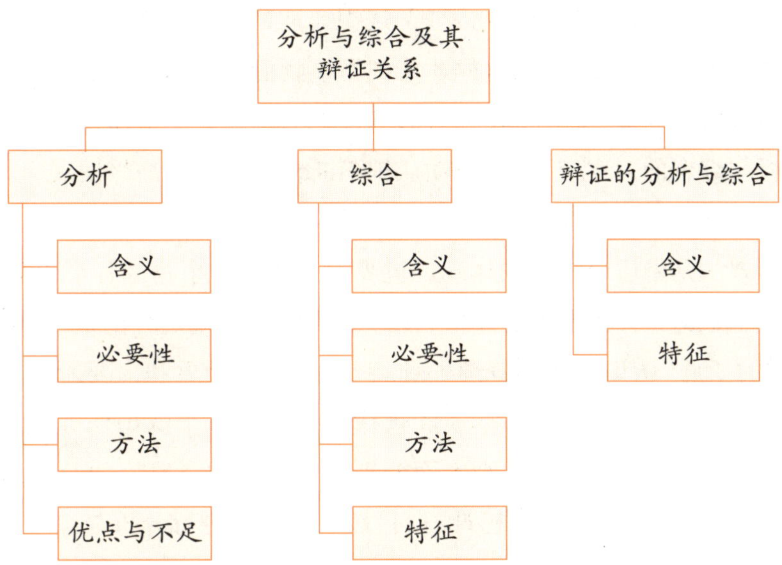

学霸笔记

学习要点

1.分析

分析就是把认识对象分解为各个部分、各个要素、各个层次，或者把认识对象的复杂的发展过程分解为若干阶段，分别加以认识的一种思维方法。

在科学研究中，人们常常运用定性分析和定量分析等多种方法，认识被研究的对象。在社会生活中，人们需要对社会的基本矛盾、主要矛盾进行科学的分析。辩证唯物主义阐明了事物矛盾的普遍性和特殊性的关系、主要矛盾和次要矛盾的关系、矛盾的主要方面和次要方面的关系，有利于人们在实践中抓住重点问题，认清事物性质。这是最高层次、最具概括性的分析。

分析方法将注意力集中在问题的“点”上，力图把具体的“点”认识透彻，其优点是精确。但是如果认识只局限在问题的“点”上，就难免产生片面认识。

2.综合

综合是一种把认识对象的各个部分、各个要素、各个层次和不同发展阶段，按照其固有的联系联结和统一起来进行考察的思维方法。

在科学研究中，人们常常运用结构综合和功能综合等多种方法，获得对研究对象整体结构、所具功能的认识，从整体上把握具体研究对象的性质和规律。哲学中的综合，旨在把握物质世界的本质和事物发展的普遍规律。

综合方法的注意力主要放在各部分之间的联系上。整体性是综合方法的重要特征。但任何一次综合的结果都只是对认识对象相对完整的认识，只是对现实原型的近似描述。

3. 分析与综合的辩证关系

只有将分析与综合辩证地统一起来,才能全面而又深刻地把握认识对象。

从辩证思维角度看,分析是综合的基础,综合是分析的先导;分析为综合做准备,而综合的结果又指导人们继续对事物进行新的分析。在辩证思维中,分析与综合是方向相反却相辅相成的对立统一的关系。

辩证的分析与综合是客观事物的矛盾在思维中的反映。辩证的分析与综合方法是矛盾分析法的体现。人们要深刻地认识事物,就必须认识事物矛盾,认识矛盾的普遍性和特殊性、主要矛盾和次要矛盾、矛盾的主要方面和次要方面及其相互转化,这样才能把握事物的本质和规律。

辩证地理解和运用分析与综合方法,要在分析的基础上揭示事物的整体,在综合得到的整体中指导分析。我们要学会在分析与综合的对立统一中,推动认识不断地由低级向高级发展。

4. 正确理解辩证的分析与综合方法

辩证的分析与综合方法是矛盾分析法的体现。世界充满矛盾。事物的各个矛盾以及每一矛盾的两方面之间的对立统一关系,构成了事物矛盾的总体,使事物成为多种规定性的统一体。人们要深刻地认识事物,就必须认识事物的矛盾,认识矛盾的普遍性和特殊性、主要矛盾和次要矛盾、矛盾的主要方面和次要方面及其相互转化,这样才能把握事物的本质和规律。要完成这个认识任务,就要应用辩证的分析与综合方法,对事物的各个矛盾以及矛盾的各个方面分别加以具体的考察。要分析事物的矛盾,就必须在实践的基础上获得有关事物大量的、丰富的感性材料,然后对它们进行分析与综合。一般说来,辩证的分析与综合分为以下三个方面。

第一,对现有事物的多方面的特征以及它们之间的关系进行分析与综合。任何事物都是多样性的统一。辩证的分析与综合方法不仅要求我们从事物中分析出它的多方面的特征,而且还要进一步弄清这些特征之间的关系以及它们在决定事物本质中的地位和作用。辩证的分析与综合不仅要认识事物的共同矛盾,把握其共同本质,而且还要认识事物的特殊矛盾,把握事物的特殊本质,把事物作为共性与个性的对立统一体来把握。

第二,对现有事物进行层次上的分析与综合。任何一个事物都是一个体系。在这个体系内,事物的构成是多层次的,这些层次之间又是相互联系、相互制约的,这就决定了事物的本质也是多层次的。我们要深化对事物的认识,就必须对事物的构成层次进行分析与综合,以发现事物更深刻的本质。

第三,对事物发展的全过程进行分析与综合。要全面地认识事物,不仅要对处在相对稳定状态下的事物进行横向联系和纵深层次上的分析与综合,还必须对事物发展的全过程进行分析与综合。也就是要按照一定的标准,把事物发展的全过程划分为若干不同的阶段,然后对各个阶段逐个进行考察。既要找出各个发展阶段的普遍性,又要找出各个阶段的特殊性,最后再把各个阶段的情况联系起来,对事物作出综合性的认识。

辩证的分析与综合方法是我们认识世界、改造世界的重要方法。正确地运用这种方法,要注意以下两点。

第一,要准确地理解分析与综合的辩证关系。在辩证思维中,分析与综合是方向相反却相辅相成的对立统一的关系。分析是从事物整体走向部分的认识,综合是从事物部分走向整体的认识。从辩证思维角度看,分析是综合的基础,综合是分析的先导;分析为综合做准备,而综合的结果又指导人们继续对事物进行新的分析。我们要学会在分析与综合的对立统一中,推动认识不断地由低级向高级发展。

第二,分析与综合必须是客观的和全面的。只有坚持从实际出发,对认识对象进行详细全面的调查,掌握大量丰富的真实材料,如实反映事物的本来面目,才能作出科学的分析与综合。

学习心得

1.识记方式

(1)情境记忆法。针对分析与综合的方法及其辩证关系,我们可以在具体的情境中把握、理解其内涵。比如,我们可以通过以下几个情境把握分析与综合的方法:第一,研究植物,分别研究其根、茎、叶、花、果各自的结构形式、功能等;第二,把一个学生的德、智、体、美、劳各方面表现统一起来考察,才能正确评价这个学生;第三,科学家们经过深入分析研究,了解到构成细胞的化合物有水、无机盐、糖类、脂质、蛋白质、核酸等,并以定量的形式分析其在细胞中的比重,对细胞进行层层分析,分别地加以研究,是科学研究细胞必经的阶段。

(2)比较记忆法。通过比较分析与综合的含义、特征和方法来更好地理解和记忆。首先,在内涵方面,分析是指把认识对象分解为各个部分、各个要素、各个层次,或者把认识对象的复杂的发展过程分解为若干阶段,分别加以认识的一种思维方法;而综合则是一种把认识对象的各个部分、各个要素、各个层次和不同发展阶段,按照其固有的联系联结和统一起来进行考察的思维方法。其次,区分分析与综合的思维方法时,可以抓住它们不同的思维特征进行判断。分析是从事物整体走向部分的认识,而综合则是从事物部分走向整体的认识。最后,在科学研究中,如采取分析的思维方法,人们常常运用定性分析和定量分析等多种方法来认识被研究的对象;若采取综合的思维方法,人们常常运用结构综合和功能综合等多种方法,获得对研究对象整体结构、所具功能的认识,从整体上把握具体研究对象的本质和规律。我们可以在以下认识事物的方法中比较分析与综合的思维方法:第一,分析,一分为二地看问题,具体问题具体分析;第二,综合,把对事物发展过程中若干阶段的认识重新组合起来,着眼于事物的整体性,寻求最优目标。

(3)理解记忆法

在积极思考、深刻理解的基础上的记忆是最有效的记忆,只有深刻理解了的知识才能被牢固地记住。理解记忆的基本条件是对材料的理解和思维加工。有些材料,如科学要领、范畴、定理、法则和规律、历史事件、文艺作品等,人们在记忆这类材料时,一般都不采取逐字逐句强记硬背的方式,而是首先理解其基本含义,即借助已有的知识经验,通过思维的分析与综合,把握材料各部分的特点及内在的逻辑关系,将其纳入已有的知识结构,以便保持在记忆中。理解记忆的有效性,依赖于学习者对材料的理解程度。因此,只有理解分析与综合的含义、特征及辩证关系,才能更好地记住它们,更快捷地将这些思维方法迁移运用于具体的情境中,以便更好地分析问题和解决问题。

2.主要特点

“分析与综合及其辩证关系”这一框包括两目。第一目“分析与综合的含义”,分别说明分析的方法及其特征和综合的方法及其特征;第二目“分析与综合的辩证关系”,主要说明分析与综合之间具有怎样的辩证关系以及如何进行辩证的分析与综合。这两目的主要内容采取的就是分析与综合的方法,首先对分析和综合分别进行阐释,之后将二者综合说明,揭示辩证的分析与综合的方法和特征。

3.核心观点

分析是综合的基础,综合是分析的先导;分析不是孤立的分析,不是为分析而分析,而是在为综合做准备;综合也不是抽象的综合,而是在充分分析的基础上进行的具有具体内容的综合,并且综合的结果又指导人们继续对事物进行新的分析。在辩证的分析综合过程中,分析与综合是方向相反却相辅相成的对立统一关系。

4.比较分析

在含义上,分析是指把认识对象分解为各个部分、各个要素、各个层次,或者把认识对象的复杂的发展过程分解为若干阶段,分别加以认识的一种思维方法;而综合则是一种把认识对象的各个部分、各个要素、各个层次和不同发展阶段,按照其固有的联系联结和统一起来进行考察的思维方法。在特征上,分析是从事物整体走向部分的认识,而综合则是从事物部分走向整体的认识。

此外,需要注意的是,应全面把握分析与综合的关系。首先,分析与综合是相互依存、互为前提的。一方面,综合离不开分析,分析是综合的基础;另一方面,分析也离不开综合,综合是分析的先导。其次,分析与综合是相互渗透的。在现实的思维过程中,并不存在纯粹的分析或综合。在总的分析过程中包含综合的因素,同样在总的综合过程中也存在分析的成分。最后,分析与综合是相互转化的。在认识过程中,当分析进行到一定程度,揭示了事物整体的各个部分和方面,发现了事物的多样性规定,把握了事物的本质和规律时,思维活动就由分析转化为综合。随着认识的发展,当思维经过综合,把握了事物多样性的统一整体后,思维活动又会转化为更深层次的分析。

5.强化理解

分析方法和综合方法的含义与特征,以及分析与综合的辩证关系,这些内容需要进行强化理解。

学习诀窍

1.课前预习与课后复习

课前预习可以建立对所学内容的初步印象,如本框要学的内容是什么,有哪些难以理解的知识点。在充分准备的基础上,才能有的放矢地学习,达到事半功倍的效果。课后复习是对课堂学习的巩固。如果不及时复习,课堂上所学的分析方法和综合方法及其辩证关系的知识点会随着时间的推移而被遗忘,所以我们需要在课后及时复习和巩固所学的知识点。

2.合理利用课堂笔记

俗话说“好记性不如烂笔头”。在课堂上记笔记,一方面可以帮助我们集中注意力,另一方面也有助于巩固复习。但是记笔记既不是什么都记,也不是随便记,而是记录本框内容的重难点、学习的规律方法、个人的错误反思等。此外,一定要及时复习记的笔记,如果只是记笔记而不去温习笔记,那么就无法有效地发挥笔记的作用,也无法更深刻地掌握和理解笔记中的知识点。

3.多角度学习同一个知识点

我们应该采取多角度学习方法,把外在的知识与自己切身经验结合起来,既用我们的经验来思考知识,又用知识来指导我们的实践,以达到对知识的深入理解。

4.积极思考与练习

学习的本质在于思考,从而使掌握的知识得以升华,使我们更加深刻地内化知识。在学习分析与综合思维方法时,一定要认真思考和领悟其含义和特征,进而思考和把握分析与综合的辩证关系。此外,练习可以让我们重新认识练习的对象。练习不仅能够帮助我们提高理解力和实际操作能力,还能作为反馈学习状况的依据。我们在把握了分析与综合的知识点后,可以通过练习来促进对该知识点的掌握、理解和运用。

典型例题

判断题

请判断下列语句是否正确。

(1)定性分析主要是解决研究对象“有什么用”的问题。　(　　)

(2)分析方法力图把具体的“点”认识透彻,其优点是具体。　(　　)

(3)动态性是综合方法的重要特征。　(　　)

(4)辩证的分析与综合方法是因果分析法的体现。　(　　)

(5)分析与综合是方向相反却相辅相成的对立统一的关系。　(　　)

(6)先有分析,后有综合。　(　　)

答案解析:

(1)×　定性分析是确定研究对象是否具有某种性质或某种成分的分析,主要解决“有没有、是不是”的问题。功能分析主要是解决研究对象“有什么作用”的问题。

(2)×　分析方法将注意力集中在问题的“点”上,力图把具体的“点”认识透彻,其优点是精确。

(3)×　整体性是综合方法的重要特征。

(4)×　辩证的分析与综合方法是矛盾分析法的体现。

(5)√

(6)×　分析是综合的基础,综合是分析的先导;分析为综合做准备,而综合的结果又指导人们继续对事物进行新的分析。辩证的分析与综合是综合之中有分析,分析之中有综合。

简答题

中医诊治的依据是临床望、闻、问、切后获得的病情信息,这是一种从不同角度检查病情和收集临床资料的整体审察。中医学强调对疾病发展和病情衍变的过程在机体上的反映等各种症状信息的获取,通过综合分析进行症候确定。

结合材料分析:中医诊治过程运用了什么辩证思维方法?

答案解析:

本题考查学生对分析与综合的含义及关系的理解。中医诊治先通过望、闻、问、切从不同的角度检查病情,从而收集临床资料,然后对病情进行综合把握,运用了分析与综合相结合的方法。学生组织答案时,要注意把材料和相关知识点有机结合进行分析。

①中医诊治通过望、闻、问、切从不同角度检查病情和收集临床资料,体现了分析的方法。②中医学强调对疾病发展和病情衍变的过程在机体上的反映等各种症状信息的获取,通过综合分析进行症候确定,体现了综合的方法。③整个中医诊治过程都是分析中有综合、综合中有分析,体现了分析与综合的辩证统一。

选择题

1. 在科技创新中,时常存在“管理孤岛”“信息孤岛”“技术孤岛”等现象,各子系统之间的资源、信息、人才等流动不畅,导致科技创新效率低下。消除科技创新中的“孤岛现象”,就要(　　)

①立足关键部分,充分发挥其对整体功能的决定作用

②克服封闭观念,实现系统中各个要素功能的最大化

③用综合的思维方式来认识和处理问题,促进系统优化

④破除体制机制障碍,达到整体功能大于部分功能之和的效果

A.①②　　　B.①④　　　C.②③　　　D.③④

答案解析:

D　“孤岛现象”的突出表现是各子系统之间的资源、信息、人才等流动不畅,这启示我们要用综合的思维方式来认识和处理问题,促进系统优化,③正确。在科技创新中,“孤岛现象”的存在导致科技创新效率低下,这需要破除体制机制障碍,达到整体功能大于部分功能之和的效果,④正确。我们应立足整体而不是立足关键部分,①说法错误。材料强调我们要注重系统内部结构的优化,实现整体功能的最大化,而不是实现各个要素功能的最大化,②排除。故选D。

2. 哲学大师黑格尔说过,用分析的方法来研究对象就好像剥葱一样,将葱皮一层层剥掉,但原葱已经不在了。这句话启示我们(　　)

①认识问题必须坚持先分析后综合的原则

②分析必须抓住内在联系,不能简单地将部分相加

③分析必须与综合相结合,不能单纯地“分”

④认识问题必须在分析的基础上揭示事物的整体

A.①②　　　B.②③　　　C.①④　　　D.③④

答案解析:

D　分析与综合是相互依存、互为前提的。一方面,综合离不开分析,分析是综合的基础;另一方面,分析也离不开综合,综合是分析的先导,没有综合也就没有分析。因此要在分析的基础上揭示事物的整体,要在综合得到的整体中指导分析,既可以先分析后综合,也可以先综合后分析。①说法错误,认识问题既可以先综合后分析,也可以先分析后综合;②说法错误,综合必须抓住内在联系,不能简单地将部分相加。黑格尔的话是说不能只分不联、只分不合,即分析必须与综合相结合,不能单纯地“分”,③④符合题意。故选D。

实战演练

选择题

1. 苏东坡读书采用“八面受敌”法。一本书包含多方面的内容,他会从不同的角度反复研读。从这一角度读,解决这一方面的问题;从另一角度读,解决另一方面的问题。如此步步深入,最后就掌握了这本书的全部内容,书也就读“厚”了。“八面受敌”法启发人们读书要(　　)

A. 运用一般性原理推导出新认识

B.在分析的基础上揭示事物的整体

C.运用矛盾分析方法，在对立统一中把握事物

D.运用综合方法，把注意力集中在问题的“点”上

2.中国的总和生育率，也就是每个妇女平均生育子女数，在1990年时达到2.1的世代更替水平（实现人口稳定须达到的生育水平），随后开始逐渐下降。2020年中国的总和生育率已跌到1.3，属于严重少子化。中国的生育水平之所以下降得这么快，一部分原因是受计划生育政策影响，但根本原因还是社会、经济的发展，尤其是妇女的受教育程度普遍提高，妇女的劳动参与增加等。材料中对我国生育水平下降问题的看法（　　）

①是在分析基础上的综合

②运用了定量分析和定性分析

③是单纯的分析，没有综合

④运用共变法寻求事物的因果联系

A.①②　　B.①③　　C.②④　　D.③④

参考答案：

1.B　　2.A

第九课 理解质量互变

第一框 认识质量互变规律

思维导图

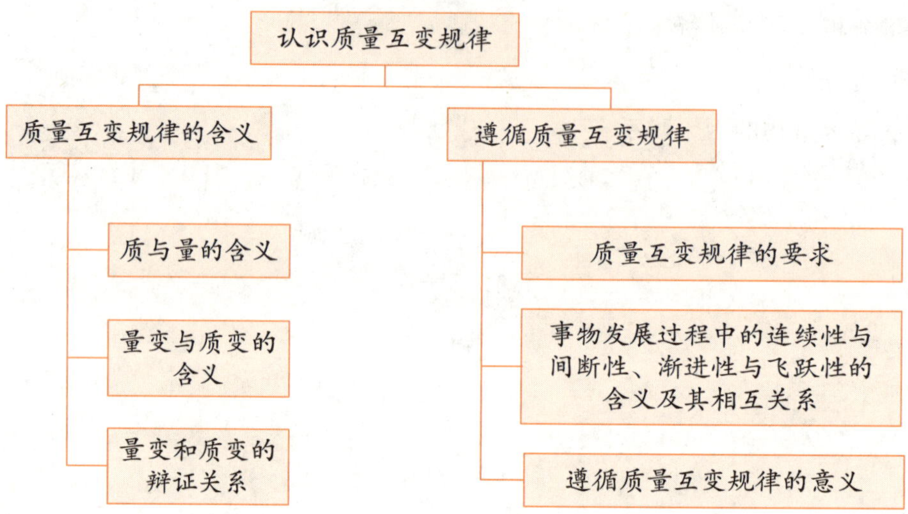

学霸笔记

学习要点

1.质与量

任何事物都是质与量的统一体。

质是一事物成为自身并区别于他事物的内部固有的规定性。此物之所以为此物,并区别于他物,就是由于它具有自身的质的规定性,一旦丧失了自己固有的质的规定性,它就不是原来的此物而变成了他物。质和事物的存在是直接同一的,特定的质就是特定事物的存在本身。一方面,事物是具有一定质的事物,不具有质的事物是没有的。另一方面,质是一定事物的质,离开特定事物的质也是没有的,离开事物的质只是主观的抽象。

量是事物存在和发展的规模、程度、速度等可以用数量表示的规定性,以及事物构成因素在空间上的排列组合方式。例如,物体的大小、运动的快慢、分子中原子的多少和排列顺序、生产力的发展水平和配置等,都是事物量的规定性。量的规定性不同于质的规定性,在一定范围内量的增减并不影响某物之为某物。量总是一定事物的量。离开具体事物的"纯粹"的量,只存在于思维的抽象中。即使像数学这门从"纯粹"形态上研究量的科学,归根到底也是对客观事物的量与量关系的反映。

2.量变与质变

量变与质变是事物变化发展的两种基本状态。

量变即量的变化，是事物数量的增减和场所的变更，是较小的、不显著的变化。日常见到的统一、相持、平衡、静止等，都是事物在量变过程中呈现的面貌。

质变即质的变化，是事物由一种质态向另一种质态的飞跃，是根本性的、显著的变化。统一物的分解，或是相持、平衡、静止等的破坏，就是事物处在质变过程中呈现的面貌。

3. 量变和质变的辩证关系

量变是质变的必要前提。质变是量变的必然结果，体现并保存量变的成果，并为新的量变开辟道路。量变与质变的关系是辩证的。事物的矛盾运动表现为量变与质变及其相互转化。

量变是质变的必要准备。没有量变，就没有质变。第一，质变本身虽然带有突然性，但它的发生却不是偶然的，更不是凭空出现的。客观事物的变化和发展是一个实实在在的过程，而过程总是一步步进行的。第二，在事物的量变酝酿着质变的过程中，往往同时存在着两种方向相反的量。在这种情况下，量变不仅表现为量的绝对值的增减，而且表现为双方力量对比的变化。这种变化不仅是质变的基础和前提，而且决定着质变的方向。

质变是量变的必然结果。量变引起质变，但它本身还不是质变。质变是事物发展过程中连续性的中断。量变达到并超过临界点，就必然引起质变。质变不在量变之外，而在量变之中。同时，量变引起质变还可以从质和属性的关系中得到说明。如前所述，质是通过属性表现出来的，所以改变了事物的属性及其相互关系也就改变了事物的质。量变就是不断地改变事物的属性以及属性与属性的关系，因而必然引起质变。

质变不仅体现和巩固量变的结果，而且会引起新的量变，为新的量变开辟道路。质变意味着发展过程中的飞跃及新事物的产生，意味着新质和新量结合并形成新的度，从而使事物在新度的范围内开始新的量变，开始新的渐进性发展。

4. 质量互变规律的要求

客观事物的质量互变规律要求我们，以统一性的观念正确把握事物发展过程中的量变与质变、渐进性与飞跃性、连续性与间断性的关系。

5. 事物发展过程中的连续性与间断性、渐进性与飞跃性的含义及其相互关系

事物发展过程中的连续性是指事物只是在量上发生了变化，表现在现实中就是这一事物还是它自身，是事物发展中的渐进性过程。事物发展过程中的间断性是指事物在质上发生了变化，是从旧质到新质的飞跃，是渐进性过程的中断，或连续性的间断。这个过程不是事物停止了发展，而是打破旧的质的规定性而代之以新的质的规定性，表现在现实中就是出现了新事物。

正如量变与质变既相互区别又相互包含一样，事物发展过程中的渐进性与飞跃性、连续性与间断性也是相互区别又相互包含的。渐进性与连续性的每一步进展都是对自己的破坏，都在走向自己的反面，即飞跃性与间断性。正是因为有渐进性与连续性的积累，才产生了飞跃性与间断性，所以，飞跃性与间断性包含着渐进性与连续性。

6. 遵循质量互变规律的意义

“不积跬步，无以至千里；不积小流，无以成江海。”路要一步步地走，知识要一点点地积累，没有脚踏实地、埋头苦干的过程，而想“急于求成”“立竿见影”，除了拔苗助长、事与愿违外，不会有别的结果。古今中外的著名思想家、科学家的卓越成就和科学发现，并不是一朝一夕的突然创造，而是他们通过艰苦的探索，长期的准备获得的。所以，我们在工作和学习中应当自觉地遵循质量互变规律，正确把握量变和质变的关系，既要有改天换地的远大目标，又要有一步一个脚印的求实精神；既不要做满足微小进步的庸人，也不要做不务实际的狂想家。

学习心得

1.识记方式

(1)情境记忆法。可以在具体的情境中思考质与量、质变与量变的含义,进而把握量变与质变的辩证关系。比如我们可以通过对以下几个句子的理解把握质与量、质变与量变的具体含义。

第一,量:水的体积、温度、密度、重量、水压等方面的量值。第二,质:作为饮器的杯子应该不漏水、不会割破嘴唇、材料不溶于水。第三,千里之堤,溃于蚁穴;绳锯木断;水滴石穿。

(2)跨学科理解法。我们可以结合其他学科的知识来尝试理解本课知识,将抽象的知识变得更为直观。在学习量变和质变含义时,同学们可以自行观看冰、水和水蒸气的科学实验:在一个标准大气压下,在0~100℃这个幅度内,水保持液态不变。0℃和100℃是它的两个关节点,当温度低于0℃这个关节点时,水就变成了冰;当温度高于100℃这个关节点时,水就变成了水蒸气。可以通过水的量和质发生的变化来尝试归纳量变和质变的含义和特征。

(3)理解记忆法。理解记忆法是理解基础上的记忆和记忆前提下的理解相统一。感性认识是理性认识的基础,没有记忆,不可能上升到理解;而理性认识比感性认识更可靠、更正确、更深刻,没有理解,记忆就像散沙一样,会失去应用的价值。理解记忆的基本条件是对知识的理解和进行思维加工。对质与量、质变与量变的含义及量变与质变的辩证关系的掌握就可以采用此种方法。只有理解并把握了质与量、质变与量变的含义,我们才能掌握量变与质变的辩证关系。

2.主要特点

“认识质量互变规律”这一框,包括两目。第一目“质量互变规律的含义”,主要说明质与量在相互转化之中有怎样的规律性;第二目“遵循质量互变规律”,从如何把握事物变化发展中的渐进性与飞跃性、连续性与间断性方面说明遵循质量互变规律的方法。

这两目内容采用渐进式的讲述方式,以“质量互变规律”为主线,着重阐述了量变和质变的辩证关系。只有理解和掌握了质与量、质变与量变的含义,才能理解质量互变规律。

3.核心观点

量变和质变的辩证关系:第一,量变是质变的必要前提。任何事物的变化都有一个量的积累过程,没有量的积累,质变就不会发生。第二,质变是量变的必然结果。单纯的量变不会永远持续下去,量变达到一定程度必然引起质变。质变体现并保存量变的成果,并为新的量变开辟道路。第三,事物的矛盾运动表现为量变与质变及其相互转化。量变和质变是相互依存、相互贯通的,量变引起质变,在新质的基础上,事物又开始新的量变,如此交替循环,构成了事物的发展过程。

4.比较分析

我们对质与量、质变与量变的含义可以采取比较分析的方法,在比较中把握质量互变的规律。质与量、质变与量变含义是质量互变规律的基础知识点。教材中指出,质是一事物成为自身并区别于他事物的内部固有的规定性;量是事物存在和发展的规模、程度、速度等可以用数量表示的规定性,以及事物构成因素在空间上的排列组合方式;量变即量的变化,是事物数量的增减和场所的变更,是较小的、不显著的变化;质变即质的变化,是事物由一种质态向另一种质态的飞跃,是根本性的、显著的变化。

此外,我们对事物发展过程中的渐进性与飞跃性、连续性与间断性含义也可采取比较分析的方法加以理解。

5. 强化理解

质、量、质变、量变的含义以及量变与质变的辩证关系这些核心内容，需要进行强化理解。

学习诀窍

1. 课前预习要到位

课前预习是为了在课堂上学习新知识时避免“手忙脚乱”的现象发生，有效的课前预习有助于对即将学习的知识有一个大致的了解。针对预习时发现的较难理解的知识，在课堂上会更加专注地听讲，从而解决预习时的困惑，把握相关知识点。在预习本课时，应该利用教材等资料了解质与量、质变与量变的含义，尝试理解量变与质变的辩证关系。

2. 课堂笔记要记清

记笔记可以帮助学生在课堂上集中注意力，而笔记也是课后复习的重要材料。记笔记不一定要方方面面都记，应该着重记重难点、易错知识点，记所学知识的关系，记老师在课堂上拓展的内容。可以利用思维导图来梳理本课知识，复习时在脑海中将具体知识补充完整，达到自我检测、练习的目的。

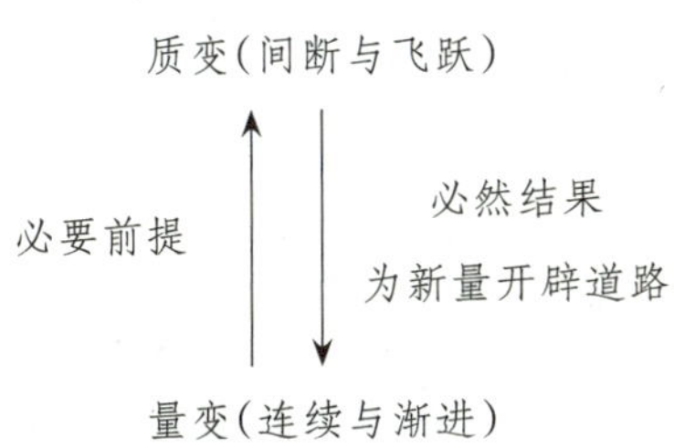

3. 课后复习要及时

心理学家艾宾浩斯研究发现，遗忘在学习之后立即开始，而且遗忘的进程并不是均匀的，最初遗忘速度很快，以后逐渐缓慢。所以，课后及时复习是很有必要的。我们要重点复习量变与质变的辩证关系，可以结合习题复习，也可以尝试搜集体现量变与质变辩证关系的名言、诗文、谚语帮助自己理解。

4. 积极思考与练习

思想政治学科的学习要注重思考，《逻辑与思维》尤其是这样。在学习本课时，一定要积极思考，不是简单地背诵质与量的含义、质变与量变的含义、量变与质变的辩证关系，而是要真正理解，能够做到举一反三、触类旁通，即能利用所学知识观察和理解社会现象，处理学习和生活中遇到的问题。

此外，适当的习题练习必不可少，这有助于我们对所学知识进行巩固，并及时查缺补漏。习题练习不提倡题海战术，应该做一题、会一题，对于错题要及时整理，批注好有关知识点、易错点及错误原因，并时常翻看。

典型例题

判断题

请判断下列语句的正误。

(1)量变比质变更能推动事物的发展。（　　）

(2)只有事物数量的不断增加才能引起质变。（　　）

(3)量的变化的不断积累必然导致质的飞跃。（　　）

(4)事物的发展是从量变到质变再到新的量变的循环往复的上升过程。（　　）

答案解析:

(1)× 量变是一种渐进的、不显著的变化,质变是一种根本的、显著的变化,事物的发展是通过质变来实现的,没有质变就没有发展。

(2)× 量变不仅指事物数量的增减,也包括场所的变更。

(3)√

(4)√

简答题

1.结合材料,运用本课所学知识,回答问题。

由于掌握传统版本的《格萨尔》的说唱艺人越来越少,世界上最长的活形态史诗《格萨尔》的经典资源渐渐消失。为了抢救整理这部史诗,西北民族大学《格萨尔》研究团队遍访说唱艺人,收集资料,对流传于藏族、蒙古族、土族、裕固族等民族的《格萨尔》分别进行整理研究。三代学者的接续努力,为编撰《格萨尔文库》打下坚实基础。2010年该研究团队开始了最后冲刺,2018年《格萨尔文库》终于付梓。《格萨尔》的传承与研究重燃希望,中华民族的文化瑰宝再放光彩。

《格萨尔》的抢救工作如何体现量变和质变的辩证关系?

答案解析:

首先要把材料信息与量变和质变的辩证关系原理结合起来进行分析,这是基本的答题思路。材料中"三代学者的接续努力,为编撰《格萨尔文库》打下坚实基础"体现了"量变是质变的必要准备";"研究团队开始了最后冲刺,《格萨尔文库》终于付梓"体现了"质变是量变的必然结果";"《格萨尔》的传承与研究重燃希望,中华民族的文化瑰宝再放光彩"体现了"由量变到质变,又在新质的基础上开始新的量变,循环往复,不断前进"。

综上分析,《格萨尔》研究团队三代学者的采集、整理、编撰,为出版《格萨尔文库》创造了条件,体现了量变是质变的必要准备。研究团队在前期研究成果的基础上,经过冲刺,使活形态的《格萨尔》成为书面形态的《格萨尔文库》,体现了质变是量变的必然结果。《格萨尔文库》的成功付梓,使《格萨尔》的传承与研究重燃希望,体现了质变为新的量变开辟道路。

2.有人认为,事物的变化发展表现为事物在新质基础上的量变过程。你如何看待这种观点?

答案解析:

正确认识量变与质变的辩证关系是解题的关键。量变引起质变,事物又会在新质的基础上进行新的量变,但不能由此得出结论"事物的变化发展表现为事物在新质基础上的量变过程",因为在新质基础上的量变又会引起新的质变。因此,认为"事物的变化发展表现为事物在新质基础上的量变过程"的观点是错误的。

选择题

杰出科学家都有"毕生成一事"的坚持。袁隆平、屠呦呦、黄大年等人无一不是数十年如一日,在各自专业领域潜心钻研,不断追求,才取得突破性成就。这启示我们要(　　)

A.牢牢抓住主要矛盾　　B.实现质变,必须重视量的积累

C.善于把握矛盾的主要方面　　D.抓住时机,促成质变

答案解析：

B　我国众多科学家在各自专业领域潜心研究，不断追求，才取得突破性成就，启示我们要想实现质变，就必须重视量的积累，故B正确。A、C、D与材料无关。

实战演练

简答题

有人根据“不积跬步，无以至千里；不积小流，无以成江海”认为，认识事物的量变比认识事物的质变更重要，对此你怎么看？

参考答案：

很多名言、成语都饱含着辩证的中国智慧，“不积跬步，无以至千里；不积小流，无以成江海”“绳锯木断”“水滴石穿”等讲的就是量变引起质变的道理，强调了量变的重要性，但不能由此得出量变比质变更重要的结论。量变与质变是既互相区别又互相渗透的关系。事物的发展是通过质变实现的，没有质变就没有发展，因此，“认识事物的量变比认识事物的质变更重要”的观点是错误的。

选择题

1.(多项选择题)习近平总书记在《重整行装再出发，以永远在路上的执着把全面从严治党引向深入》等文中引用古语“禁微则易，救末者难”，意在强调，我们总结党的历史经验和从严治党新要求，提出并实践监督执纪“四种形态”，在高压震慑和政策感召下，一些游走在违纪边缘的干部悬崖勒马，还有更多干部受到警醒。下列与选项中“禁微则易，救末者难”所蕴含道理相似的是(　　)

A.轻者重之端，小者大之源

B.路遥知马力，日久见人心

C.一叶知秋，见微知著

D.凿井者，起于三寸之坎，以就万仞之深

E.善不积不足以成名，恶不积不足以灭身

2.(多项选择题)党的十八大以来，习近平总书记始终把粮食安全作为治国理政的头等大事，高屋建瓴地提出了“确保谷物基本自给、口粮绝对安全”的新粮食安全观。习近平总书记的重要论述，深刻阐明了作为世界上人口第一大国，保障国家粮食安全的重要性。中国依靠自身力量端牢自己的饭碗，实现了由“吃不饱”到“吃得饱”，并且“吃得好”的历史性转变。由过去“吃不饱”到“吃得饱”，并且“吃得好”，表明(　　)

A.量变和质变是事物变化的两种状态

B.“吃不饱”到“吃得饱”的量变是“吃得好”的质变基础

C.坚持适度原则，积极促进“吃不饱”到“吃得好”的飞跃

D.质变体现并保存量变的成果，并为新的量变开辟道路

参考答案：

1.ABDE　　　2.AD

第二框　把握适度原则

思维导图

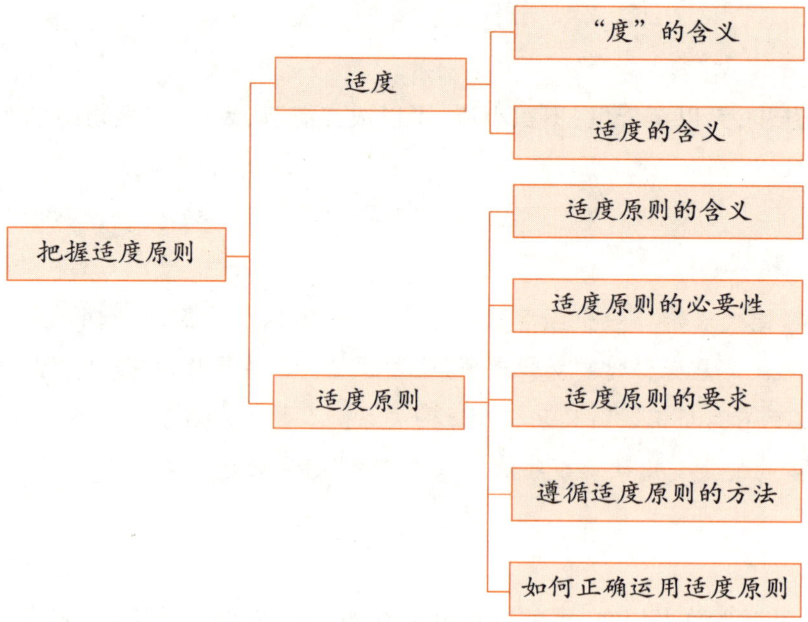

学霸笔记

学习要点

1.“度”的含义

事物质与量的统一体现在“度”中。度是一事物保持自身质的稳定性的量的限度。在度的范围内，质与量相互结合、相互规定。当量的变化达到或超出定量限度时，事物就开始发生质的转化。任何度的两端都存在着关节点或临界点，度是关节点范围内的幅度。关节点是事物量变达到的极限，是引起质变的节点。关于度要明确以下几点。

第一，质和量的统一表现为度。质是使事物得以存在的东西，然而质和存在还需要借助量的规定。通过量的规定，质便获得一定的形式，从而成为具体存在。例如，人只有通过身高、体重、血压等一系列量的规定才能成为现实的、具体的人，否则就只是“人”的抽象。同样，量因为与质相结合而成为具体存在物的量。例如，“一个苹果”的“一”不是单纯的量，而是有“苹果”作为内容的量。因此，任何具体事物都具有一定的质，也具有一定的量，是一定质和一定量的统一体。

第二，度是事物保持自己质和量的限度，是事物的质所能容纳的量的范围。在度中，一定的质规定一定的量，一定的量又制约一定的质。一定的量把一定的质限制在一个确定的范围内，在这个范围内质的稳定性保持着，该事物仍然是它自身；超出这一范围，质的稳定性就遭到破坏，该事物就变为他事物。例如，在一个标准大气压下，水要保持液态，就必须使温度维持在0～100℃，突破0℃或100℃这两个临界点或关节点，液态水就会变成固态的冰或气态的水蒸气。

第三，关节点或临界点是度两端的极限或界限，是不同事物、过程之间相互转化的联结点或转折点。

第四，度作为事物保持自己质的数量界限、范围，它不是固定的一点，而是质在其中运动、变化的幅度。度是特定的质的量的活动范围，它是质在两个关节点或临界点之间的量的变化区间。

2.适度的含义

适度，就是适当的程度。事物的变化是发生在度的范围之内还是超出度的范围，这是区分量变与质变的根本标志。在度的范围之内，事物的质保持不变，质规定着量的运动范围和变化幅度；超出这个范围，事物的质就发生变化，质与量的统一就会破裂。所以，我们在实践活动中要遵循适度原则。

3.适度原则的含义

为了保持我们所需要的事物特定的质，应当把事物的变化控制在度的范围内，防止过犹不及。从思维方式上说，适度原则就是要在“度”的范围内寻求和把握发展的适当程度的原则。适当就是幅度“得当”，而不是“失当”。适度原则要求我们在思考和处理问题时把握好“分寸”，不犯极端化的错误。

4.遵循适度原则的方法

遵循适度原则，并不只是被动地适应事物的存在状态，而是包含着积极地认识和推动事物发展到最佳的状态。适度思维是“得中”而处之的思维。“中”是不偏不倚，无过与不及。“得中”是把持有度，合适且正好。这里的“得中”，不是凡事都采取折中主义的消极的思维方式。折中主义是企图把对立的思想、观点和理论无原则地调和拼凑在一起的做法。其特征和表现是：把矛盾双方等同起来，不分主次；把对立双方调和起来，混淆是非；在原则问题上模棱两可，没有自己独立的见解和坚持的立场。它是一种无原则的思维方式，是形而上学思维方式的表现形式。适度原则和折中主义有所区别，折中主义是一种无原则的思维方式，是形而上学思维方式的表现形式。而适度原则要求我们在度的范围内把握分寸，在权衡利弊的基础上推动事物达到最佳状态，是对质量互变规律和辩证法的积极应用。

5.如何正确运用适度原则

要改变我们不需要的事物的特定的质，就应当积极创造条件，促进事物量的变化，并使其向度的边缘不断发展，使该物转化为他物。“宜将剩勇追穷寇，不可沽名学霸王”，讲的就是量变已达到一定程度时，我们要积极促成事物的质变，使其达到我们所期望的存在状态。

学习心得

1.识记方式

(1)经典故事结合法。辩证思维的方法较为抽象，在理解“度”的含义时，可以结合经典故事来分析了解。如在《论语·先进》中，孔子提到了“过犹不及”，启发我们处理事情要坚持适度原则，要把握事物应有的“度”，极端化的做法要不得。

(2)理论联系实际法。在日常的学习中，我们应学会将知识与生活实际相结合，应用所学的知识去解决实际问题。如在学习和理解遵循适度原则时，我们要学会应用适度原则来分析日常生活中的事情。可以用适度原则分析学习与娱乐的时间分配，从而制订合理的学习和娱乐计划；可以分析使用智能手机的利与弊，和同学一起讨论如何合理使用智能手机；可以分析人脸识别，虹膜识别等人体生物识别技术带来的便利与技术风险；等等。

(3)比较记忆法。适度原则与折中主义的含义有所不同，我们要学会区别。在学习这两个概念的时候，我们可以采用对比记忆法。折中主义也称“折衷主义”，《中国大百科全书(哲学卷)》将折中主义解释为没有自己独立的观点，只是把各种不同的思潮、观点、理论无原则地、机械地拼凑在一起的哲学观点。折中主义的特征和表现是把矛盾双方等同起来，不分主次；把对立双方调和起来，混淆是非；在原则问题上模棱两可,没有自己独立的见解和坚持的立场。它是一种无原则的思维方式,是形而上学思维方式的表现形式。而适度原则认为,为了保持我们所需要的事物特定的质,应当把事物变化控制在度的范围内,防止过犹不及。从思维方式上说,适度原则就是要在"度"的范围内寻求和把握事物发展的适当程度的原则。适当是幅度"得当",而不是"失当"。适度原则要求我们在思考和处理问题时把握好"分寸",不犯极端化的错误。将二者进行对比,可以更好地理解适度原则。

(4)理解记忆法。我们只有深刻理解了知识才能牢固地记住它。理解记忆的基本条件是对知识的理解和进行思维加工。在学习遵循适度原则方法时,可以运用此方法。遵循适度原则不是被动适应,而是在处理事情时"得中"而处之。教材具体阐述了"中"和"得中"的含义,以及"得中"与折中主义的区别。"中"是不偏不倚,无过与不及,"得中"是把持有度,合适且正好。"得中"是区别于折中主义的思维方式。教材的相关链接中也提到折中主义是企图把对立的思想、观点和理论无原则地调和拼凑在一起的做法。只有在理解了这些概念的基础上,我们才能更好地掌握和运用适度原则。

2.主要特点

"把握适度原则"这一框,包括两目。第一目"适度的含义",主要阐述了度和适度的含义。度是一事物保持自身质的稳定性的量的限度。适度,就是适当的程度。事物的变化是发生在度的范围之内还是超出度的范围,这是区分量变与质变的根本标志。第二目"掌握适度原则",主要阐述了适度原则的含义、遵循适度原则的方法和如何正确运用适度原则,着重阐述了遵循适度原则不是被动地适应,而是在处理事情时要"得中"而处之,就是要保持我们需要的事物的质的状态。

这两目内容采用渐进式的讲述方式,以"适度原则"为主线,着重阐述了度、适度、适度原则的含义以及遵循适度原则的方法和如何正确运用适度原则,其中"适度原则"是本框的核心概念,只有理解和掌握了度、适度和适度原则的含义,才能掌握遵循适度原则的方法。

3.核心观点

本框第一目"适度的含义",阐述了度和适度的含义;第二目"掌握适度原则",阐述了适度原则的含义、遵循适度原则的方法以及如何正确运用适度原则。其中"掌握适度原则"是本框的核心观点。从思维方式上说,适度原则就是要在"度"的范围内寻求和把握事物发展的适当程度的原则。适当就是幅度"得当",而不是"失当"。首先,在了解适度原则含义的基础上,理解适度原则的方法,遵循适度原则不是被动地适应,而是在处理事情时"得中"而处之。其次,要理解"中"是不偏不倚,无过与不及。"得中"是把持有度,合适且正好,"得中"是区别于折中主义的思维方式。最后,进一步理解遵循适度原则需要"得中",就是要保持我们需要的事物的质的状态。但又不能限于"得中",当我们不需要事物的特定的质时,就要创造条件促进事物发生质变,促使该事物向他事物转化,积极促成事物的质变,使其达到我们所期望的存在状态。

4.比较分析

我们对"中"与"得中"、折中主义与适度原则等含义可以采取比较分析的方法。"中"是不偏不倚,无过与不及。"得中"是把持有度,合适且正好。"得中"是区别于折中主义的思维方式。折中主义是企图把对立的思想、观点和理论无原则地调和拼凑在一起的做法。其特征和表现是不分主次、混淆是非、模棱两可、没有自己独立的见解和坚持的立场。这是一种无原则的思维方式,是形而上学思维方式的表现形式。遵循适度原则并不是奉行碌碌无为的折中主义。把折中主义、"中"、"得中"的概念与适度原则的概念进行对比,更容易理解适度原则的相关内容。

5. 强化理解

适度原则的含义、遵循适度原则的方法以及如何正确运用适度原则的内容，需要进行强化理解。

学习诀窍

1. 课前预习、课后及时复习

通过预习，可以对适度、适度原则有个初步的了解，带着问题听课，并且把自己对知识的理解与老师讲解的内容进行比较，加深对新知识的理解和记忆，纠正自己的某些片面认识。课后要及时复习，不留疑点。要在做各种习题之前将本框知识点复习一遍，尽量去回忆，而不是立即翻书。对于有些一时难以解出的题目，应认真分析，尽量自己解决。实在解答不了的可以请教老师和同学。总之，本框知识点较多，要进行及时整理和归纳，把知识的点、线、面结合起来交织成知识网络，纳入自己的知识体系。

2. 多角度学习同一个知识点

在新知识的学习过程中，我们的大脑会通过固有模式来接受新的知识点。有的时候，我们花很长时间学习一个知识点，但就是记不住、不理解。如果出现这种情况，可以暂时跳过，而后尝试采取其他的方式进行学习，如查阅资料、看线上课程或视频等。尝试着将自己变成一个“放养”的学习者——在知识的草原上四处游弋；而不是一个“圈养”的学习者——只采用一种方式进行学习。

3. 积极思考与练习

学习中要多问为什么，一个问题可以从不同的角度去思考，要做到举一反三、融会贯通。思考是我们掌握知识、发现新问题、掌握规律的必经过程。在学习适度这一知识点时，一定要认真思考、领会何谓适度。此外，要进行练习，做练习题是对知识点的回顾。做题时，要注意积极思考，将问题和知识点联系起来。做题本身不是最终目的，不要搞题海战术，做题要讲究“精”。所谓“精”，就是做一道题，就要掌握这一类题的解决方法。制作集错本，专门将自己的错题集中起来，并分析出原因以警示自己。我们在把握适度原则的含义、遵循适度原则的方法以及如何正确运用适度原则的内容时，可以通过练习以达到对此类知识点的熟练掌握和运用。

4. 编制复习提纲

在认真看书的基础上，将本单元基础知识总结为简单的复习提纲，然后离开课本按提纲默想或默写主要内容，做到融会贯通、举一反三。对重要思路和推理方法等，要归类对比，将其转化为自己的实际技能。

典型例题

选择题

1. 下列说法能反映要坚持适度原则的是(　　)

A. 长江后浪推前浪　　B. 水可载舟，亦能覆舟　　C. 杯弓蛇影

D. 实践出真知　　E. 物极必反　　F. 城门失火，殃及池鱼

答案解析：

E　A是发展的观点；B是矛盾的观点；C是透过现象看本质；D是实践是检验认识正确与否的唯一标准；E是量变与质变的辩证关系原理（要坚持适度原则）和矛盾双方在一定条件下相互转化；F是联系的观点。

2.教育要循序渐进,要静待花开,要"唤醒",而非"催熟"。这句话体现了(　　)

①规律具有客观性　　②事物的联系都是本质的联系

③要坚持适度的原则　　④要充分发挥主观意识的作用

A.①②　　B.②④　　C.①③　　D.③④

答案解析:

C　①③符合题意,教育要循序渐进,要静待花开,要"唤醒",而非"催熟",体现了规律具有客观性,要遵循教育规律,要坚持适度的原则;②错误,事物的联系是多样的,而不都是本质的联系;④不符合题意,题意主旨强调的是要尊重规律的客观性,而不是要充分发挥主观意识的作用。

3.喜好是一把"双刃剑",没有兴趣爱好的人生,必定苍白无味。但如果对喜好纵情沉溺,盲目"陶陶然乐在其中",则可能误入歧途、走向极端,甚至因之肆意妄为、吞下苦果。这启示我们要(　　)

①坚信事物发展的前途是光明的　　②善于抓住时机,积极促成质变

③在矛盾的对立统一中把握事物的本质　　④坚持适度原则,防止不利质变

A.①②　　B.①④　　C.②③　　D.③④

答案解析:

D　量变是质变的必要前提,质变是量变的必然结果。"没有兴趣爱好的人生,必定苍白无味。但如果对喜好纵情沉溺,盲目'陶陶然乐在其中',则可能误入歧途、走向极端",启示我们要坚持适度原则,防止不利质变,在矛盾的对立统一中把握事物的本质,③④正确。

4.下列选项中,与坚持适度原则无关的是(　　)

A.因地制宜　　B.掌握火候　　C.注意分寸　　D.适可而止

答案解析:

A　解答此题的关键是理解度的含义。度是指事物保持自己的质的数量限度,它体现着质和量的统一。掌握事物的度具有重要的意义。在认识上,只有把握了事物的度,才能准确地认识事物的质。在实践上,防止"过"或"不及","注意分寸""掌握火候""适可而止""过犹不及"等,都是要求在实践中坚持适度原则。因地制宜是具体问题具体分析。

5.推动全球治理体系改革既需要各国加强合作,同呼吸共命运,又要敢破敢立,不能让结构性风险进一步集聚,成为各国未来发展的"软肋"。这给我们的哲学启示是(　　)

①坚持联系的观点,掌握系统优化的方法　　②坚持适度原则,防止过犹不及

③重视部分作用,使整体服从部分　　④深化合作,实现全球治理的共赢

A.①②　　B.①④　　C.②③　　D.③④

答案解析:

A　推动全球治理体系改革既需要各国加强合作,同呼吸共命运,体现了坚持联系的观点,掌握系统优化方法,①正确;要敢破敢立,就是坚持适度原则,防止过犹不及,故②入选;③说法错误,不选;④不是哲学观点,故不选。

实战演练

选择题

1.解放战争胜利前夕，毛泽东同志在《七律·人民解放军占领南京》一诗中，以古鉴今，写下“宜将剩勇追穷寇，不可沽名学霸王”的著名诗句。这启示我们（　　）

A.要把握适度原则，保持事物性质稳定

B.要做好量的积累，为质变创造条件

C.要果断抓住时机，促成事物的质变

D.要坚持统筹兼顾，注意把握全局

2.中国的城镇化建设必须坚持18亿亩耕地的红线不能突破，这不仅关系着十多亿中国人的生存，而且关系着中国的可持续发展。这表明（　　）

A.事物的联系是普遍的、无条件的

B.要坚持适度原则，把量变控制在一定限度内

C.事物的发展是前进性与曲折性的统一

D.事物的发展具有普遍性

参考答案：

1.C　　2.B

简答题

材料一：为无为，事无事，味无味。大小多少，报怨以德。图难于其易，为大于其细。天下难事，必作于易，天下大事，必作于细。是以圣人终不为大，故能成其大。夫轻诺必寡信，多易必多难。是以圣人犹难之，故终无难矣。

——摘自《老子·道德经》

材料二：积土成山，风雨兴焉；积水成渊，蛟龙生焉；积善成德，而神明自得，圣心备焉。故不积跬步，无以至千里；不积小流，无以成江海。骐骥一跃，不能十步；驽马十驾，功在不舍。锲而舍之，朽木不折；锲而不舍，金石可镂。蚓无爪牙之利，筋骨之强，上食埃土，下饮黄泉，用心一也。蟹六跪而二螯，非蛇鳝之穴无可寄托者，用心躁也。

——摘自《荀子·劝学》

结合上述材料，分析为什么“天下难事，必作于易，天下大事，必作于细。是以圣人终不为大，故能成其大”。

参考答案：

①两则材料体现了质量互变规律。量变是质变的必要前提，质变是量变的必然结果，体现并保存量变的成果，并为新的量变开辟道路。②遵循适度原则，并不只是被动地适应事物的存在状态，而是包含着积极地认识和推动事物发展到最佳的状态。要改变我们不需要的事物的特定的质，就应当积极创造条件，促进事物量的变化。

第十课 推动认识发展

第一框 不作简单肯定或否定

思维导图

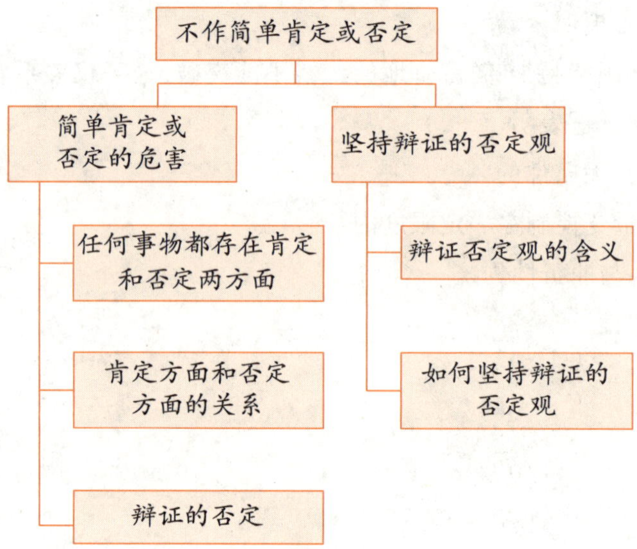

学霸笔记

学习要点

1.肯定与否定

日常生活中的肯定与否定，指的是人们对事物所持有的赞成、同意或者反对、不同意的态度，是一种主观意愿的表达。教材里的肯定与否定则是一种哲学概念，表示的是事物内部矛盾的两个方面。从哲学角度来看，世界上的任何事物内部都包含着肯定与否定这两个相互矛盾的方面，肯定方面是事物保持自身存在的方面，即肯定这一事物为它自身的方面，否定方面是促使该事物灭亡的方面，即促使它转化为他事物的方面。

2.肯定与否定之间的关系

事物内部的肯定方面与否定方面，具有对立统一的关系。一方面，事物内部的肯定方面与否定方面是对立的，肯定不是否定，否定也不是肯定。肯定方面维系着事物的质的规定性，是事物保持自身存在的方面，即肯定这一事物为其自身的方面，当肯定方面处于优势时，事物就会保持其原有的性质和自身的存在；否定方面是促使该事物灭亡的方面，即促使该事物转化为他事物的方面，当否定方面在发展中处于支配地位时，事物就会改变自身的根本性质，实现对自身的否定。另一方面，事物内部的肯定方面与否定方面又是统一的。首先，肯定中包含否定。任何事物中都包含着肯定因素与否定因素，二者的对立与斗争，必然使事物的发展进入自我否定阶段，并因自我否定而自我更新。其次，否定中包含肯定。否定并不是全盘否定，矛盾斗争的结果不是将矛盾双方消解为虚无，而是产生新的规定性。在事物的发展过程中，相对于肯定阶段来说，否定阶段是较后也是较高的环节，它包含着肯定，同时又具有比肯定更为丰富的内容，更能体现出事物发展的辩证法。

3. 简单肯定或否定的危害

事物内部的肯定方面与否定方面具有对立统一的辩证关系，这就要求我们看待事物、解决问题不能简单地肯定一切或否定一切。简单地肯定一切是错误的，因为它否定了事物内部包含否定方面，认为某物就是某物，不可能变成他物。其错误在于只要继承，不要变革，抹杀了新旧事物之间的界限，否定了事物的发展。同样，简单地否定一切也是错误的，因为这是一种全盘否定，彻底抛弃，否定成了对事物的消灭和发展的中断，其错误在于割裂了新旧事物之间的内部联系。简单肯定一切或否定一切，就会得出“好的就是好的，不好的就是不好的”这样简单肤浅的结论，这是一种形而上学的僵化思维，在实践中都是有害的。

4. 否定之否定

任何事物的发展过程本质上都是矛盾的发展过程，而矛盾的发展过程都要经历从潜在的矛盾到矛盾展开、尖锐化，再到矛盾解决这三个阶段，也就是说任何事物的发展的完整的过程都要经历“肯定—否定—否定之否定”三个阶段，即从肯定到对肯定的否定，最后到对否定的否定。否定之否定规律从内容上揭示了事物自我发展、自我完善的过程，从形式上揭示了事物发展的前进性和曲折性相统一的道路。事物的发展既是前进的又是曲折的，即事物发展的总趋势是前进的、上升的，而事物发展的道路是曲折的，这是由辩证否定的本性决定的。坚持前进性和曲折性相统一，必须反对形而上学的“循环论”和“直线论”。

5. 辩证的否定

唯物辩证法认为，否定包含着肯定，同时又具有比肯定更为丰富的内容。列宁指出，辩证法自身包含着否定的要素，并且这是它的最重要的要素。这种包含肯定自身的否定，就是辩证的否定。辩证的否定，是在事物内在矛盾推动下而进行的自身否定。辩证的否定是事物的发展环节和联系的环节。事物自身的辩证否定，不是对原有事物的简单抛弃，而是舍弃原有事物中陈旧的、消极的东西，吸取、保留原有事物中积极的、有生命力的东西，并以改造过的形式作为自身存在和发展的条件。所以辩证否定就是“扬弃”，就是既克服又保留。克服体现着事物发展过程中的间断性，保留体现着发展过程中的连续性。

6. 辩证的否定观

辩证的否定观是关于辩证否定的根本观点，即否定是事物内在矛盾引起的自我否定；辩证的否定是发展环节和联系环节的统一，既不是简单地肯定一切，也不是简单地否定一切，而是既肯定又否定，既克服又保留。辩证的否定观把否定看作事物的发展环节和联系环节的统一。任何事物的发展，都要否定自己从前的存在形式，否则就没有新旧事物的区别。同时，任何事物的发展过程又具有连续性，新事物是从旧事物中产生的，它必然要吸收旧事物的合理因素来丰富自己。辩证的否定观和形而上学的否定观是对立的。形而上学否定观否认事物自身的矛盾，把事物的否定看作外在的力量，并把否定和肯定割裂开来，绝对对立起来。它或者只看到肯定，从而肯定一切；或者把否定看作对肯定的东西的简单抛弃，不承认否定与肯定之间的联系，因而任意地否定一切。这两种倾向都会导致思想的片面性和绝对化，违背事物自身否定的辩证本性，对人们的认识和实践产生有害的影响。

7.坚持辩证的否定观

坚持辩证的否定观,要求我们深刻把握肯定与否定之间的辩证关系。否定是对旧事物整体、旧矛盾统一体的否定,否则旧事物就不能灭亡,新事物就不能产生。否定中包含的肯定是对旧事物整体、旧矛盾统一体中合理因素的肯定与保留,这种保留也不是原封不动地将其搬到新事物中,而是经过改造,把它们包含在新事物之中。辩证的否定观要求我们在考察事物时,必须同时看到它的肯定方面与否定方面。如果看不到肯定方面,就不能正确把握事物当前的性质;如果看不到否定方面,就不能正确展望事物发展的前途。辩证否定的原理要求我们树立全面的观点,既看到联系,又看到发展,从联系中把握发展,从发展中把握联系。在对待历史文化遗产时,既要反对虚无主义又要反对复古主义,要对其进行创造性转化和创新性发展。在工作中要正确地、全面地认识事物,反对形而上学,反对思想上的绝对化和片面化。面对百年未有之大变局,习近平总书记提出要善于"在危机中育新机,于变局中开新局",就是坚持了辩证的否定观。

学习心得

1.识记方式

(1)理解记忆法。理解是记忆的前提和基础,因此,理解是最基本最有效的记忆方法。我们要深刻理解肯定、否定、辩证否定等哲学概念,把握辩证否定观的思想精髓。掌握本框内容可从分析简单肯定一切或否定一切的具体案例入手,理解事物内部肯定方面与否定方面的辩证关系,把握其中的哲学思想与辩证思维,坚持辩证否定观,不作简单肯定一切或否定一切的判断,以此指导生活实践。

(2)情境记忆法。本框的哲学内容比较抽象,可以通过创设相关生活情境帮助记忆。如在探讨肯定与否定的关系时,我们可以借助社会形态发展从低级到高级的演进过程来帮助理解,可以用种子—植物—种子的发展变化的过程理解肯定—否定—否定之否定这一辩证否定的过程。

(3)关联记忆法。本框内容是对高中思想政治必修4《哲学与文化》教材中的马克思主义认识论和辩证法等内容的补充和拓展,着眼于辩证思维方法的引导、学习和训练。在记忆本框内容时,我们可以以马克思主义认识论和辩证法的相关内容为基础,将新内容与之关联并深化理解,这样有助于加深我们对辩证否定观的理解和记忆。

(4)多通道记忆法。哲学概念比较抽象,要记住本框的相关内容,可以调动视觉、听觉、触觉等多种感知觉参与记忆,这种记忆方法效果比单通道记忆效果好得多。在本框内容的学习中,要充分调动人脑视觉中枢、听觉中枢、语言中枢等各个部位的积极性,协同记忆,这对于提高记忆速度和质量大有帮助。

2.主要特点

在学习这一课内容之前,我们已经学习了辩证思维的含义与基本特征、了解了质量互变规律、把握了适度原则,对辩证思维有了初步的认识和理解。在此基础之上,如何正确运用辩证思维,有效推动人类认识不断向前发展,就显得非常重要。本框关注"不作简单肯定或否定",就是要求我们正确把握事物内部肯定方面与否定方面的辩证关系,看待事物、解决问题时避免简单肯定一切或否定一切,从而陷入主观的、极端的思维方式,犯形而上学的错误。本框内容的设置目的是引导我们在对辩证思维的含义、特征和相关原则学习的基础之上,学会正确使用辩证思维。

3.核心观点

(1)任何事物内部都包含着肯定与否定两个方面。唯物辩证法认为,任何事物内部都包含着维持其存在的肯定方面和否定其存在的否定方面,这是事物存在的基本方式。

(2)事物内部的肯定方面与否定方面是辩证统一的。一方面肯定方面与否定方面是对立的,当肯定方面处于优势时,事物就会保持其原有的性质和自身的存在;当否定方面在事物发展中取得支配地位时,事物就会改变自己的根本性质,实现对自身的否定。另一方面肯定方面与否定方面又是统一的。肯定中包含着否定,否定中包含着肯定。事物发展经历了肯定—否定—否定之否定的辩证发展过程。

(3)坚持辩证的否定观,不作简单肯定或否定,避免犯形而上学的错误。坚持辩证的否定观,要深刻把握肯定与否定之间的辩证关系,用辩证思维对待事物,既看到事物中积极的肯定因素,又看到事物中的否定因素,对事物不作简单肯定或否定,避免采取主观的、极端的思维方式看待事物,防止犯形而上学的错误。

4. 比较分析

简单肯定一切只看到事物中的积极因素,对其消极方面却视而不见。比如,有人认为维生素多多益善,因此忽视过量摄入维生素可能造成的危害。简单否定一切只看到事物中的消极因素,对其积极方面却视而不见。比如,有人宣称"宁死不吃中药,不看中医",是忽视了中医在治疗和保健方面的积极作用的表现。将这两种看待事物的方式进行比较分析会发现,一种表现为全盘接受,另一种表现为全盘否定,虽然两者看上去大相径庭,但其实质都是主观的、极端的形而上学的僵化思维方式。这种僵化的形而上学思维方式又可以和辩证思维方式形成对比,用辩证思维方式看待问题,就会得出"维生素有益身体健康,但补充维生素不可过量""中医药有其不科学的因素,但也有非常重要的积极作用,要正确看待,合理利用"这样的科学结论。这种对比分析有助于我们深化对辩证思维和形而上学思维的把握。

5. 强化理解

辩证的否定观是这一框的核心内容,需要进行强化理解。我们可以用辩证思维训练强化对辩证的否定观的理解。从对立统一的角度看,任何事物内部都包含着肯定方面与否定方面,肯定方面与否定方面的统一斗争推动事物的运动、变化和发展,这就提醒我们要用全面、辩证、发展的眼光看待事物,既看到事物的肯定方面,又看到事物的否定方面,不作简单肯定一切或否定一切的判断。

学习诀窍

1. 把握辩证关系

本框包含着深刻的哲学思辨的矛盾性内容,需要我们运用辩证唯物主义思想把握其中的辩证关系,既要看到事物的肯定方面与否定方面的对立性、矛盾性,又要看到其内在的统一性和相互转化。只有把握辩证关系,才能理解简单肯定一切或否定一切的危害。

2. 化抽象为形象

本框内容是抽象的哲学思辨,在学习时要善于化抽象为形象,可以通过创设具体的情境来帮助理解。比如,可以结合教材中的案例来加深理解,可以补充学习有关"维生素与健康""中医的近代遭遇与现代发展"等知识,使抽象的知识形象化、具体化。

3. 坚持综合分析

综合分析既是学习本框内容的方法,也是进行辩证思维的重要方法。综合分析的核心是充分认识到事物的复杂性和发展性,对事物进行客观全面的分析研判,不作简单化处理。

典型例题

选择题

1.下列说法体现辩证否定观的是(　　)

A.百尺竿头,更进一步

B.终日乾乾,与时俱进

C.取其精华,弃其糟粕

D.是就是,不是就不是

答案解析:

C　A、B、D不能体现辩证否定观的“扬弃”。A和B强调的是不断积累,D是典型的简单肯定与简单否定。

2.“微信拜年”“欢乐抢红包”成为近年来人们欢度春节的重要内容。春节拜年经历了登门拜访—电话拜年—短信拜年—微信拜年的过程,这体现了(　　)

A.矛盾双方的统一推动事物发展

B.所有新出现的事物一定是新事物

C.真理是具体的、有条件的

D.事物发展是一个辩证否定的过程

答案解析:

D　拜年形式的变化,既是对前一种拜年方式的否定,又是对它的继承和创新。

3.“青出于蓝而胜于蓝”这句话包含的辩证思维道理是(　　)

A.辩证的否定是事物联系和发展的环节

B.事物的发展是从质变开始的

C.辩证否定是一事物对另一事物的否定

D.事物的否定是对旧事物的保留

答案解析:

A　“青出于蓝而胜于蓝”中的“青”与“蓝”是有传承的联系关系,同时“青”又是对“蓝”的发展。

4.坚持辩证否定观,正确对待传统文化应该做到(　　)

A.肯定一切　　B.否定一切　　C.肯定中有否定　　D.赞成和反对一切

答案解析:

C　A、B、D选项都不是辩证否定。

实战演练

判断题

1.辩证否定是事物的自我否定。（　　）
2.否定不是事物内在矛盾引起的自我否定。（　　）
3.辩证否定的实质是“扬弃”。（　　）
4.事物的否定是对旧事物的保留。（　　）

参考答案：

1.√　　2.×　　3.√　　4.×

选择题

1.“不破不立，破而后立”这句话告诉我们（　　）
①要有“是就是，不是就不是”的思维方法　　②辩证的否定是事物联系和发展的环节
③要有辩证法的革命批判精神和创新意识　　④辩证否定是对既往的否定和对现实的肯定
A.①③　　B.①④　　C.②③　　D.②④

2.习近平总书记多次强调要坚持守正创新的工作方法，推动各项工作不断前进。对“守正创新”的正确理解是（　　）
①辩证否定是联系的环节，“守正”是“创新”的基础
②“守正创新”是实现新事物代替旧事物的根本途径
③“守正创新”的实质是“扬弃”
④“守正”就是否定过去，“创新”就是肯定现在
A.①③　　B.②③　　C.①④　　D.②④

3.“小疑则小进，大疑则大进”这句话告诉我们（　　）
A.对旧事物的否定要彻底
B.要把否定看作事物发展的动力
C.要坚持辩证否定观，揭示事物的本质和规律
D.事物自己否定自己，自己发展自己

参考答案：

1.D　　2.A　　3.C

第二框 体会认识发展的历程

思维导图

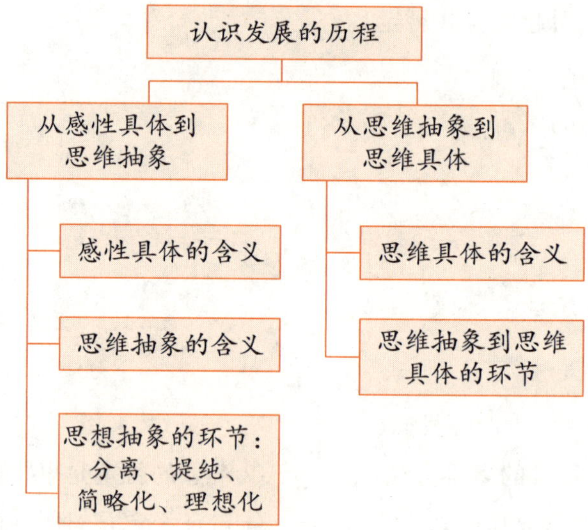

学霸笔记

学习要点

1.感性具体

事物是现象和本质的统一体。人们通过具体的感官感知具体事物，比如初到一所学校，首先看到它的教室、宿舍、食堂、操场、花草树木等。通过感官感知到的认识对象总是具体的、形象的，我们称之为感性具体，这是一种直观的整体表象，是事物多种多样的现象和外部联系在头脑中的反映。感性具体是认识的初级阶段，包括感觉、直觉、表象等。其特点是直接性、生动性和具体性。要想获得感性具体，必须亲自参加社会实践，直接接触客观事物。感性具体虽然是对事物的整体认识，但仍然停留在事物的外部形象上，尚未达到对事物的内部联系和本质的认识，没有把握本质与现象相统一的事物整体，因而它对事物的认识还不完全。

2.思维抽象

思维抽象是指从多样性统一的事物整体中抽取某一方面的本质规定，或者从其个性中抽取共性的思维活动。抽象有本体论、认识论和方法论等不同层面的含义。本体论意义上的抽象指的是客观事物中包含着的同类事物中共同的东西。例如，马克思分析生产商品的劳动二重性时指出“作为相同的或抽象的人类劳动”，这里的“抽象”是在客观的意义上使用的。认识论意义上的抽象是认识的成果，人们通常把看不见、摸不着的东西称为抽象，如抽象概念、抽象理论。方法论意义上的抽象是认识方法，是指在思维中把事物的某个属性抽取出来并舍弃其他属性的方法。思维抽象中的“抽象”，就是一种方法论的理解，是一种重要的思维活动。这里还有一个易混的概念——抽象思维，抽象思维与形象思维相对应，是一种思维类型，是理性认识阶段。而思维抽象则是一种思维活动，思维抽象这个思维活动过程需要抽象思维这个思维类型的参与，但思维抽象不是抽象思维。

3. 思维抽象的过程

思维抽象的过程千差万别。分离、提纯、简略化、理想化是科学的思维抽象的重要环节。分离——思维抽象的起始环节。任何一种科学认识都必须根据实践的要求,确立特定的研究对象。分离就是暂时不考虑研究对象与其他对象之间可能存在的各式各样的联系,将其与其他对象分割开来、从与其他对象的联系中抽离出来。提纯——思维抽象的关键环节。事物的现象总是错综复杂地交织在一起的。没有合理的纯粹化,就难以揭示事物某一方面的性质和规律。提纯就是在思想中排除那些干扰人们认识的因素,以便在某种单一的状态下研究事物某一方面的性质和规律。简略化——表述思维抽象结果的环节。表述认识的结果也要简略化。简略化就是对单一状态下的认识事物的结果进行简略化处理,或对认识结果的一种简略化表达。理想化——思维抽象的一种特殊形式。理想化是在思维中对认识对象存在状态的纯然构想。虽然在自然状态中,思维所抽象的那种事物的理想化状态并不存在,但在思维中设想的这种状态,有利于人们揭示认识对象的本质和规律。

4. 思维具体

思维具体是指在理性认识的层次上反映事物具体整体的认识,是人们在思维中把事物各个方面的本质规定按照其内在联系综合起来,形成关于事物整体的本质和规律的认识。它是多样性统一的事物整体在思维中的再现,表现为具有丰富内涵的科学概念。思维具体是思维活动的结果,而不是起点。马克思指出,具体之所以具体,因为它是许多规定的综合,因而是多样性的统一。因此它在思维中表现为综合的过程,表现为结果而非起点。思维具体是现实中的具体的理性反映,它在社会实践基础上产生,并须在社会实践中检验、完善和发展。

5. 思维上升的环节

从思维抽象发展到思维具体,需要正确地选择思维上升的环节,需要选择合适的上升起点。这个起点应该是某一认识领域里最简单、最基本的概念,是对研究对象的基本单位的反映。它能以"胚芽"的形式,包含着研究对象整个发展过程中的一切矛盾。把这个"胚芽"扩展开来,就能展现出一个完整的对象。上升的起点,往往是某一认识对象的矛盾焦点。随着认识的发展,起点中所包含的种种矛盾会逐一展现出来。这些一一展现出来的矛盾是认识发展的环节,也是思维从抽象逐步走向具体的桥梁。比如马克思在《资本论》中,将"商品"作为剖析资本主义社会的逻辑起点,通过商品—货币—资本的演进分析,探讨了资本主义社会内在矛盾的不可克服性,为社会主义革命提供了理论基础。通过"商品"这个包含着整个资本主义社会变化发展的"胚芽"概念,逐步展开的思维具体,展现了完整的资本主义社会的发展景象,实现了对资本主义本质和规律的认识。

6. 思维过程的阶段

从感性具体到思维抽象,再从思维抽象到思维具体,这是思维过程的两个基本阶段。马克思指出,在第一条道路上,完整的表象蒸发为抽象的规定;在第二条道路上,抽象的规定在思维行程中导致具体的再现。这两个阶段相互依赖,不可分割,共同构成了认识具体对象的完整的过程。从感性具体到思维抽象过程是由思维抽象上升到思维具体过程得以进行的前提和准备,而从思维抽象上升到思维具体过程则是对由感性具体到思维抽象过程的升华。另外,从思维抽象上升到思维具体的过程中,由感性具体到思维抽象的过程仍然发挥作用,因为上升的过程不是一经形成就固定不变的,而是需要不断地概括新的感性材料,使每一个规定性的内容不断得到充实和完善,另外,上升的过程还需要不断地返回感性具体,与具体事物相对照,接受实践的检验。

学习心得

1.识记方式

(1)理解记忆法。理解是记忆的前提和基础,因此,我们需要深入理解认识发展的两个过程的内在联系,理解思维抽象的具体环节、从思维抽象到思维具体的上升起点等相关概念和思维过程,才能有效识记和把握本框知识点。

(2)案例记忆法。哲学概念比较抽象,要记住本框的相关内容,可以化抽象为形象,使用形象的案例来辅助记忆。教材中提到的到一所学校的最初印象、数学中“交换”概念的形成、自然学科中对理想状态的设想、从自然界雷电现象到电磁波理论的成熟、《资本论》中从商品到货币再到资本的逻辑演进等案例,都有助于我们去把握教材中的抽象哲学概念。此外我们还可以用“庖丁解牛”的故事帮助我们记忆。庖丁初学解牛时,只对牛的外部特征有直观的认识,不知道该从何处下手,经过一段时间的实践之后,他初步知道了牛的内部结构,这时呈现在他面前的牛,已经不是一头完整的牛,他对牛的认识从感性具体深入到思维抽象,达到“庖丁解牛,目无全牛”的阶段。再经过一段时间的实践之后,庖丁弄清了牛的内部结构和外部特征之间的关系,这时呈现在他面前的牛,又成为一头完整的牛。这时,庖丁才达到了对牛认识的最高境界。从某种意义上说,从具体案例出发去理解抽象概念,最后到能够灵活运用,这本身就是一种从感性具体到思维抽象再到思维具体的过程。

(3)比较记忆法。感性具体、思维抽象、思维具体三个概念既相互区分,又有内在的联系。可以通过比较其异同从而建立起内在的联系,以方便理解和记忆。

2.主要特点

这一课之前,我们学习了辩证思维的含义与基本特征、了解了质量互变规律、把握了适度原则,对辩证思维有了初步的认识和理解。在此基础之上,如何正确运用辩证思维,有效推动人类认识不断向前发展,就显得非常重要。本框关注“推动认识发展”,就是要在前面“避免简单肯定一切和简单否定一切”学习内容的基础之上,阐述人类的认识如何实现从感性具体到思维抽象,以及从思维抽象到思维具体的飞跃,从而实现从感性认识上升到对事物本质的把握。这两个飞跃实现的思维具体,是人类形成真理性认识的前提。

3.核心观点

(1)从感性具体到思维抽象是认识发展的第一个阶段。感性具体是一种直观的整体表象,它只停留在事物的外部形象上,对事物的认识还不完全,需要发展到思维抽象,即经过分离、提纯、简略化和理想化等多种方式,从多样性统一的事物整体中抽取某一方面的本质规定,或者从其个性中抽取共性,这样就能更深入了解事物某一方面的内在规律和本质。

(2)从思维抽象到思维具体是认识发展的第二个阶段。思维抽象虽然解释了事物的某些方面的内在规律和本质,但其形成的是对事物零散的、片面的认识,还不能把握事物整体的本质和规律,要想在思想中再现活生生的、内容丰富的具体事物,认识必须从思维抽象发展到思维具体,从而在理性认识的层次上反映事物具体整体的认识,在思维中把握事物各个方面的本质规定,按照其内在的联系综合起来,形成关于事物整体的本质和规律的认识。

(3)分离、提纯、简略化、理想化是科学的思维抽象的具体环节。一项具体的认识活动,不可能对现象之间的所有关系都加以考察,必须将研究对象与其他对象进行分离。事物现象总是错综复杂地交织在一起,没有提纯的合理纯粹化,就难以揭示事物某一方面的性质和规律。简略化是对单一状态下的认识事物的结果进行简要化处理，或者对认识结果的一种简略表达。理想化是在思维中对认识对象存在状态的纯然构想。总之，没有分离、提纯、简略化、理想化等具体环节，我们就难以实现从感性具体到思维抽象的认识跃升。

(4)从思维抽象发展到思维具体，需要正确地选择思维上升的环节，要选择一个合适的上升起点。这样的起点应是某一认识领域里最简单、最基本的概念，能以"胚芽"的形式，包含研究对象整个发展过程中的一切矛盾。随着认识的发展，起点中所包含的种种矛盾会逐一展现出来，就能展现出一个完整的对象。

(5)从感性具体到思维抽象，再从思维抽象到思维具体，思维过程的这两个阶段相互依赖，不可分割。人的认识发展以感性具体为起点，经过抽象的中间环节，又回复到思维中的具体，形成一个完整的认识过程，也是一个完整的思维过程，这两个阶段是相互依赖、不可分割的。

4. 比较分析

对感性具体、思维抽象、思维具体三个概念的理解，可以采用比较分析的方法。这三个概念的发展过程构成了人类认识的两个阶段，既相互区别，又紧密联系，不可割裂。我们要善于把握其中的共同点，如，三者都是人类对事物的认识，都有内在的一致性规律等。此外，我们还要善于把握它们的不同，尤其是感性具体和思维具体，前一个"具体"是形象的，直观的表象，后一个"具体"则是事物内在的本质规律在思维中的具体再现。通过比较分析，有助于加深我们对人类认识规律和思维规律的认识。

5. 强化理解

本框的内容比较抽象，需要我们强化理解。思维具体，它既是对事物本质和规律的认识，是多样性统一的事物整体在思维中的再现，又是具体可感的，形象生动的，这与我们一般人的感觉是有差异的。我们总是习惯于把事物的本质和规律理解成抽象的而非具体的，但这里的思维具体则是抽象的本质和规律的具象化，是一种更高水平和层次的具体。

学习诀窍

1. 把握发展过程

本框内容包含着深刻的哲学思辨，需要我们把握其中的辩证关系，要深入把握感性具体、思维抽象、思维具体三个核心概念和从感性具体到思维抽象，再从思维抽象到思维具体两个思维过程，这样才能深入把握认识的发展过程。

2. 化抽象为形象

在学习本框内容时要善于化抽象为形象，可以通过创设具体的情境来帮助理解，可以结合教材中的案例来加深理解，还可以通过丰富的想象使之形象化、具体化。

3. 抓住关键环节

思维抽象的具体环节以及思维具体的起点环节是我们理解思维抽象和思维具体的关键所在。只有理解了分离、提纯、简略化、理想化等思维抽象的具体环节，才能更好地理解思维抽象的本质和内涵，也只有理解了思维具体的起点环节所具有的"胚芽"的意义，才能更好地帮助我们理解思维具体的展现过程。

典型例题

选择题

1. 物理学中的自由落体运动、匀速直线运动相对于现实而言，属于思维抽象环节的(　　)

A.分离　　B.提纯　　C.简略化　　D.理想化

答案解析：

A　思维抽象就是将事物的某个或某些属性从事物整体中抽离出来。

2.物理学中，我们抽取出对象运动的快慢和方向，撇开其大小、形状等其他性质进行研究，得出“速度”的概念。这里运用的思维方式是(　　)

A.分析　　B.思维具体　　C.思维抽象　　D.感性具体

答案解析：

C　抽取出对象运动的快慢和方向，撇开其大小、形状等其他性质进行研究，获取“速度”的概念，是思维抽象的体现。

3.思维抽象的具体过程千差万别，科学的思维抽象具有几个重要环节。其中，思维抽象的起始环节是(　　)

A.分离　　B.提纯　　C.简略化　　D.理想化

答案解析：

A　思维抽象的起始环节是分离。

4.实践的需要不同，抽象的目的和内容也就不同。抽象可以(　　)

A.从事物整体中抽取一部分　　B.抽取事物某一方面质的规定性

C.从事物个性中抽取某种共性　　D.以上都对

答案解析：

D

实战演练

判断题

1.思维具体是思维活动的起点。(　　)

2.思维抽象的具体过程千差万别，科学的思维抽象具有分离、提纯、简略化、理想化几个重要环节。(　　)

参考答案：

1.×　　2.√

选择题

1.事物是现象和本质的统一体。通过感官感知到的认知对象总是具体的。下列关于感性认识的说法错误的是(　　)

A.感性认识是事物多种多样的现象和外部联系在头脑中的反映

B.感性认识是通过抽象思维形成的认识

C.感性认识是对事物整体的认识

D.感性认识是人们通过感官感知到的认识

2.思维发展的过程是以感性具体为起点的。下列关于感性具体的认识,正确的是(　　)

A.感性具体是对事物的内在联系的深刻把握

B.感性具体是对事物本质与现象相统一的事物整体的认识

C.感性具体是对事物某种共性的本质的认识

D.感性具体是对事物外部形象的认识

3.从思维发展阶段意义上看,俗语“会看的看门道,不会看的看热闹”中的“热闹”与“门道”分别是指(　　)

A.思维抽象与感性具体

B.感性具体与思维抽象

C.思维抽象与思维具体

D.感性具体与抽象思维

参考答案:

1.B　　2.D　　3.B

综合探究　领悟辩证精髓　处理复杂问题

学霸笔记

学习要点

1.辩证

“辩证”一词是舶来品。在我国传统文化中,与其相近的词语是“辨正”。“辨正”一词主要出现和使用在中国传统医学话语中。所谓“辨正”,其实就是辨察病理而正治之。《辞海》对“辩证”的释义有两种。其一,作为动词的“分析考证”。如辩证源流、辩证邪正。这种意义的辩证在语义上与辨正具有相通之处。其二,作为形容词的“合乎辩证法的”,如辩证观点、辩证统一。这里的关键词是“辩证法”。而《辞海》对“辩证法”的解释是:名词。关于事物矛盾的运动、发展、变化的一般规律的哲学学说,是与形而上学相对立的世界观和方法论。它认为事物永远处在不断运动、变化和发展之中,这是由事物内部的矛盾斗争引起的。

2.分析与综合的辩证关系

分析是综合的基础,综合是分析的先导;分析不是孤立的分析,不是为分析而分析,而是在为综合做准备,综合也不是抽象的综合,而是在充分分析的基础上进行的具有具体内容的综合,并且综合的结果又指导人们继续对事物进行新的分析。在辩证的分析综合中,分析与综合是方向相反却相辅相成的对立统一关系。

3.量变与质变的辩证关系

量变与质变的关系是辩证的。事物的矛盾运动表现为量变与质变及其相互转化。量变是质变的必要前提。质变是量变合乎规律的结果,体现并保存量变的成果,并为新的量变开辟道路。质量互变规律支配了事物量变与质变的相互转化、相互交替,构成了事物的发展过程。

4.矛盾的辩证分析

矛盾的辩证分析是指运用矛盾的观点观察、分析事物内部的各个方面及其运动的状况,以达到正确地认识客观事物的方法,是定性分析的方法。这一方法的精髓在于:坚持对立统一的观点,从统一中看到对立,从对立中看到统一,即坚持两点论,防止片面性,切忌"顾此失彼";坚持重点论,善于把握主要矛盾和矛盾的主要方面,突出重点,抓住关键,切忌"眉毛胡子一把抓";坚持矛盾的普遍性和矛盾的特殊性相结合,既要具体分析事物的具体情况,也要注意不要使具体事物脱离普遍联系,既不在具体问题中陷入经验主义,也不在普遍性原理中陷入教条主义;坚持发展论,分析矛盾的动态,防止出现"刻舟求剑"式的思想僵化。

5.辩证否定观

辩证否定观是关于辩证否定的根本观点,即否定是事物内在矛盾引起的自我否定。辩证的否定是发展环节和联系环节的统一,既不是简单地肯定一切,也不是简单地否定一切,而是既肯定又否定,既克服又保留。辩证否定的实质就是"扬弃"。"扬弃"指的是新事物对旧事物的否定,但这种否定不是简单地抛弃,而是克服、抛弃旧事物中消极的东西,保留和继承以往发展中对新事物有积极意义的东西,并把它发展到新的阶段。因此,辩证否定的丰富内容在"扬弃"这一范畴中得到了恰当的表达,否定的环节、否定的过程既是消灭旧事物的环节,又是产生新事物的环节;既是先前事物和后续事物中断的环节、划界的环节,又是后续事物和先前事物连续的环节、相通的环节。这一辩证否定的过程,即使新事物和旧事物之间有着本质的差别,又使新旧事物联系起来成为有机的整体而向前发展。

学习心得

1.识记方式

(1)在辨析错误中识记。辨析两种错误思维是把握辩证思维精髓的有效途径。两种错误思维分别是形而上学思维和相对主义诡辩论思维。形而上学思维是孤立、静止、片面地看待事物的思维方式,与辩证思维的动态性和整体性的思维方式形成了对立。相对主义诡辩论是夸大事物存在的条件的相对性,只强调事物发展中的动态性而忽视了相对静态性,只强调事物的整体性而忽视了事物存在中的局部性。

(2)差异识记法。第三单元是"哲学与文化"课程内容的延续,特别是其中的质量互变规律、辩证否定观、认识的感性具体到思维抽象、思维具体等反映认识发展的内容都是在"哲学与文化"课程中接触过的内容。要准确地理解这些内容,不仅要从哲学的维度理解其中的原理,还要注意一个重要的差异:《逻辑与思维》在阐释这些原理时,不是就原理而讲原理,也不限于原理,其重心是引导学生在弄清楚原理的基础上理解其中的思维方式。如,教材讲质量互变原理是为了讲清楚适度原则,讲辩证否定是为了引导学生正确把握"扬弃"的思维方式,而讲感性具体、思维抽象和思维具体,是为了帮助我们把握探索真理的思维方式。

(3)对比思考法。学习这一单元的内容要将其与第二单元的内容进行对比和思考,看看其与第二单元究竟有什么关系。从直观上看,第二单元是从思维的形式结构维度谈正确思维的规律和规则,第三单元不再有那些具体的规则了,与第二单元有很大的差异。要思考的是,这种差异到底是本质的还是表面的,是两种思维类型的差异,还是思维的两个方面的差异。这种对比对于我们学习逻辑与思维非常重要。

2. 主要特点

本单元主要讲述辩证思维的方法。首先，讲述了辩证思维的含义和特征，接着讲述了科学认识事物必须用到的分析与综合的方法，以及分析与综合的辩证关系。其次，在阐述事物发展的质量互变规律的基础上，分析了事物发展过程中的渐进性和飞跃性，侧重于从思维方式角度阐释如何把握适度原则；在辨析简单肯定一切或否定一切之危害的基础上，讲述了如何把握辩证的否定。最后，讲述了认识的深化必须经由"感性具体—思维抽象—思维具体"的过程，让我们体会认识深化的"两条道路"，即"在第一条道路上，完整的表象蒸发为抽象的规定；在第二条道路上，抽象的规定在思维行程中导致具体的再现"，进而为我们正确认识事物，得到科学的结论，提供辩证思维的支撑。在这个单元中，体会辩证思维的特征，理解分析和综合方法及其辩证关系，在理解事物发展中的渐进性和飞跃性的基础上认识事物发展之质变与量变的统一性，在理解质量互变规律的基础上认识把握适度原则，在辨析简单肯定一切或简单否定一切的危害的基础上树立辩证的否定观，体会认识发展经由感性具体到思维抽象、由思维抽象再到思维具体的两条道路的历程，学会运用辩证思维方法认识和处理复杂问题等是重点所在。

3. 核心观点

本单元主要介绍辩证思维的含义、特征及其基本方法。作为普通高中思想政治课程的一部分，辩证思维是马克思主义唯物辩证法和认识论在思维领域中的延伸和具体化。这部分内容是对第二单元形式逻辑的深化和升华，同时也衔接和补充了"哲学与文化"课程模块的教学内容。本单元之所以是第二单元形式逻辑的深化和升华，是因为第二单元讲授的思维方法主要从思维的形式结构角度来说，是研究合乎逻辑的思维在形式结构上应该具有哪些特征，需要遵循哪些逻辑规则。但是，思维不仅有其形式结构，还有具体内容。正确的思想既要遵循形式逻辑的要求，更要实事求是，接受实践的检验。而马克思主义唯物辩证法和科学的认识论所体现的辩证思维，为人们形成正确认识和思想提供了正确的理论指导。辩证思维不仅涉及思维的形式结构，还涉及思维的具体内容，所以说，辩证思维是形式逻辑思维的深化和升华。从思维实际来说，把握复杂事物，处理复杂问题，是需要复杂性思维的，而复杂性思维并不是某种单一的思维方式的重复运用，而是在形式逻辑思维的基础上对辩证思维的灵活运用，所以从这种关系上来说，辩证思维也是形式逻辑思维的深化和升华。

学习诀窍

1. 从哲学原理到思维方法

本单元是"哲学与文化"的内容的延伸，学习本单元既不能脱离哲学原理，又不能离开思维方式。哲学原理是基础，思维方式是重心。在学习的过程中，首先要理解哲学原理，包括辩证法、质量互变规律、辩证否定观、认识的真理性等，在此基础上理解思维方式，如辩证的分析综合、思维中的适度原则、辩证否定观、获得真理性认识的两条道路等。理解思维方式时，既要理解其中的一般原理，也要体悟其中的思维方法，这里的方法无法用机械的方式展现，需要领悟和意会，因此要对错误的思维方式有所辨析，从而对应性地理解其中的道理。

2. 从批判错误思维到理解正确思维

辩证思维的对立面是形而上学思维，不了解形而上学思维也就不能真正把握辩证思维。了解形而上学思维的有效途径就是对错误的思维进行分析和鉴别，揭示其错误所在，从而对应性地知道如何"克服"它，形成正确的辩证思维。因此，批判错误思维是学习正确的辩证思维方式的有效途径。形而上学思维的错误表现是纷繁多样的，在分析和鉴别错误思维时要尽可能地多找材料，在大量的材料中分析、鉴别和归纳，找到错误的形而上学思维的规律性，这样就能够在普遍的意义上把握错误思维的共同原因，对照性地理解辩证思维正确的缘由所在。

典型例题

选择题

辩证的否定即“扬弃”，它的含义是(　　)

A.抛弃

B.事物中好的方面与坏的方面的组合

C.彻底的否定

D.既克服又保留

答案解析：

D　辩证否定有几层意思：其一，辩证的否定是指事物的自我否定，是事物内部矛盾斗争的结果。其二，辩证的否定是旧事物向新事物的转变，是由旧质到新质的飞跃。其三，辩证的否定又是事物联系的环节。唯物辩证法认为，辩证的否定并不是简单的抛弃，而是“扬弃”。所谓“扬弃”，包含着抛弃、保留、发扬的意思，也就是既克服又保留，既批判又继承，在克服旧事物消极因素的基础上，保留某些有利于新事物发展的积极因素。这样，新旧事物之间固然有质的区别，但新事物是从旧事物内部产生出来的，因而同旧事物存在着必然的联系。

简答题

1.医学史上曾有这样一个难题：许多失血病人若不及时输血，很可能丧生；若输血，又常常因血液混合而凝集，造成血管阻塞的可怕后果。通过分析血液成分，人们发现，血液可被区分为血细胞和血浆。血细胞中的红细胞含有A凝集原和B凝集原，血浆中的血清则含有与它们相对抗的抗A凝集素和抗B凝集素。依据红细胞所含A、B凝集原的不同，血液大致分为四种：只含A凝集原的A型；只含B凝集原的B型；同时含A、B两种凝集原的AB型；不含A、B两种凝集原的O型。同时，在每个人的血清中，都不含有与其自身红细胞凝集原相对抗的凝集素。考虑献血者的红细胞与受血者的血清之间是否会发生凝集反应，人们推断出A、B、AB、O血型之间的关系，找到了输血规律：同血型者可以相互输血；O型的血液可以输给其他各型的受血者；AB型血者，可以接受其他各型的血液，而AB型的血液却不可以输给其他各型的受血者。

献血者红细胞(含凝集原)	受血者血清(含抗凝集素)			
	A型(抗B)	B型(抗A)	AB型(无)	O型(抗A、抗B)
A型(A)	-	+	-	+
B型(B)	+	-	-	+
AB型(A、B)	+	+	-	+
O型(无)	-	-	-	-

(注：“+”表示有凝集反应，“-”表示无凝集反应)

(1)要解决输血难题，人们为什么要分析血液成分？

(2)从分析血液成分到发现输血规律,你是怎样看待其中的思维方法的?

答案解析:

(1)分析就是把认识对象分解为各个部分、各个要素、各个层次,或者把认识对象的复杂的发展过程分解为若干阶段,分别加以认识的一种思维方式。没有分析就不可能深刻地认识事物。就对血液的认识而言,没有深刻的分析,就不可能了解它的构成要素,对血液成分的分析有助于我们在深刻和精确认识血液的基础上发现输血规律,解决输血难题。

(2)从分析血液成分到得出输血规律,其中运用了分析的方法和综合的方法,是在综合指导下的分析和在分析基础上进行的综合。人们对血液的构成成分分析得越精细,对血液的性质的认识就越深入和深刻,在此基础上形成的概括和总结性的认识,就越能够接近血液的内在本质和规律,从而对输血规律的把握也就越准确。

2."特修斯之船"是典型的思想实验之一。这艘在海上航行的船,一旦木板腐烂就会被及时替换,通过不间断地维修和替换部件,它得以航行几百年,直到所有的功能部件都不是原初的。有位哲学家设想:如果用特修斯船上换下来的老部件重新组建一艘船,那么通过不断维修仍在航行的船与用老部件重新组建的船,哪一艘才是真正的特修斯之船呢?

答案解析:

这里涉及量变与质变的关系问题。与"特修斯之船"相似的还有"秃头悖论":落了一根头发不是秃头,落了两根头发不是秃头,落了三根头发不是秃头……落了n根头发是不是秃头?落了最后一根头发不是秃头?"沙堆悖论":一粒沙子不是沙堆,两粒沙子不是沙堆,三粒沙子不是沙堆……n粒沙子是不是沙堆?(n是无穷大)解决这种问题的一种技术性方法,就是"以量制量",比如,规定船板更换了1/3(或者1/2、2/3)时,就不再是原来的船。当然,这里还有一个形式的问题。船板更换了,但这艘船的形式(结构)还是原来的形式(结构)。因此,从形式结构上说,它还是原来的形式结构。

3."肯定中包含着否定,否定中包含着肯定。因此,肯定就是否定,否定就是肯定。这就是辩证否定观。"这种说法正确吗?

答案解析:

这种说法是错误的。第一,事物内部的肯定方面与否定方面是对立的。肯定不是否定,肯定维持着事物质的规定性,当肯定方面处于优势时,事物就会保持其原有的性质和自身的存在;否定不是肯定,否定就是要消解肯定的规定性,当否定方面在事物发展中取得支配地位,事物就会改变自己的根本性质,达到对原有事物的否定。第二,根据唯物辩证法肯定与否定之间的辩证关系,看待事物、解决问题,我们不能简单地肯定一切或否定一切。简单地肯定一切或否定一切的方法,是片面的形而上学的方法;简单地肯定一切或否定一切的思维方式，是主观的、极端的思维方式。第三，以辩证的否定观看待事物和解决问题，要深刻把握“克服”的意义。辩证否定的作用就是要克服旧事物，保留是在克服的基础上实现的。作为事物发展环节的否定，是对旧事物整体、旧矛盾统一体的否定。没有对这一整体、统一体的否定，旧事物就不能灭亡，新事物就不能产生。第四，否定中所包含的肯定绝不是对旧事物整体、旧矛盾统一体的肯定与保留，而是对旧事物整体、旧矛盾统一体的合理因素的肯定与保留；即使对合理因素的保留，也不是原封不动地将它照搬到新事物之中，而是经过改造，把它们容纳到新事物之中，是“扬弃”。

4.辩证思维的精髓就是坚持对立面的有机统一。因此，老子说“物方生方死，方死方生，方可方不可，方不可方可”，就是体现了辩证法的精髓。对此，你怎么看？

答案解析：

辩证思维是坚持对立面的有机统一，但这种对立统一是有条件的。一方面，对立面之间是对立的，因为这种对立而各自成为自己；另一方面，在一定条件下对立面之间又可能实现相互转化。辩证思维与相对主义的根本差异在于，是否按事物本质和真实面貌揭示其间的联系和转化。相对主义无视事物相对性中的绝对性，否定客观的是非标准，片面地夸大了认识的相对性和主观性。

5.适度原则就是折中的原则，就是中间的原则，就是不要“去其两端取其中”的原则，也就是适当的原则。你如何看待这一认识？

答案解析：

这个认识是错误的，适度原则要求我们思考问题要把握好“分寸”，处理问题要“得当”，不能过犹不及，不要犯极端化的错误。比如，服药治病，剂量必须适当，用量过少治不了病，用量过多会造成药物中毒；适当给作物施肥有助于其生长，肥量过多反而会对作物产生危害。适度思维是“得中”而处之的思维。这里的“得中”不是凡事都采取折中主义的消极的思维方式。折中主义是把各种不同的观点无原则地拼凑在一起的做法。其特征和表现是把矛盾双方等同起来，不分主次；把对立双方调和起来，混淆是非；在原则问题上模棱两可，没有自己独立的见解和坚持的立场。它是一种无原则的思维方式，是形而上学思维方式的表现形式。

实战演练

简答题

1.古希腊有个叫欧提勒斯的人，他向著名的辩者普罗泰哥拉学习辩论技艺。双方约定，学费分两次支付。开始学习时支付一半，另一半在欧提勒斯毕业后出庭打赢第一场官司时支付。毕业后，欧提勒斯迟迟不帮助别人打官司，也未支付另一半学费。普罗泰哥拉向欧提勒斯讨要余下的一半学费，他对欧提勒斯说：“你不给我那一半学费，我们就要上法庭打官司。如果我打赢了官司，法庭就会判决你支付我那一半学费；如果我打输了官司，你打赢了官司，按照我们的约定，你也要支付我那一半学费；或者是我打赢了官司，或者是我打输了官司，总之，你都要支付我那一半学费。”欧提勒斯却说：“您错了。如果我打赢了官司，法庭就会判决我不支付那一半学费；如果我打输了官司，您打赢了官司，按照我们的约定，我也不要支付那一半学费；或者是我打赢了官司，或者是我打输了官司，总之，我都不要支付那一半学费。”

你怎么看普罗泰哥拉的论证，其中存在什么问题？

2. 磁铁的两极看似绝对对立，实则相互依存。没有其中的一极，就不会有另一极。把一块磁铁从中间截断，得到的两块小磁铁仍然具有对立的两极。磁铁两极发出的磁力线，还会形成一个圆形并融合在一起。

以磁铁两极的关系为参照，谈谈你对辩证思维在对立中把握统一的理解。

3. 在对待西方文化的态度上，主张“全盘西化”的陈序经认为，中国“样样都不如人”，西方文化是世界文化发展的方向，“彻底的全盘西洋化”是挽救中华民族危亡的唯一出路。胡适更是持崇洋亲美和民族自卑论，他认为，我们必须承认我们自己百事不如人，不但物质机械上不如人，不但政治制度不如人，并且道德不如人，知识不如人，文学不如人，音乐不如人，艺术不如人，身体不如人。

从辩证否定的角度，你怎么批判他们的认识？

参考答案：

1. 犯了对一个事件的判断采取了两个标准的错误。对一个事件进行判断首先要遵循形式逻辑的同一律，在同一时间、同一方面，对同一对象确定同一标准。即便是在不同时间，比如打官司之前或之后，也应该分别按照打官司之前或之后确定同一标准，否则，双方就无法取得共识，判案者也无法进行断定。

2. 磁铁两极的关系近似地体现了辩证思维中对立双方的关系。没有其中的一方，就不存在其中的另一方，二者是相互依存、缺一不可的。

3. 这是一种简单地肯定一切和否定一切的形而上学思维方式，是违背辩证否定观的，在实践中也是容易走极端、犯过犹不及错误的，是十分有害的。

4

第四单元
提高创新思维能力

★ 第十一课　创新思维要善于联想

★ 第十二课　创新思维要多路探索

★ 第十三课　创新思维要力求超前

★ 综合探究　结合社会实践　勇于开拓创新

第十一课 创新思维要善于联想

第一框　创新思维的含义与特征

思维导图

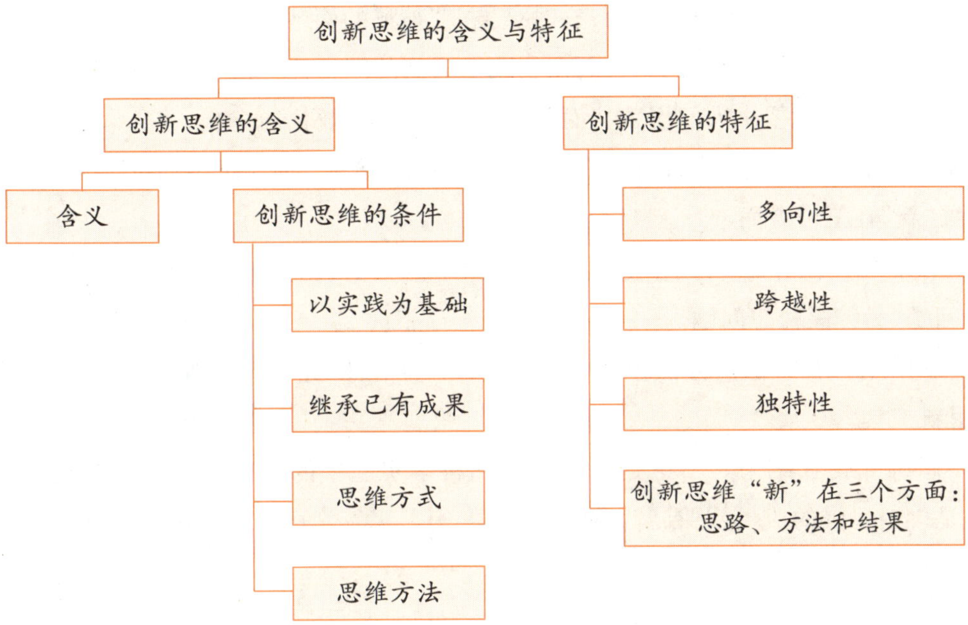

学霸笔记

学习要点

1. 创新思维的含义及其产生条件

"创新"是一个汉语词语,《现代汉语大词典》将创新解释为"创立或创造新的"。日常生活中,创新可以涵盖政治、军事、经济、文化、科技等各个领域,表现为知识创新、科技创新、方法创新等。本课所说的创新是一种思维的创新,即科学思维中的创新思维。把握创新思维的科学含义,要注意以下两个方面:

首先,创新思维是思维,更是一种科学思维方式。思维是人脑对客观事物的能动反映,而创新思维作为科学思维方式,特指人们在实践中破除迷信、超越陈规、有所发现、有所发明的思维活动。

其次,创新思维不是与逻辑思维、辩证思维相并列的思维方式,而是综合应用逻辑思维和非逻辑思维、以创新性地解决问题为目的的思维方式。

就产生条件来说,创新思维是综合能力的体现。任何创新思维都不是凭空产生的。一方面,创新思维要以实践为基础,失去实践基础,思维会陷入不切实际的幻想。另一方面,创新思维离不开对前人和他人已有成果的继承。在继承的基础上破旧立新,才能更好地实现创新。

2.创新思维的思维方式

就思维方式而言，创新思维中既有前面已经介绍过的逻辑思维活动，也有想象等非逻辑思维的活动；既要运用常规的思维方法，也要运用一些非常规的思维方法，如逆向思维方法等。

3.创新思维的特征

第一，创新思维的思路具有多向性。从思维方向上看，创新思维常常从不同的角度去思考问题。当问题出现之后，思维会从不同的方面、层次、条件等构思多种设想，探试多个答案。当某一思路受阻时，能够很快转向另一个方向。与单向性的思维相比，多向性是创新思维的明显特征。

第二，创新思维的步骤具有跨越性，创新思维不排斥一步一步的逻辑推导与分析，但它往往表现为对推理步骤的省略或跨越。正是这种省略或跨越，使得创新思维过程中的某些思维活动难以详细描述，以至于在其中起作用的直觉、灵感等思维活动，有时被披上“神秘的面纱”。

第三，创新思维的结果具有独特性。人们在实践中遇到的问题往往没有现成的答案，许多问题不是用常规方法就能解决的。这就要求人们用独特而巧妙的方法使问题得到解决。

创新思维的三个特征不是孤立的，而是紧密联系的，它们统一于创新思维的过程中。

4.创新思维“新”在三个方面

首先，创新思维“新”在思路。思路决定出路，思路不落窠臼，出路才能巧妙，因此创新思维常常表现为突破陈规看问题，另辟蹊径想问题。

其次，创新思维“新”在方法。方法得当，可能会事半功倍，因此创新思维经常不局限于常规方法，敢用新手段，试用新工具。

最后，创新思维“新”在结果。不论是生产活动和科学实验中的新发明、新发现，还是理论上的新见解、新论证，凡是创新思维的成果，总有新颖独到之处。

5.创新思维的检验标准

实践是检验真理的唯一标准。创新思维的智慧之“花”要经得起实践的反复验证，才能结出实实在在的创新之“果”。

学习心得

1.识记方式

（1）情境记忆法。我们可以在具体的思维情境中思考“创新”的不同含义，进而把握“创新思维”的不同用法之间的联系与区别。比如，我们通过以下几个句子判断并把握创新思维的具体含义：①创新位居新发展理念之首。②高铁是相对于普通火车的创新性发展。③该论文没有创新点，需要改进。

（2）比较记忆法。对创新思维含义的理解，可以通过将其与逻辑思维、辩证思维作比较的方式让记忆更为深刻。逻辑思维、辩证思维、创新思维都是典型的科学思维方式。逻辑思维是实践中遵循明确概念、准确判断、正确推理等逻辑要求的思维方式。辩证思维是运用联系、发展、全面的观点看待事物和思考问题的科学思维方式。创新思维不是与逻辑思维、辩证思维相并列的思维方式，而是综合应用逻辑思维和非逻辑思维、以创新性地解决问题为目的的思维方式。

（3）理解记忆法。只有深刻理解了知识才能牢固地记住它。所谓理解，是指当提到某一知识时，头脑中就能够想到跟它有关的事实，知道它的应用或意义，了解它跟有关知识的联系。理解基础上的记忆和记忆前提下的理解要统一。因而，对于创新思维的学习，是从理解其含义开始的，然后深入把握创新思维的三大特征，进而准确掌握创新思维到底“新”在何处。掌握概念、特征等知识是为了灵活地运用它们，死记硬背只能获得机械记忆、刻板印象，理解基础上的记忆才能实现准确、高效的知识识记，以及更高水平的实践运用。

2. 主要特点

“创新思维的含义与特征”这一框，包括两目。第一目“创新思维的含义”，主要阐述了创新思维的含义与产生条件，明确了创新思维是一种科学思维方式，指明创新思维是综合能力的体现，有其产生的条件；第二目“创新思维的特征”，主要明确创新思维的三个特征——思路的多向性、步骤的跨越性以及结果的独特性，着重阐述了创新思维的“新”表现在思路新、方法新和结果新三个方面。

这两目内容采用渐进式的讲述方式，以“创新”为主线，着重阐述了创新思维的含义，其中“创新”是本框的核心概念，只有理解和掌握了“创新”的含义和产生条件，才能懂得创新思维的特征、创新思维“新”的表现，以及评判创新思维的标准。

3. 核心观点

创新思维特指人们在实践中破除迷信、超越陈规、有所发现、有所发明的思维活动，是一种综合性的科学思维方式。就创新思维的产生条件而言，创新思维是综合能力的体现，一方面以实践为基础，另一方面在继承前人和他人的已有成果的基础上破旧立新。就思维方式而言，创新思维中既有逻辑思维活动，也有想象等非逻辑思维的活动；既要运用常规的思维方法，也要运用一些非常规的思维方法，如逆向思维方法等。

创新思维具有三个基本特征，分别是思路的多向性、步骤的跨越性以及结果的独特性。

创新思维的“新”表现在三个方面：一是思路新，敢于突破陈规，勇于另辟蹊径；二是方法新，敢用新手段，试用新工具；三是结果新，无论是科学实验中的新发明还是理论上的新论证，都有其新颖独到之处。

4. 比较分析

我们可以根据教材阐述的创新思维最基本的含义——人们在实践中破除迷信、超越陈规、有所发现、有所发明的思维活动，来把握创新思维三种特征的区别与联系。具体来说，多向性是指思路，跨越性指向步骤，独特性偏于结果。因而，创新思维既有逻辑思维活动，亦有非逻辑思维活动；培养创新思维既要运用常规的思维方法，也要运用非常规的思维方法。

此外，我们对创新思维的三个方面的“新”也可采取比较分析的方法深入学习，进而精准把握。

5. 强化理解

创新思维的具体含义、三种基本特征以及“新”的三种表现都是本框的核心内容，需要进行强化理解。

学习诀窍

1. 课前预习与课后复习

预习的时候，自己掌握的知识可以不看，关键是将不懂的问题记在书本或笔记本上，这样在课堂上就能有针对性地听讲，从而解决预习时遇到的问题，把握相关的知识点。

课后要对上过的知识点进行复习，特别是核心知识点，比如创新思维的含义、特征与表现等一定要在课后进行深入的复习和把握。

2. 理论与实际相结合

创新思维的含义、特征及其产生条件等理论知识，源于人们对于实践的科学总结，并终将指导人们的创新实践。实践是最好的老师，我们要做生活中的有心人，智慧的观察者，既要乐于查找现实中的创新案例，从中体会、验证所学的创新思维理论知识；也要善于思考实践中遇到的新情况、新问题，积极进行破除迷信、超越陈规、有所发现、有所发明的思维创新。

3.积极思考与练习

思考是人们掌握以往的知识、发现新的问题、掌握规律的必然途径。在学习“创新思维的含义与特征”知识点时，一定要认真思考、领会何谓“创新思维的含义与特征”，从而把握如何培养创新思维并运用于实践中。

此外，有的知识需要进行练习。做练习题是对知识点的回顾和深入理解。做题时，要积极思考，注意将题目和知识点联系起来。我们在把握创新思维的含义与创新思维的特征知识点时，可以通过练习达到对此类知识点的熟练掌握和运用。

典型例题

简答题

1.你是怎么理解创新思维的？

答案解析：

科学思维所说的创新思维，特指人们在实践中破除迷信、超越陈规，有所发现、有所发明的思维活动。首先，创新思维以实践为基础，失去实践基础，思维就会陷入不切实际的幻想。其次，创新思维离不开对前人和他人已有成果的继承。在继承的基础上破旧立新，从而更好地实现创新。

2.请判断下列故事主要体现了创新思维的什么特征。

(1)司马光砸缸。

(2)曹冲称象。

答案解析：

(1)司马光砸缸的故事启示我们，遇事不能慌张盲动，要冷静下来，全面思考，敢于突破常规，用不同的思路来解决问题，这体现了创新思维的思路具有多向性。

(2)由于受计量工具和大象体型的限制，曹冲根据等量计算、分解计算的思路，突破常理称出了大象的重量，这体现了创新思维的结果具有独特性。

3.有人认为，创新思维是一种简单孤立的思维活动类型。这种观点正确吗？

答案解析：

这种观点是错误的。创新思维既不是一种简单孤立的思维活动类型，也不是两种或几种思维活动类型的简单叠加，而是包含了逻辑思维与非逻辑思维活动，运用常规思维与非常规思维方法的一种科学思维。创新思维既要善于联想，也要多路探索，还要力求超前。创新思维涉及联想思维、聚合思维、发散思维、正向思维、逆向思维、超前思维等多种思维方法。因此，认为“创新思维是一种简单孤立的思维活动类型”的观点是错误的。

4.有人认为：“主观能动性是创新思维特有的。”对此你怎么看？

答案解析：

这种观点是错误的。人的认识反映客观事物不是简单的“照相”或“复制”，而是要经过头脑的加工制作。从这个意义上说，人的思维具有主观能动性。当然，创新思维也具有主观能动性，但主观能动性并不是创新思维所特有的，所有的思维都具有主观能动性。因此，“主观能动性是创新思维特有的”这种观点是错误的。

选择题

(多项选择题)下列对创新思维的认识正确的是(　　)

A.敢想敢干,求新求异就是创新思维

B.创新思维就是敢于打破规律,进行逆向思维

C.培养创新思维能力必须敢于超越

D.创新思维必须以科学的理论为指导

答案解析:

CD 我们认真分析题目与选项,可以看到A选项没有体现创新思维要坚持从客观实际出发,尊重客观规律,因而说法错误;B选项只强调创新思维的逆向思维方法,否认了其他方法,错用了全称判断,因而说法错误。C、D两个选项是关于思维的正确认识,所以本题答案为CD。

实战演练

选择题

1.(多项选择题)下列选项中不能得到超过前提的新知识的有(　　)

A.归纳推理　　B.类比推理　　C.逆向推理

D.演绎推理　　E.三段式推理　　F.直觉、想象和灵感

2."提出一个问题往往比解决一个问题更重要。因为解决一个问题也许仅是一个数学上的或实验上的技能而已。而提出新的问题、新的可能性,从新的角度去看旧的问题,却需要有创造性的想象力,而且标志着科学的真正进步。"这段话体现了(　　)

A.解决问题比提出问题更重要

B.创新思维需要调查研究,找到解决问题的办法

C.创新思维在准备阶段的关键是发现问题、分析问题,形成有创新价值的课题

D.创新思维的根本目的是检验真理

3.(多项选择题)当今中国,无论是全面深化改革、适应经济新常态,还是贯彻新发展理念,都需要用创新思维去应对和解决前进道路上的新情况、新问题。下列对创新思维的认识正确的是(　　)

A.敢想敢干、求新求异就是创新思维

B.创新思维要敢于打破规律,进行逆向思维

C.创新思维必须以科学理论为指导

D.培养创新思维必须敢于超越

参考答案:

1.ABCF　　2.C　　3.CD

第二框　联想思维的含义与方法

思维导图

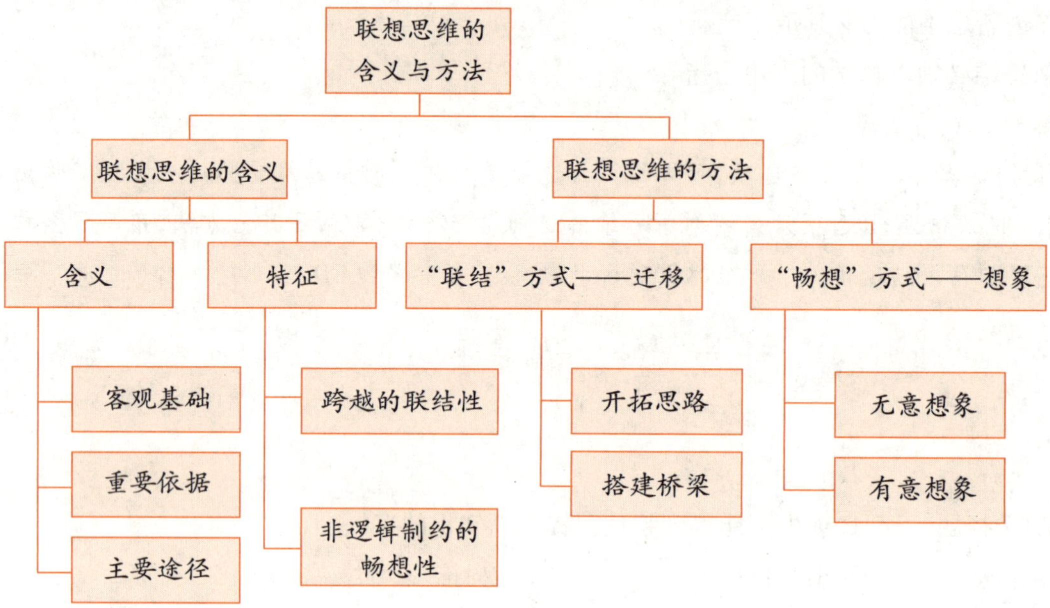

学霸笔记

学习要点

1.联想思维的客观基础与含义

日常生活中,人人都会联想,那么联想是如何产生的呢?首先,事物之间是普遍联系的。联想思维是对事物之间普遍联系的反映。事物之间的客观联系是联想思维的现实基础。其次,人的大脑的工作机制,是联想思维的生理基础。

作为创新思维重要方式的联想思维,要与幻想、梦想等概念加以区分。联想思维指的是将记忆中对不同事物的认识进行联结和思考的思维活动。从一定意义上说,联想的“联”指的是“联结”,联想的“想”指的是“畅想”,联想思维是个复合概念,由“联结”和“畅想”两个概念合成。联结是联想发生的关键。联结指的是事物之间相似、接近或对比的相关关系,可分为外在联结、内在联结。外在联结即事物在时间和空间等方面的相关性;内在联结即事物性质方面的相关性。而畅想体现了联想带有思维加工的成分,通过相似、接近或对比等思维机制将事物外在、内在的相关性联结到一起。

2.联想思维的特征

从联想的发生条件及基本含义中,不难看出联想思维具有两大特征。

第一,联想思维具有跨越的联结性。联想思维的“联”就是把性质相同、相似甚至不同的事物联结起来,建立新的关联,产生新的观念。

第二,联想思维具有非逻辑制约的畅想性。思维在联想时之所以会发生跨越性的联结,将看似不相关对象的认识“荒唐”地联系起来,是思维发挥了非逻辑制约的畅想功能。这里所说的“畅想”包含构想、想象甚至是幻想。

3. 衡量联想思维水平和能力的重要依据

人人都有联想思维，但其水平和能力并不相同。联想时的“联结”速度和“畅想”得到的结果的数量，是衡量联想思维水平和能力的重要依据。

4. 提高联想思维水平的重要途径

人的大脑先天具有自发联想的思维能力。日常生活中，人与人联想的水平和能力并不相同，甚至同一个人不同时期的联想水平和能力也不尽相同。后天通过有意识的思维训练可以提高联想思维的质量，从而提升创新思维的能力和水平。

5. 联想思维的方法——迁移

迁移是联想思维的“联结”方式。从本义上来说，迁移是指离开原地而另换地点，或由于自然力的作用从某地移至他地。联想思维中的迁移，是将不同认识对象的性质、作用等进行位置变迁与功能移植，以寻求解决问题的新思路。

迁移的路径、方式各有不同。迁移既可以存于某种经验的内部，如数学学习中，学习平面几何的经验可以迁移到立体几何中；也可以存于不同经验之间，如数学学习经验也可以迁移到物理学习中。此外，迁移还存在正迁移、负迁移，同化性迁移、顺应性迁移等不同方式。

明白迁移的内涵后，还要了解迁移的功能在于为创新思维提供思路与桥梁。首先，迁移可以为创新思维开拓可能的思路。人们认识新情况、解决新问题是在汲取先前的经验、利用已经掌握的知识的基础上完成的。也就是说，只有将过去的经验和认识运用到新情况和新问题中，才能开辟认识新情况、解决新问题的可能道路。牛顿所说的“如果我看得比别人更远些，那是因为我站在巨人的肩膀上”，说的就是迁移为创新思维开拓可能的思路。其次，迁移能够为创新思维搭建由此及彼的桥梁。要想达到触类旁通的认知过渡，需要将先前的经验运用到新情况和新问题之中，将已经掌握的知识用于解决新的问题。教材中明确指出，迁移对提高人们解决问题的能力具有重要作用。

6. 联想思维的方法——想象

想象是联想思维的“畅想”方式。想象是一种在头脑中对已有的事物表象进行加工、改造，通过重新组合而产生新的事物形象的思维过程。表象由感知获得，是想象的基本材料，想象则是对表象的积极加工。

想象的方式。想象的方式由需要解决的问题决定。第一，把抽象的思想、概念形象化，按照有意想象的要求去思考，是一种形象化的想象。这种想象有助于填补经验知识的空白，还可以给抽象的认识对象建立起富有创造性的新形象。第二，通过提出“假如”式的问题，将与事实相反的情况作为事物发展的一种条件，仿照事物之间的条件关系，推测事物发展的可能前景。这种想象有助于打破人们对事物原有联系方式认识的局限性，丰富人们的认识内容和精神世界。

想象的作用。想象可以帮助人们明确创新思维的目标。创新思维的根本动力来自社会实践的需要，想象在这里可以起到明确目标的重要作用。

想象的分类。想象可以分为无意想象和有意想象。无意想象是没有预定目标的想象；有意想象是在意识的控制下，按照一定的目的自觉进行的想象。

7. 联想与创新思维的关系

联想是创新思维的基础，迁移与想象是思维展开联想的重要方式。人的大脑有联想的功能，思维中有联想的机制。当我们在自发联想的基础上自觉地加以训练，将有助于提高联想思维的质量，从而提升创新思维的能力和水平。

学习心得

1.识记方式

(1)情境记忆法。我们在日常生活中经常运用到联想思维,比如美人鱼雕塑、蝙蝠侠形象、海市蜃楼等都体现了联想思维的运用。联想思维的特征之一就是具有非逻辑制约的畅想性,这里的“畅想”包含构想、想象和幻想。我们可以通过以下情境判断并把握联想思维的具体含义。

第一,看到蓝色我们总能联想到天空和大海。第二,我们经常将“彩虹”与“幸运”联想到一起。第三,一朝被蛇咬,十年怕井绳。第四,学习数学几何知识要发挥联想思维。

(2)比较记忆法。就联想思维的方法而言,我们可以采用比较记忆的方法。通过对联想思维的特征学习以及不同方法的比较来看,它们的含义是不同的。但它们之间也具有很强的关联性,这种关联性体现在联想思维具有跨越的联结性和非逻辑制约的畅想性。迁移和想象是联想思维的两种方法,迁移是联想思维的联结方式,想象是联想思维的畅想方式。换言之,联想思维的方法是基于其特征得以实现的,而这两种特征恰恰也可以延伸为联结、想象两种具体方法。联想思维的“联”就是把对性质相同、相似甚至不同的事物的认识联结起来,建立新的关联,产生新的观念。而思维在联想时之所以会发生跨越性的联结,将看似不相关的认识“荒唐”地联系起来,是思维发挥了非逻辑制约的畅想功能。迁移起到开思路和搭桥梁的作用,想象则是对已有的事物表象进行加工与改造,通过重新组合以产生新的事物。

(3)理解记忆法。理解是指当提到某一知识时,头脑中就能够想到跟它有关的事实,知道它的应用或意义,了解它跟有关知识的联系。理解记忆的基本条件是对知识的理解和进行思维加工。针对联想思维的两种特征与方法的学习与区分就可以采用此种方法。我们知道联想思维就是将记忆中对不同事物的认识进行联结和思考的思维活动。跨越的联结性和非逻辑制约的畅想性是联想思维的特征。联想思维的“联”就是把对性质相同、相似甚至不同的事物的认识联结起来,建立新的关联,产生新的观念。思维在联想时之所以会发生跨越性的联结,将看似不相关对象的认识“荒唐”地联系起来,是因为思维发挥了非逻辑制约的畅想功能。只有理解并把握了这两种特征的内涵,我们才能掌握学习联想思维的具体方法。

2.主要特点

“联想思维的含义与特征”这一框,包括两目。第一目“联想思维的含义”,主要阐述了联想思维的客观基础和含义,明确了联想不同于简单的回忆,而是带有思维加工的成分,而联想思维是对事物之间普遍联系的反映;第二目“联想思维的方法”,主要明确区分了迁移和想象的含义和具体方法,着重阐述了迁移和想象的作用和意义。

这两目内容采用渐进式讲述方式,以联想思维为主线,着重阐述了联想思维的含义和特征,其中联想思维的特征是本框的核心概念,只有理解和掌握了联想思维的两个特征及其之间的关系,才能真正懂得迁移与想象的运用方法。

3.核心观点

首先,事物之间是普遍联系的。联想思维是对事物之间普遍联系的反映。事物之间的客观联系是联想思维的现实基础。离开了事物之间的客观联系的联想只能是臆想。其次,人的大脑的工作机制是联想思维的生理基础。联想思维具有两个突出特征:第一,联想思维具有跨越的联结性。联想思维的“联”就是把对性质相同、相似甚至不同的事物的认识联结起来,建立新的关联,产生新的观念。第二,联想思维具有非逻辑制约的畅想性。思维在联想时之所以会发生跨越性的联结,将看似不相关对象的认识“荒唐”地联系起来,是思维发挥了非逻辑制约的畅想功能。这里所说的“畅想”包含构想、想象甚至是幻想。

联想思维有"法"可依。首先,迁移是联想思维的"联结"方式。联想思维中的迁移是将不同认识对象的性质、作用等进行位置变迁与功能移植,以寻求解决问题的新思路。其次,想象是联想思维的"畅想"方式。想象是一种在头脑中对已有的事物表象进行加工、改造,通过重新组合而产生新的事物形象的思维过程。从作用上讲,迁移可以为创新思维开拓可能的思路,且能够为创新思维搭建由此及彼的桥梁。想象则可以帮助人们明确创新思维的目标。

4.强化理解

联想思维的含义与特征、迁移与想象的方法以及联想思维在创新思维中的地位这两个核心内容,需要进行强化理解。

学习诀窍

1.课前预习与课后复习

提前预习是为了上课时更轻松,更有目的,学习效率更高。预习的时候,自己掌握的知识可以不看,关键是将不懂的问题记在书本或笔记本上,这样在课堂上就能有针对性地听讲,从而解决预习时遇到的问题,把握相关的知识点。

课后要对上过的知识点进行及时的复习,特别是核心知识点,比如联想思维的客观基础与含义、联想思维的两种特征、方式与方法等。

2.多角度学习同一个知识点

在新知识的学习过程中,我们的大脑会通过固有模式来接受新的知识点。有的时候,我们花很长时间学习一个知识点,但就是记不住。如果出现这种情况,可以暂时跳过,等大脑清醒了,再尝试采取其他的方式进行学习,比如查阅资料,观看线上课程、短视频等。

3善于观察与思考

人人都会联想,但能力与水平存在差异。学习联想思维的相关知识,是以提升科学思维素养为目标的。生活是最好的老师,我们要做生活中的有心人,智慧的观察者,既要善于观察现实中的联想案例,从中体会、验证所学的联想思维理论知识;也要善于发现事物之间的普遍联系,有意识地将记忆中关于不同事物的认识进行联结和思考,在触类旁通的探索中寻求解决问题的方法。

4.勤于反思与练习

韩愈说过:"业精于勤,荒于嬉;行成于思,毁于随。"在学习联想思维的含义与特征时,一定要经常反思联想思维与创新思维的关系,从而把握如何培养联想思维,实现更好的创新。

做练习题有助于对相关知识的回顾和深入理解。做题时,要注意积极思考,注意和知识点联系起来。做题要少而精。所谓精,就是做一道题,掌握这一类题的解决方法。可以制作集错本,将自己的错题集中起来,并分析出原因以警示自己。我们在把握联想思维的含义与联想思维的特征时,可以通过练习达到对此类知识点的熟练掌握和运用。

典型例题

简答题

1.请问怎样提高联想思维的能力和水平?

答案解析：

人人都有联想思维，但其水平和能力并不相同。思维在联想时的“联结”速度和“畅想”得到的结果和数量，是衡量联想思维水平和能力的重要依据。我们要自觉地进行联想思维训练，在学习和生活中积极地运用联想思维，提高联想思维水平和能力。

2.“问君能有几多愁，恰似一江春水向东流”，这里用了“一江春水”来联想和形容愁的“多”。从思维的角度看，这体现了什么？

答案解析：

该诗用“一江春水”形容愁的“多”，这是联想思维中想象技法的运用。该诗将江水与哀愁联结，这是联想思维畅想性特征的体现。

3.有人认为，想象直接反映现实对象。这个观点正确吗？为什么？

答案解析：

想象以通过感知形成的表象为基本材料，但不是表象的简单再现，而是对表象进行积极的再加工、再组合，其所产生的主观形象不一定直接反映现实对象。因此，认为“想象直接反映现实对象”的观点是错误的。

选择题

（多项选择题）“假如世界上没有货币，将会怎样？”“假如记忆可以移植，将会怎样？”下面对这种联想思维方法的作用认识正确的是（　　）

A.可以给抽象的认识对象建立起富有创造性的新形象

B.帮助人们创造出多种多样的虚拟世界

C.可以填补经验知识的空白

D.有助于打破人们对原有联系方式认识的局限性

答案解析：

BD　我们通过分析题干，可以看出题干中体现的想象的方式是提出“假如”式问题。其中选项A、C是形象化想象的作用，B、D是提出“假如”式问题的思维方式的作用。所以，本题答案为BD。

实战演练

简答题

1.“如果我看得比别人更远些，那是因为我站在巨人的肩膀上。”你是怎么理解牛顿的这句名言的？

2.精准灌溉是农业生产中的一种灌溉方式，这种灌溉方式不仅可以保护土壤结构，而且可以节约水资源。我们将“精准灌溉”的思维方式迁移到扶贫工作中，采取因人因地施策、因贫困原因和类型施策的“精准扶贫”方式，使“年年扶贫年年贫”的状况得到了根本性改变。

从农业生产“精准灌溉”方式想到“精准扶贫”方法运用了什么思维方法？并结合材料说明这一方法在创新思维中发挥的重要作用。

3.有人认为，联想与创新思维有密不可分的关系。对此你怎么看？

参考答案：

1. 牛顿所说的“如果我看得比别人更远些，那是因为我站在巨人的肩膀上”，说的就是迁移为创新思维开拓可能的思路。人们认识新情况、解决新问题是在汲取先前的经验，利用已经掌握的知识的基础上完成的。也就是说，只有将过去的经验和认识运用到新情况和新问题中，才能开辟认识新情况、解决新问题的可能道路。

2. 首先，联想思维中的迁移，是将不同认识对象的性质、作用等进行位置变迁与功能移植，以寻求解决问题的新思路。由农业灌溉中的“精准灌溉”想到扶贫工作中的“精准扶贫”正是联想思维中迁移方法的运用。其次，迁移可以为创新思维开拓可能的思路。人们认识新情况、解决新问题要汲取先前的经验，利用已经掌握的知识，以开辟可能的道路。农业灌溉的经验为扶贫工作方式的转变提供了借鉴。最后，迁移能够为创新思维搭建由此及彼的桥梁，对提高人们解决问题的能力具有重要作用。通过迁移把农业的“精准灌溉”方式移植到扶贫工作中，大大提高了扶贫工作的成效。

3. 联想思维就是将记忆中对不同事物的认识进行联结和思考的思维活动。创新思维是指人们在实践中破除迷信、超越陈规，有所发现、有所发明的思维活动。联想是创新思维的基础，迁移和想象是思维展开联想的重要方式。人的大脑有联想的功能，思维中有联想的机制。如果我们能够在自发联想的基础上，自觉地加以训练，那将有助于提高联想思维的质量，提高创新思维的能力和水平。因此，“联想与创新思维有密不可分的关系”的观点是正确的。

选择题

1.（多项选择题）“木质”与“皮球”这两个离得很远的概念，可以联想为：木质—树林、树林—田野、田野—足球场、足球场—皮球。这表明联想思维（　　）

A. 具有逻辑制约的畅想性

B. 可以在任何事物之间建立起新的关联

C. 具有跨越的联结性

D. 能够将事物之间可能存在的联系牵引出来

2.（多项选择题）肖邦的《F大调圆舞曲》后半部分旋律的创作灵感，来源于肖邦养的一只小猫在他的钢琴键上跳来跳去，出现了一个个跳跃的音符和许多轻快的声音，这点燃了肖邦创作的灵感火花。人要抓住灵感，应该（　　）

A. 有必要的知识积累和调查研究

B. 学会摆脱思维的习惯性

C. 在显意识与潜意识的统一中把握住灵感

D. 抓住灵感状态的显现

参考答案：

1.CD　　　　2.ABD

第十二课　创新思维要多路探索

第一框　发散思维与聚合思维的方法

思维导图

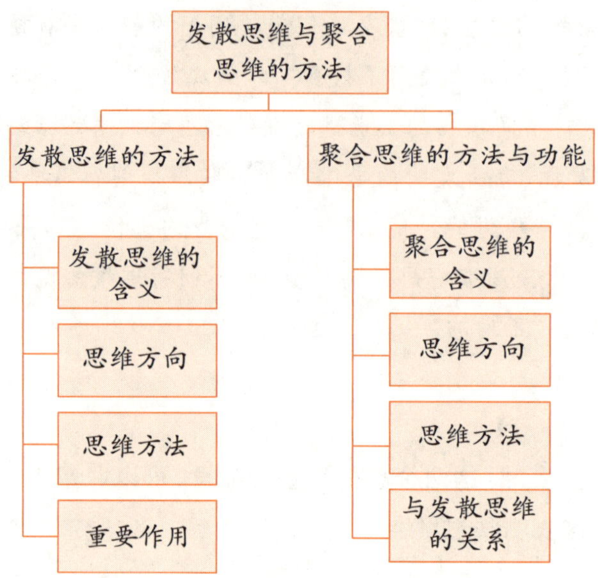

学霸笔记

学习要点

1.发散思维的现实基础与含义

事物具有多种多样的性质和关系，不同的性质和关系具有不同的功能和作用，人们已经认识的事物性质和关系、功能和作用，可能只是其中的一部分。为了揭示事物可能存在的其他性质和关系，寻求事物可能具有的其他功能和作用，人们常常需要运用发散思维。

发散思维是根据已知的事物信息，从不同的角度、不同的方向思考，以寻求解决问题的多样性答案的思维方式。

2.发散思维的典型技法

不同的人有不同的思维风格，也有不同的思维发散方法与诀窍。教材中主要列举并详述了以下三种。

第一种检核表法。主要通过对所设想问题的几个方面进行详细检查，从看似“毫无问题”的事物中找到思维创新的突破口，以求产生创新的思路。检核表法主要是从他用、借用、改变、扩大、缩小、代替、调整、颠倒和组合等九个方面进行思维发散。检核表法具体包括以下几个项目：第一，他用。主要查问现有事物有无其他用途，或者稍加改变后是否可作他用。如尼龙丝最初只用于军事，尼龙袜就是将尼龙丝用作“他”途。第二，借用。主要查问能否引入其他领域成功的办法解决某个问题。如医生借用建筑领域的微爆破技术，用以消除肾结石。第三，改变。主要查问改变现有事物的形状、颜色、意义、式样等，会产生什么结果。如将平面镜改为各种曲面镜，制成哈哈镜。第四，扩大。主要查问现有事物能否外加些什么，能否伸一伸、扩一扩。如在两块玻璃之间加入某些材料，将其制成防震、防碎、防弹的新型玻璃。第五，缩小。主要查问现有事物能减少什么，若其变小、变轻、变短、浓缩将会如何。如微型计算机、压缩饼干、折叠伞等都是通过缩小获得的创新。第六，代替。主要查问现有事物能否用其他材料、工艺、动力、结构、方法来代替。如电子表代替机械表。第七，调整。主要查问调整顺序、速度、程序会怎样。如飞机诞生之初螺旋桨装在头部，后来装到顶部，便成了直升机。第八，颠倒。主要查问正反互换会怎样，倒转事物的因果关系会如何。如化学能可以转化为电能，电能也能转化成化学能。第九，组合。主要查问把一事物与其他事物组合起来会怎样。如带橡皮的铅笔、带微型电扇的太阳帽、印有通缉犯图像资料的扑克牌等。

第二种信息交合法。主要是利用已有的或引进的事物信息，通过列举的方法，将不同信息有目的地进行组合，以产生新的思路。通常情况下，信息交合法要求将事物的总体信息分成材料、形态结构、功能等不同要素类型，以该事物为中心点“O”，每种要素类型为一条坐标轴，在坐标轴上标注各个具体的要素，由此构成信息交合的“反应场”，选取每一坐标轴上的任意一点，将各点相连，从而产生新的信息。

第三种头脑风暴法。这是一种集思广益的群体思维发散技法。它以会议的形式开展，要求有人主持会议，会议有讨论的主题。会议进入自由畅想阶段后，不宜过早地评判他人的设想，以利于其他设想的顺利产生，也就是要遵守“延迟评判”“以量求质”的原则。例如，首先有人提出回形针不仅可以用来夹文件，用在文件整理中，还可以用来夹开过封的零食袋；然后有人接着说，回形针还可以用来夹开过封的袋子，厨房里的各种调味袋；等等。受到这些发言的启发，大家提出曲别针可用来别东西，如相片、稿纸、床单、衣物等。渐渐地，一些奇特的想法也会接连被提出，如“可将曲别针磨尖，用来钓鱼”等。

3. 发散思维的作用以及运用发散思维的注意事项

发散思维的作用：发散思维不仅能够帮助人们发现新问题，而且能对所要解决的问题提供众多新设想。

运用发散思维的注意事项：首先，思维发散不能仅仅依靠几种发散技法，还需要其他思维因素的积极参与。其次，思维发散的效果，与人们的知识和经验的多少、实践能力的高低等密切相关。

4. 聚合思维的客观基础与含义

不同事物之间，不论其差异有多大，总会或多或少地存在这样或那样的相同或相似之处，具有可通约性。不同事物之间的可通约性就是聚合思维发生的客观基础。

从概念来说，聚合思维是利用已有的知识和经验，把众多信息逐步引导到条理化逻辑思路中，以便得出合乎逻辑的解决方案的思维。

5. 聚合思维的主要方法及功能

聚合思维有一个明确的目标，一切事物活动都要围绕这个轴心来进行。在进行思维聚合时，我们需要多次运用比较、分析、抽象、归纳、演绎、综合等逻辑思维方法去找到答案。这些方法是基本的逻辑思维方法，也是聚合思维的主要技法，融汇贯穿于思维聚合的过程中。

综合运用多种逻辑思维方法的聚合思维，其重要功能就是在众多零散的知识之间建立起内在联系，从而把看似互不相关的知识贯穿起来，聚焦所要解决的问题。

6. 聚合思维与发散思维的特点

作为创新思维的两翼，发散思维与聚合思维在思维方向上具有鲜明特征。教材中以图例形象地说明了发散思维的特点是思维方向的发散性，聚合思维的特点是思维方向的聚合性。思维方向的发散性，即以问题为出发点，向四面八方想，向新奇、奇特之处想，是扩散、辐射。这里的出发点是已知事物，四面八方的发散方向通常是事物可能存在的其他性质和关系、功能和作用。

聚合思维与发散思维恰恰相反。聚合思维是从四面八方向一个目标点想，向联系、共同之处想，是收敛与集中。它就如同一个凸透镜将太阳光聚合在一起，让人们的注意力直接对准所思考的目标，集中信息寻找联系以求最优方案。

7.发散思维与聚合思维的辩证关系

发散思维与聚合思维是创新思维的两翼，二者辩证统一。只有在二者相互作用所形成的“合力”下，事情才能办好，科学才能进步，真理才能发展。首先，事物既相互区别又相互联系，这是发散思维与聚合思维的客观基础。其次，发散思维与聚合思维，是认识对象个性与共性的关系在思维活动中的体现。最后，解决复杂问题，往往需要人们的思维结合实际情况，反复地“发散—聚合—发散—聚合”。

学习心得

1.识记方式

(1)情境记忆法。关于发散思维的不同技法，可以在具体的思维情境中思考技法的运用策略，进而把握思维技法之间的联系与区别。比如我们可以通过以下几种情境判断并把握三种技法的具体内涵。

第一，医生引用微爆破技术消除肾结石。第二，实验中运用数据分析找出最优解。第三，设计团队在头脑风暴中完成产品设计。

(2)比较记忆法。对于发散思维与聚合思维的学习可以使用比较记忆的方法加深理解。发散思维，是根据已知的事物信息，从不同的角度、不同的方向思考，以寻求解决问题的多样性答案的思维方式。聚合思维是利用已有的知识和经验，把众多信息逐步引导到条理化逻辑思路中，以便得出合乎逻辑的解决问题的方案。二者在思维方向上呈现出扩散、辐射、收敛、集中的强烈对比。在思维方法上，发散思维要求在科学合理的范围内尽可能突破常规，而聚合思维则是从四面八方往一个目标点集中。

(3)图形记忆法。为了学习发散思维与聚合思维，并将这两种思维方式与联想思维、逆向思维等其他思维方式区分开来，我们可以根据这两种思维方式的特点使用图形记忆法加以学习。如下图所示：

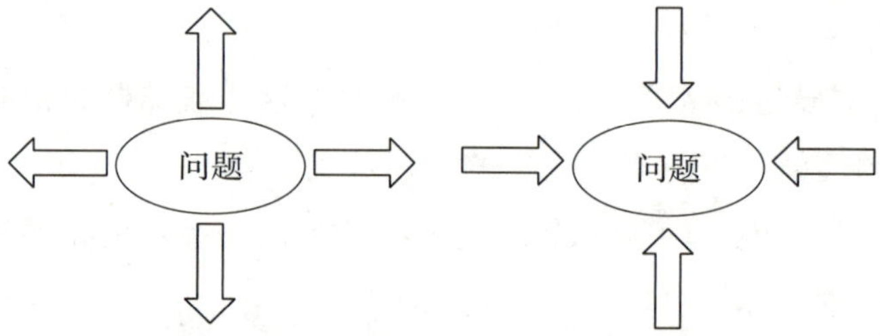

发散思维　　聚合思维

观察上面两种图形，同一个中心点，不同的箭头方向，形象地说明了发散思维与聚合思维的特点与区别。

(4)理解记忆法。只有深刻理解了知识才能牢固地记住它。所谓理解是指当提到某一知识时，头脑中就能够想到跟它有关的事实，知道它的应用或意义，了解它跟有关知识的联系。理解记忆的基本条件是对知识的理解和进行思维加工。对于本框中两种不同思维方式的学习，当我们对它们的含义、特征以及方法充分理解后再去记忆，将会达到事半功倍的效果。依据教材的阐释，我们知道，发散思维可以通过检核表法、信息交合法和头脑风暴法从不同角度和方向寻求解决问题的多样性答案。而聚合思维则可以运用比较、分析、抽象、归纳、演绎、综合等逻辑思维方法把看似互不相关的知识贯穿起来，聚焦所要解决的问题。基于两种思维方式的特点，在实际问题中，也可以反复地“发散—聚合—发散—聚合”形成思维合力，从而达到解决问题的目的。

2. 主要特点

“发散思维与聚合思维的方法”这一框，包括两目：第一目“发散思维的方法”，主要阐述了发散思维的含义、特征和方法，明确了发散思维是一种从不同角度和方向寻求解决问题的多样性答案的思维方式；第二目“聚合思维的方法与功能”，主要明确聚合思维是与发散思维在思维方向上呈反向的思维方式，它借助集中信息以寻求解决问题的答案。另外，教材中还着重阐述了发散思维与聚合思维的辩证关系。

这两目内容采用分述式讲述方式，以发散思维与聚合思维为两条主线，着重阐述了两者的含义、特征与各自的方法，其中对特征与方法的学习是本框的核心概念，只有理解和掌握了两种思维方式的特征和方法，才能辩证理解并学会如何在实际中合理运用。

3. 核心观点

发散思维是根据已知的事物信息，从不同的角度、不同的方向思考，以寻求解决问题的多样性答案的思维方式，其特征是扩散和辐射。发散思维主要有三种具体技法：检核表法主要通过对所设想问题的几个方面进行详细检查，从看似“毫无问题”的事物中找到思维创新的突破口，以求产生创新的思路；信息交合法是利用已有的或引进的事物信息，通过列举的方法，将不同信息有目的地进行组合，以产生新的思路；头脑风暴法是一种集思广益的群体思维发散技法，它以会议的形式开展，要求有人主持会议，会议有讨论的主题，会议进入自由畅想阶段后，不宜过早地评判他人的设想，以利于其他设想的顺利产生，也就是要遵守“延迟评判”“以量求质”的会议原则。

聚合思维是利用已有的知识和经验，把众多信息逐步引导到条理化逻辑思路中，以便得出合乎逻辑的解决问题的方案。其特征是收敛和集中。聚合思维有一个明确的目标，一切事物活动都要围绕这个轴心来进行。在进行思维聚合时，我们需要多次运用比较、分析、抽象、归纳、演绎、综合等逻辑思维方法去找到答案。而这些逻辑思维方法的一项重要功能就是在众多零散的知识之间建立起内在联系，从而把看似互不相关的知识贯穿起来，聚焦所要解决的问题。

发散思维与聚合思维，是认识对象个性与共性的关系在思维活动中的体现。解决复杂问题，往往需要人们的思维结合实际情况，反复地“发散—聚合—发散—聚合”。在一定意义上说，发散思维与聚合思维是创新思维的两翼，只有在两翼相互作用所形成的“合力”下，才能办好事情，科学才能进步，真理才能发展。

4. 比较分析

我们对发散思维与聚合思维的学习可以采取比较分析的方法，在比较中把握两种思维方式的相同点与不同点。首先，在思维方向上，发散思维以问题为出发点，向四面八方想，向新奇、奇特之处想，是扩散、辐射。聚合思维是从四面八方向一个目标点想，向联系、共同之处想，是收敛与集中。其次，发散思维与聚合思维，是认识对象个性与共性的关系在思维活动中的体现。最后，解决复杂问题，往往需要人们的思维结合实际情况，反复地“发散—聚合—发散—聚合”。综合而言，发散思维与聚合思维是创新思维的两翼，只有在二者相互作用所形成的“合力”下，事情才能办好，科学才能进步，真理才能发展。

5. 强化理解

发散思维与聚合思维的含义，不同思维方向的特征以及各自的方法等核心内容，需要进行强化理解。

学习诀窍

1.课前预习与课后复习

提前预习是为了上课时更轻松、更有目的,学习效率更高。预习的时候,自己掌握的知识可以不看,关键是将不懂的问题记在书本或笔记本上,这样在课堂上就能有针对性地听讲,从而解决预习时遇到的问题,把握相关的知识点。

课后要对上过的知识点进行复习,特别是核心知识点,比如发散思维与聚合思维的含义、特征与方法等内容一定要在课后进行深入复习和把握。

2.理论与实际相结合

理论来源于实践,科学理论形成后又会对实践起到指导作用。发散思维、聚合思维的含义、特征、典型技法等理论知识,源于人们对于实践的科学总结,并终将指导人们的创新实践。现实生活中,有些人遇到问题能够张开创新思维的两翼,既做到思路大开,也能够聚焦问题所在,最终实现思维创新。这些都与个人发散思维、聚合思维的能力有关。实践是最好的老师,我们要做生活中的有心人,智慧的观察者,既要善于查找现实中的生动案例,从中体会、验证所学的发散思维、聚合思维理论知识;也要善于思考实践中遇到的新情况、新问题,积极发挥发散思维和聚合思维的合力,进而提高创新思维水平。

3.思考与练习相结合

思考是人们掌握以往的知识、发现新的问题、掌握规律的必然途径。在学习发散思维与聚合思维的特征与方法时,一定要深入理解,从而把握如何辩证看待二者的"合力"作用。

此外,有的知识需要进行练习。做练习题是对知识点的回顾和深入理解。做题时,要注意积极思考,注意和知识点联系起来。做题要少而精。所谓精,就是做一道题,掌握这一类题的解决方法。可以制作集错本,专门将自己的错题集中起来,并分析出错误原因以警示自己。

我们在把握发散思维与聚合思维的特征与方法知识点时,可以通过练习以达到对此类知识点的熟练掌握和运用。

典型例题

简答题

1.请问发散思维的方法有哪些?

答案解析:

第一,检核表法,主要是通过对所设想问题的几个方面进行详细检查,从看似"毫无问题"的事物中找到思维创新的突破口,以求产生创新的思路。第二,信息交合法,利用已有的或引进的事物信息,通过列举的方法,将不同信息有目的地进行组合,以产生新的思路。第三,头脑风暴法,它是一种集思广益的群体思维发散技法。它以会议的形式开展,要求有人主持会议,会议有讨论的主题。在会议进入自由畅想阶段,不宜过早地批判他人的设想,以利于其他设想能够顺利地产生。这种会议的原则是"延迟评判""以量求质"。

2.结合你的理解,说一说发散思维与聚合思维的关系。

答案解析:

发散思维与聚合思维是创新思维的两翼,二者辩证统一。只有在两翼相互作用所形成的"合力"下,事情才能办好，科学才能进步，真理才能发展。

第一，事物既相互区别又相互联系，这是发散思维与聚合思维的客观基础。第二，发散思维与聚合思维，是认识对象个性与共性的关系在思维活动中的体现。第三，解决复杂问题，往往需要人们的思维结合实际情况，反复地"发散—聚合—发散—聚合"。

3. 有人认为，发散思维就是创新思维。你是如何理解这个观点的？

答案解析：

发散思维作为一种扩散性的思维方式，具有思维创新的功能。它不仅能够帮助我们发现新问题，还能对所要解决的问题提供众多新设想。因而发散思维就是一种创新思维。但是创新思维并不就是发散思维，创新思维方式有很多种。因此，认为"发散思维就是创新思维"的观点是错误的。

选择题

(多项选择题)下列对聚合思维的认识正确的是(　　)

A. 聚合思维是扩散、辐射

B. 聚合思维具有总体性

C. 聚合思维的思路具有归一性

D. 聚合思维向联系、共同之处想，是收敛、集中

E. 聚合思维让人们的注意力直接对准所思考的目标

答案解析：

CDE　我们通过分析以上选项的表述，可以看到C、D、E三个选项是对聚合思维的正确认识。所以，本题答案为CDE。

实战演练

简答题

有人认为："拥有思维发散技法就能达到创新思维的目的。"对此你怎么看？

参考答案：

思维发散技法有助于人们进行思维发散，但仅仅依靠几种思维发散技法，难以产生理想的结果，还需要其他思维因素(如直觉、想象、灵感等)的积极参与。只有将发散思维与聚合思维有机结合起来，才能更好地达到创新思维的目的。因此，"拥有思维发散技法就能达到创新思维的目的"这种观点是错误的。

选择题

1. (多项选择题)下列事例中运用了聚合思维的是(　　)

A. 科学家在科学实验中，要从已知的各种资料、数据和信息中归纳出科学的结论

B. 公安人员在破案时要从各种现象、各类可疑人员中发现作案事实和作案人员

C. 世界上没有两片完全相同的树叶

D. 一道数学题目有多种解答方法

2.(多项选择题)为了揭示事物可能存在的其他性质和关系，寻求事物可能具有的其他功能和作用，人们常常需要运用发散思维。关于发散思维，说法正确的有(　　)

A. 发散思维是一种收敛性的思维方式

B. 辐射思维、求异思维都是发散思维

C. 发散思维目的是寻求解决问题的多样性答案

D. 发散思维是从不同的角度和方向来思考问题

3."3+1"聚合跃变思维模式是一种解决疑难问题的有效思维工具，它为人类提供了一种具体有效的系统思考新方法，其五部导维图步骤如下：第一部分，寻找事物如真本质；第二部分，跨越时空超级链接；第三部分，分析元素锁定关键；第四部分，元素重组聚合创新；第五部分，分析利弊寻找最适。这说明(　　)

A. 对复杂事物的认识要反复地"发散—聚合—发散—聚合"

B. 只有用动态性的辩证思维看问题，才能把握事物变化发展的规律

C. 发散思维与聚合思维相互作用是创新思维的源泉

D. 事物的发展是渐进性与飞跃性、连续性与间断性的统一

参考答案：

1.AB　　　　2.BCD　　　　3.A

第二框　逆向思维的含义与作用

思维导图

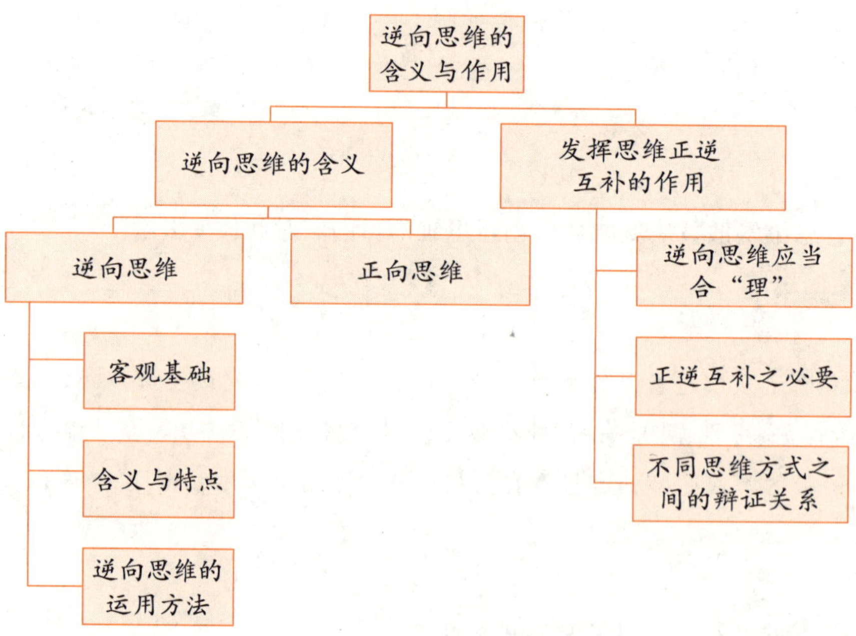

学霸笔记

学习要点

1.逆向思维的客观基础与含义

逆向思维的客观基础:事物包含着矛盾,矛盾的双方既对立又统一,因而事物具有复杂的相反相成的性质与功能,人们已经认识到的只是其中的一部分。为了认识事物可能具有的其他性质与功能,人们往往有意识地逆向性地思考既有的认识,这就需要运用逆向思维。

作为创新思维的一种方法,逆向思维是人们从过去所把握的事物原理的反面、构成要素的反面、功能结构的反面等,去思考、去求索,以实现创新的目的。

2.逆向思维的具体运用方法

在逆向思维的运用过程中,可以遵循以下方法。

第一,对事物结构顺序的已有认识进行反向思考。事物的存在总有一定的结构顺序,不同的结构顺序会产生不同的功能效用。对事物结构顺序的已有认识进行反向思考,可以发现事物未被我们认识的新功用。

第二,对已有的有关事物存在状态的认识作转换性思考。事物是变化发展的,人们对事物存在状态的认识是相对确定的,而不是固定不变或不可改变的。转换认识的视角,对事物存在状态的认识可能发生相互转化。

第三,对已有的有关事物功能的认识作反向思考。事物的功能是人们依据自己的需要所作出的评价和取舍。转换场合或对象来认识事物功用,其缺点可能变为优点。

第四,对已有的有关事物之间因果关系的认识作交换性思考。事物都处在因果关系的链条之中,人们对事物因果关系的认识,可以由因到果,也可以由果溯因。

3.逆向思维如何合“理”

正向思维与逆向思维是客观对象的内在矛盾在人们思维中的反映。逆向思维应当合“理”,这个“理”就是事理、规律。逆向思维的反向是有合理性的思维反向。不顾客观规律的盲目“反向”不但难以实现创新,还可能付出相应的代价。

4.正向思维是逆向思维的基础

只有掌握了正向思维的“正”,即人们已有的对事物常规认识的成果,才能够合理有效地进行逆向思维的“逆”,即对已有的常规认识作反向思考。不知道正向思维,就谈不上逆向思维。创新思维中的逆向思维,往往是在运用正向思维未能获得满意结果的情况下才采用的。

5.正逆互补的必要性

教材中阐明,正逆互补,相得益彰。逆向思维并非总比正向思维的效果好。究竟哪种思维的效果好,取决于具体情况,并不是时时处处都要逆向思考。有意识地将两个或多个对立面联系在一起思考,正反补充,可以打破单方面性质的限制,避免思维的僵化和极端化,更有可能发现事物的新功能和新作用,产生创新性的成果。

6.不同方向的思维方法之间的关系

创新思维是有方向的,是以问题为导向的。在创新思维的过程中,人们运用发散思维与聚合思维、逆向思维与正向思维等多向的思维方法,目的在于从不同的方向和角度认识事物,以求获得常规思路难以得到的新认识。因此,不同方向的思维方法之间不是彼此孤立、相互排斥的,而是相辅相成、相得益彰的。

学习心得

1.识记方式

(1)情境记忆法。针对逆向思维的含义与作用的学习,可以在具体的思维情境中思考逆向思维的内涵,进而把握逆向思维的不同方法的具体运用。比如我们可以通过以下几个情境判断并把握进行逆向思维的不同方法。

第一,有的动物园里,动物在园内自由活动,游客被关在观光车内。第二,对炒菜的原理作反向思考将其用于炒酸奶。第三,变废为宝,变"不利事"为"有利事"。

(2)比较记忆法。就逆向思维的含义与作用而言,我们可以采用比较记忆的方法。通过对逆向思维与正向思维的比较,发现它们的含义与方法是不同的,但二者也具有很强的关联性。这种关联性体现在:正向思维是逆向思维的基础,只有掌握了正向思维的"正",才能够合理有效地进行逆向思维的"逆"。另外,我们也可以通过比较学习逆向思维的不同方法。通过对知识点的梳理,我们已经了解逆向思维的方法主要有:对事物结构顺序的已有认识进行反向思考,对已有的有关事物存在状态的认识作转换性思考,对已有的有关事物功能的认识作反向思考,对已有的有关事物之间因果关系的认识作交换性思考。我们可以借助案例,通过比较分析,从而加深对这四种方法的理解。

(3)理解记忆法。所谓理解是指当提到某一知识时,头脑中就能够想到跟它有关的事实,知道它的应用或意义,了解它跟有关知识的联系。理解记忆的基本条件是对知识的理解和进行思维加工。对于逆向思维的含义、作用与方法的学习就可以采用此种方法。我们知道,正向思维是逆向思维的基础,逆向思维是相对于正向思维来说的。在概念上,逆向思维是人们从过去所把握的事物原理的反面、构成要素的反面、功能结构的反面,去思考、去求索,以实现创新的目的的思维方法。只有理解并把握了正向思维与逆向思维的含义与区别,我们才能更好地掌握思维正逆互补的关系,从而使得二者相辅相成、相得益彰。

2.主要特点

"逆向思维的含义与作用"这一框,包括两目。第一目"逆向思维的含义",主要阐述了逆向思维的含义,明确了正向思维与逆向思维的区别,介绍了逆向思维的客观基础以及逆向思维的具体运用方法等。第二目"发挥思维正逆互补的作用",主要区分了正向思维与逆向思维的合理性与必要性,着重阐述了不同思维方式之间的辩证关系。

3.核心观点

首先,逆向思维是相对于正向思维来说的,如果把原有的思路叫作正向思维,那么一切与原有的思路方向相反的思路都可以叫作逆向思维。作为创新思维的一种方法,逆向思维是人们从过去所把握的事物原理的反面、构成要素的反面、功能结构的反面等,去思考、去求索,以实现创新的目的的思维方法。

其次,逆向思维主要有四种方法:对事物结构顺序的已有认识进行反向思考,对已有的有关事物存在状态的认识作转换性思考,对已有的有关事物功能的认识作反向思考,对已有的有关事物之间因果关系的认识作交换性思考。

再次,逆向思维应当合"理",这个"理"就是事理、规律。逆向思维的反向是有合理性的思维反向。只有掌握了正向思维的"正",即人们已有的对事物常规认识的成果,才能够合理有效地进行逆向思维的"逆",即对已有的常规认识作反向思考。不知道正向思维,就谈不上逆向思维。创新思维中的逆向思维,往往是在运用正向思维未能获得满意结果的情况下才采用的。

最后，要发挥思维正逆互补的作用。逆向思维并非总比正向思维的效果好。究竟哪种思维的效果好，取决于具体情况，并不是时时处处都要逆向思考。有意识地将两个或多个对立面联系在一起思考，正反补充，可以打破单方面性质的限制，避免思维的僵化和极端化，更有可能发现事物的新功能和新作用，产生创新性的成果。因此，不同方向的思维方法之间不是彼此孤立、相互排斥的，而是相辅相成、相得益彰的。

4. 比较分析

我们对逆向思维的含义与作用的学习可以采取比较分析的方法，在比较中把握正逆思维的不同以及逆向思维方法之间的差异。正逆思维的不同以及逆向思维方法之间的差异也是本框的核心知识点，我们可以根据教材阐述的逆向思维最基本的四种方法：对事物结构顺序的已有认识进行反向思考、对已有的有关事物存在状态的认识作转换性思考、对已有的有关事物功能的认识作反向思考、对已有的有关事物之间因果关系的认识作交换性思考，从而深刻理解与把握逆向思维。另外，本框强调，不同方向的思维方法之间不是彼此孤立、相互排斥的，而是相辅相成、相得益彰的。

此外，我们对发散思维与聚合思维、正向思维与逆向思维等多种思维方式也可采取比较分析的方法。

5. 强化理解

逆向思维的含义、特征与方法是本课的重点，对思维正逆互补的把握以及与创新思维的结合也是核心内容，需要进行强化理解。

学习诀窍

1. 课前预习与课后复习

提前预习是为了上课时更轻松，更有目的，学习效率更高。预习的时候，自己已掌握的知识可以不看，关键是将不懂的问题记在书本或笔记本上，这样在课堂上就能有针对性地听讲，从而解决预习时遇到的问题，把握相关的知识点。

课后要对上过的知识点进行复习，特别是核心知识点，比如逆向思维的含义与作用，正逆思维的不同以及逆向思维方法之间的差异等，一定要在课后对其进行深入复习和把握。

2. 记、看课堂笔记

记笔记是课堂上的一种重要的学习手段，其目的是给思考和掌握知识留下线索。记笔记时，要记重点。记好笔记后，课后一定要及时复习。如果只是看重记笔记，而忽视复习笔记的话，则达不到很好的效果。

3. 多角度学习同一个知识点

在新知识的学习过程中，我们的大脑会通过固有模式来接受新的知识点。有时候，我们花很长时间学习一个知识点，但就是记不住。如果出现这种情况，可以暂时跳过，等大脑清醒了再尝试采取其他的方式进行学习，如查阅资料、观看线上课程等。

4. 积极思考与练习

思考是人们掌握知识、发现问题、掌握规律的必然途径。在学习逆向思维的相关知识点时，一定要认真思考、领会何谓逆向思维的方法，从而把握正逆互补的作用。

此外，有的知识需要进行练习。做练习题是对知识点的回顾和深入理解。做题时，要注意积极思考，注意和知识点联系起来。做题要少而精。所谓精，就是做一道题，掌握这一类题的解决方法。要制作集错本，将自己的错题集中起来，并分析出错误原因以警示自己。

我们在把握逆向思维的方法与思维正逆互补知识点时，可以通过练习达到对此类知识点的熟练掌握和运用。

典型例题

简答题

1.请结合所学知识，列举出逆向思维的方法。

答案解析：

第一，对事物结构顺序的已有认识进行反向思考。事物的存在总有一定的结构顺序，对事物结构顺序的已有认识进行反向思考，可以发现事物未被我们认识的新功用。第二，对已有的有关事物存在状态的认识作转换性思考。人们对事物存在状态的认识是相对确定的，转换认识的视角，对事物存在状态的认识可能发生相互转化。第三，对已有的有关事物功能的认识作反向思考。事物的功能是人们依据自己的需要所作出的评价和取舍。转换场合或对象来认识事物功用，其缺点可能变为优点。第四，对已有的有关事物之间因果关系的认识作交换性思考。事物都处在因果关系的链条之中，人们对事物因果关系的认识，可以由因到果，也可以由果溯因。

2.为什么说“在逆向思维时不要忘记正向思维”？

答案解析：

任何事物都包含着对立的两个方面，这两个方面又相互依存在一个统一体中。人们认识事物，总是同时与其正反两个方面打交道。正向思维和逆向思维是客观对象的内在矛盾在人们思维中的反映。只有掌握了正向思维的“正”，即人们已有的对事物常规认识的成果，才能够合理有效地进行逆向思维的“逆”，即对已有的常规认识作反向思考。不知道正向思维，就谈不上逆向思维，二者之间是一种辩证的关系，是相辅相成、相得益彰的。

3.有人认为，逆向思维总比正向思维的效果好。你怎么看待这个观点？

答案解析：

究竟哪种思维的效果好，取决于具体情况，并不是时时处处都要逆向思考。因此，认为“逆向思维总比正向思维的效果好”的观点是错误的。

选择题

(多项选择题)下列做法能够体现逆向思维的是(　　)

A.当所有人都想的一样时，可能每个人都错了

B.反弹琵琶

C.城门失火，殃及池鱼

D.《三国演义》中诸葛亮的“空城计”

答案解析：

ABD　逆向思维是从反向进行思考，我们通过分析选项，可以看出其中ABD都属于逆向思维，而C选项是正向思维。所以，本题答案为ABD。

实战演练

简答题

如何理解“逆向思维应当合‘理’”?

参考答案:

这里的“理”指的是事物发展的客观规律,即世界上的万事万物的某种特性不依时间、地点和环境的改变而改变,不以人的意志为转移。逆向思维应当合“理”,就是指我们在运用逆向思维分析问题时,应以事物发展的客观规律为基础和依托。逆向思维的反向是有合理性的思维反向。我们不能想当然地认为无论在什么情况下都可以进行逆向思维,在任何环境下都应该运用逆向思维。如果我们不顾事物发展的客观规律,盲目地“反向”,不仅难以实现创新思维的目的,而且可能付出惨重的代价。

选择题

1.(多项选择题)有意识地将两个或多个对立面联系在一起思考,正反补充,这样做的价值在于(　　)

A.更有可能发现事物的新功能和新作用,产生创新性的成果

B.可以打破单方面性质的限制,避免思维的僵化和极端化

C.可以让人们的注意力直接对准所思考的目标,寻求解决问题的最优方案

D.可以从不同方向和角度认识事物,确保获得常规思路难以得到的新认识

2.诸葛亮因为进行反习惯、反逻辑思考而使出“空城计”,使对方感到莫名其妙,不敢进城,最终达到自己的目的。这说明(　　)

A.时时处处都可以运用逆向思维

B.逆向思维就是逆反心理

C.逆向思维是从相反的角度来考虑问题以实现创新的目的

D.逆向思维违背客观规律,不宜常用

3.哥白尼提出“日心说”,是因为他根据“地心说”不能解释自己观察到的天文现象,如果能够解释,哥白尼也就不会提出“日心说”了。这表明(　　)

A.逆向思维应当合“理”,即应当遵循客观规律

B.逆向思维往往是在运用正向思维未能获得满意结果的情况下才采用的

C.逆向思维就是“倒着来”“对着干”的逆反心理

D.相对于正向思维,逆向思维能够取得更好的效果

参考答案:

1.AB　　2.C　　3.B

第十三课　创新思维要力求超前

第一框　超前思维的含义与特征

思维导图

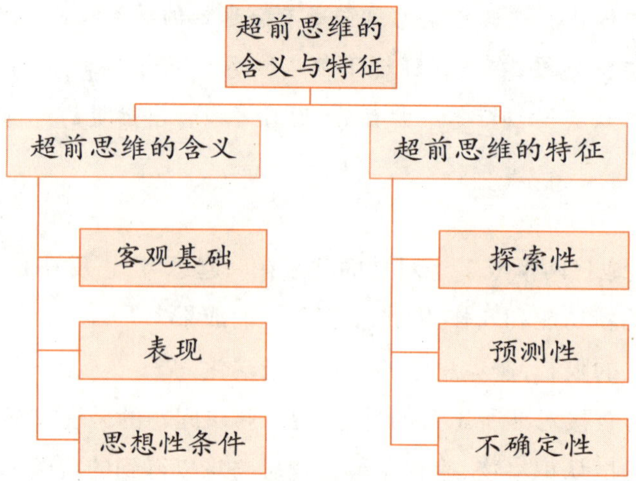

学霸笔记

学习要点

1.超前思维的客观基础与含义

超前思维的客观基础:事物的发生和发展有其规律性,人的思维对事物的反映具有能动性。思维在某种程度上能够对事物的发展趋势作出预测。

超前思维的含义:超前思维是在多角度、全方位地分析事物的历史和现状的基础上,从事物发展的现实情况出发,认识和把握事物的发展状态,运用合理的推理和想象,判断事物未来发展趋势的思维形态。

2.超前思维的表现

"先知先觉"是超前思维的表现。从人们的认识状态和认识对象的存在状态之间的关系看,人的思维既可能近似于等同地反映事物的存在状态,也可能以超前或落后的方式反映事物的存在状态。思维落后于事物发展状况,是所谓的"后知后觉"或者"不知不觉",人们将能够对事物发展情况作出正确预测的现象称为"先知先觉"。

3.超前思维生成的思想性条件

超前思维是有超前意识的思维,超前意识是超前思维的思想性条件。超前意识是不满足于现状的意识,是居安思危的意识,是自觉地站得更高、看得更远的意识,是追求事物发展更好、更优、更强的意识。善于反思、勇于质疑是超前意识的基本品质。没有反思,不敢质疑,就不会有超前意识,更不会有超前思维。

4. 超前思维的特征

超前思维有如下三个特征。

第一，探索性。超前思维是建立在对事物发展的历史和现实把握之上的，却又不局限于事物的过去和现在的存在状况，而是对认识中落后的、过时的、丧失优势的东西予以否定，肯定其中进步的、先进的、有价值的东西，并在此基础上构想事物发展的可能的趋势。

第二，预测性。思维具有能动性，能动的思维能够在头脑中创造观念的对象。超前思维正是利用思维的创造性，超越了事物发展的具体时间和空间，以及事物发展的具体环节，在头脑中推想事物发展的未来情况。相对于事物的现状而言，超前思维的结果具有"事先得知"的特征。

第三，不确定性。超前思维指向未来，但未来并不是现实的单向直线的延伸，而是存在多向变化的可能性。人们对事物发展规律的把握有正确与错误、深刻与肤浅之分，事物在其发展过程中会受到各种各样的不可预料的因素的影响，事物发展的具体状况不一定完全按照人们事先预测的方式展开。要提高超前思维预测推断的科学性和准确性，需要人们立足实践活动，充分认识和把握事物的规律，创造有利的条件，促使事物向有利于人们预测的方向发展。

学习心得

1. 识记方式

（1）情境记忆法。针对超前思维的运用，可以在具体的思维情境中思考其含义，进而把握超前思维的不同特征之间的联系与区别。比如我们可以通过以下两个情境判断并把握超前思维的具体含义：第一，居安思危，有备无患；第二，为之于未有，治之于未乱。

（2）比较记忆法。采用比较记忆的方法有助于加深对超前思维三种特征的理解与记忆。通过对超前思维的三种特征的比较来看，它们的内涵是不同的。首先，关于探索性，教材指出，超前思维是建立在对事物发展的历史和现实把握之上的，却又不局限于事物的过去和现在的存在状况，而是对认识中落后的、过时的、丧失优势的东西予以否定，肯定其中进步的、先进的、有价值的东西，并在此基础上构想事物发展的可能的趋势。其次，关于预测性，超前思维利用思维的创造性，超越了事物发展的具体时间和空间，以及事物发展的具体环节，在头脑中推想事物发展的未来情况。相对于事物的现状而言，超前思维的结果具有"事先得知"的特征。最后，不确定性。从超前思维的探索性和预测性中我们就可以体会到它的不确定性。人们对事物发展规律的把握有正确与错误、深刻与肤浅之分，事物在其发展过程中会受到各种各样的不可预料的因素的影响，事物发展的具体状况不一定完全按照人们事先预测的方式展开。因而，不确定性是客观存在的。我们在学习超前思维时，为了提高超前思维预测推断的科学性和准确性，需要立足实践活动，充分认识和把握事物的规律，创造有利的条件，促使事物向有利于预测的方向发展。

（3）理解记忆法。只有深刻理解了知识才能牢固地记住它。所谓理解，是指当提到某一知识时，头脑中就能够想到跟它有关的事实，知道它的应用或意义，了解它跟有关知识的联系。理解记忆的基本条件是对知识的理解和进行思维加工。针对超前思维的含义、表现、生成的思想性条件以及三种特征的学习就可以采用此种方法。我们知道超前思维是在多角度、全方位地分析事物的历史和现状的基础上，从事物发展的现实情况出发，认识和把握事物的发展状态，运用合理的推理和想象，判断事物未来发展趋势的思维形态，并且表现为"先知先觉"。只有理解并把握了超前思维的含义与表现，我们才能更好掌握超前思维的三种特征，即探索性、预测性和不确定性。

2. 主要特点

“超前思维的含义与特征”这一框，包括两目。第一目“超前思维的含义”，主要阐述了超前思维的具体含义，明确了超前思维的客观基础与表现以及其生成的思想性条件；第二目“超前思维的特征”，主要明确阐述和区分了超前思维的三种特征。

这两目内容采用渐进式讲述方式，以超前思维为主线，着重阐述了超前思维的含义，其中超前思维是本框的核心概念，只有理解和掌握了超前思维的含义、表现及其生成的思想性条件，我们才能懂得超前思维的三种特征的具体内涵，才能在实践中灵活地运用超前思维。

3. 核心观点

首先，超前思维有其客观条件——事物的发生和发展有其规律性，人的思维对事物的反映具有能动性。思维在某种程度上能够对事物的发展趋势作出预测。

其次，超前思维是在多角度、全方位地分析事物的历史和现状的基础上，从事物发展的现实情况出发，认识和把握事物的发展状态，运用合理的推理和想象，判断事物未来发展趋势的思维形态。“先知先觉”是超前思维的表现。

再次，超前思维是有超前意识的思维。超前意识是不满足于现状的意识，是居安思危的意识，是自觉地站得更高、看得更远的意识，是追求事物发展更好、更优、更强的意识。善于反思、勇于质疑是超前意识的基本品质。没有反思，不敢质疑，就不会有超前意识，更不会有超前思维。

最后，超前思维具有探索性、预测性、不确定性三个特征。探索性指的是超前思维可以构想事物发展的可能的趋势。预测性是指超前思维的结果具有“事先得知”的特征。不确定性是指超前思维对事物发展规律的把握有正确与错误、深刻与肤浅之分，这是由于事物发展的具体状况不一定完全按照人们事先预测的方式展开。

4. 比较分析

超前思维的三种特征是本框的核心知识点，我们对超前思维的三种基本特征的学习可以采取比较分析的方法，在比较中把握超前思维的三种不同特征。我们可以从教材阐述的超前思维最基本的含义、表现以及思想性条件等方面，把握这三种不同的特征。

5. 强化理解

超前思维的具体含义、表现、思想性条件以及三种特征等核心内容，需要进行强化理解。

学习诀窍

1. 课前预习课后复习

提前预习是为了上课时更轻松，更有目的，学习效率更高。预习的时候，自己已掌握的知识可以不看，关键是将不懂的问题记在书本或笔记本上，这样在课堂上就能有针对性地听讲，从而解决预习时遇到的问题，把握相关的知识点。

课后要对上过的知识点进行复习，特别是核心知识点，比如超前思维的含义、表现及其生成的思想性条件，以及超前思维的三种特征等知识一定要在课后进行深入复习和把握。

2. 记、看课堂笔记

记笔记是课堂上的一种重要的学习手段，其目的是给思考和掌握知识留下线索。记笔记时，要选择重点知识记，在课后一定要复习课堂笔记。

3. 理论与实际相结合

理论来源于实践，科学理论形成后又会对实践起到指导作用。超前思维的含义、特征等理论知识，源于人们对于实践的科学总结，并终将指导人们运用超前思维。现实生活中，有些人能够“先知先觉”，善于下“先手棋”，有些人却“后知后觉”甚至“不知不觉”，这些不同的现实情况，实际上都与个人超前思维能力有关。实践是最好的老师，我们要做生活中的有心人，智慧的观察者，既要善于查找现实中的超前思维案例，从中体会、验证所学的超前思维理论知识；也要立足现实，善于对个人、群体甚至国家社会的未来发展进行超前规划。

4. 勤于反思与练习

思考是人们发现问题、掌握规律的必然途径。在学习超前思维的含义这一知识点时，一定要认真思考、领会超前思维的内涵，从而把握超前思维的具体特征。

此外，有的知识需要进行练习。做练习题是对知识点的回顾和深入。做题时，要积极思考，将题目和知识点联系起来。做题要少而精。所谓精，就是做一道题，掌握这一类题的解决方法。要制作集错本，专门将自己的错题集中起来，并分析错误原因以警示自己。

我们在把握超前思维的含义与特征时，可以通过练习以达到对相关知识的熟练掌握和运用。

典型例题

简答题

1. 超前思维的表现是什么？

答案解析：

超前思维的表现是“先知先觉”。从人们的认识状态和认识对象的存在状态之间的关系看，人的思维能够对事物发展情况作出正确预测的，人们将这种现象称为“先知先觉”。

2. 如何提高超前思维的科学性和准确性？

答案解析：

超前思维具有不确定性，其原因是超前思维指向未来，但未来存在多向变化的可能性；人们对事物发展规律的把握有正确与错误、深刻与肤浅之分，事物在其发展过程中会受到各种各样的不可预料的因素的影响，事物发展的具体状况不一定完全按照人们事先预测的方式展开。故而要提高超前思维预测推断的科学性和准确性，需要人们立足实践活动，充分认识和把握事物的规律，创造有利的条件，促使事物向有利于人们预测的方向发展。

3. 有人认为，所有指向未来的思维都是超前思维。你怎么看待这个观点？

答案解析：

这个观点是错误的。超前思维指向未来，但不能说所有指向未来的思维都是超前思维。

选择题

（多项选择题）我们应该审时度势、精心谋划、超前布局、力争主动，加快建设数字中国，更好服务我国经济社会发展和人民生活改善。从思维角度看，上述观点体现了（　　）

A.超前思维具有预测性

B.超前思维能指导人们改造世界

C.超前思维必须超越现实条件

D.超前思维具有不确定性

答案解析:

AB 通过分析,我们可以看到题干材料预测了建设数字中国给未来社会带来的影响,体现了超前思维的预测性和积极意义,A、B两个选项的说法正确,C选项说法错误,D选项材料中没有体现。所以,本题答案为AB。

实战演练

简答题

判定一种思维方式是否是超前思维的条件是什么?

参考答案:

①在多角度、全方位地分析事物的历史和现状的基础上。②从事物发展的现实情况出发,认识和把握事物的发展状态。③运用合理的推理和想象,判断事物未来发展趋势。

选择题

1.(多项选择题)超前思维是在多角度、全方位地分析事物的历史和现状的基础上,从事物发展的现实情况出发,认识和把握事物的发展状态,运用合理的推理和想象,判断事物未来发展趋势的思维形态。下列说法属于超前思维的是(　　)

A.将外部挑战转化为发展的动力和契机

B.预测未来几天上海地区的天气变化

C.对市场消费需求变动趋势的预判

D.由清晨地面潮湿推想到昨夜下过雨

2.(多项选择题)一个人为救人而被歹徒打成重伤。有超前思维的记者在报道这件事之外,还会推测出一系列的报道题目,如被救的人怎么感谢他,歹徒的下场如何,他负伤住院后情况如何,医护人员如何抢救他,全市人民怎样向他学习;等等。如果照这个思路去采写,肯定会写出若干篇有价值的报道。从这一事例中,我们可以知道(　　)

A.超前思维必须从丰富的经验出发,预判事物发展趋势

B.多角度、全方位的分析能够引发对事物发展状况的探索

C.只有具有超前思维才能写出有价值的新闻报道

D.超前思维是有超前意识的思维,不会满足于事物的现状

3.(多项选择题)近年来,新能源汽车受到社会的广泛关注,同时,新能源汽车还存在技术不是很成熟、车辆占有率低、充电难、维修难等问题。但是国家对新能源汽车的发展前景充满信心,采取了多种措施促进新能源汽车的发展。从超前思维的观点来看,国家这一态度体现了(　　)

A.超前意识是自觉地站得更高、看得更远的意识

B.超前意识是追求事物发展更好、更优、更强的意识

C.善于反思、否定一切是超前意识的基本品质

D.超前意识是安于现状、居安思危的意识

参考答案：

1.BC　　2.BD　　3.AB

第二框　超前思维的方法与意义

思维导图

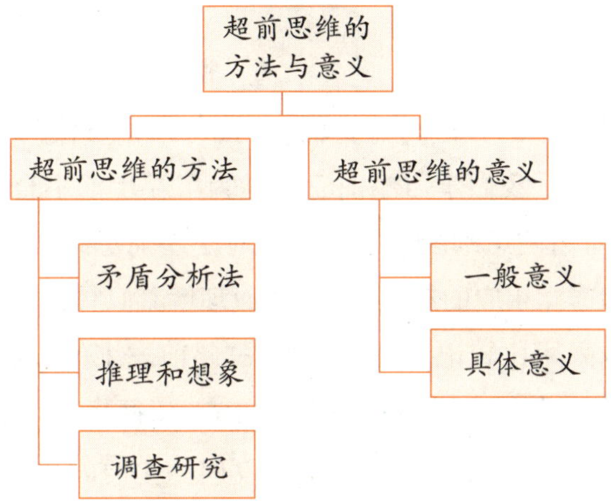

学霸笔记

学习要点

1.超前思维的方法

第一，超前思维要运用矛盾分析方法。任何事物、任何时候都存在矛盾，事物的内在矛盾是推动事物发展的内在动力，并决定事物发展的方向。矛盾分析方法是分析矛盾、解决矛盾的方法。把握了事物的内在矛盾，才能对事物发展的状况和趋势作出正确的判断和预见。

第二，超前事物要运用推理和想象的方法。超前思维是依据事物发展的历史和现实状况，对事物未来的发展趋势进行预测。要把握事物发展的因果关系，就需要运用推理的方法。由于事物的未来发展趋势受诸多因素的影响，人们难以由其过去和现在的状况必然地推知其未来，所以需要运用想象等思维方法弥补其前提条件的不足。

第三，超前思维要注重调查研究。超前思维建立在对事物发展情况的把握之上，而把握事物的发展情况离不开调查研究。没有调查就没有发言权。调查是有计划、有目的地了解事物的真实情况，研究是对调查得到的材料进行分析与综合，以便认识事物的本质和规律。只有通过调查研究，我们才能对事物作出正确的判断和预测。

2.科学的思维方法对提高超前思维正确性的意义

超前思维要以事物发展的状况为依据，是根据事物发展的可能性进行预测的。超前思维不能陷于不切实际的胡思乱想之中。要提高超前思维的正确性，需要运用科学的思维方法。

3.超前思维的意义

超前思维的意义分为一般意义和具体意义。

在一般意义上，超前思维有助于人们能动地认识世界，也有助于人们趋利避害、防患于未然，成功地改造世界。超前思维能使人们通过前瞻性思考，把握事物发展状态，帮助人们规划和调整思路，从而进行正确的决策，抓住有利的发展机遇。

在具体意义上，培养超前意识，提高超前思维水平，利用超前思维的前瞻性功能，有利于我们规划成长成才的方案，有利于企业开发供给侧的产品和市场，有利于社会绘制更为全面合理的服务蓝图，有利于国家和民族进行科学的顶层设计和整体谋划，推动经济社会的持续健康发展。

学习心得

1.识记方式

(1)实践记忆法。对于超前思维的方法与意义的学习，可以在具体的实践中思考超前思维的不同方法，进而把握超前思维的运用意义。我们学习超前思维是为了在生活中合理地运用它。因此我们在记忆知识点时可以通过实践法加深对超前思维的理解。比如对于超前思维三种方法的记忆，我们可以设定三个事例，根据对三种方法的理解选择相应的解决方案，从而理解其具体内涵以及超前思维的意义。

(2)比较记忆法。我们可以采用比较记忆的方法掌握"超前思维的方法"这一知识点。通过比较超前思维的三种方法，我们可以发现它们的内涵是不同的。首先，任何事物、任何时候都存在矛盾，事物的内在矛盾是推动事物发展的内在动力，并决定事物发展的方向。矛盾分析方法是分析矛盾、解决矛盾的方法。把握了事物发展的内在矛盾，才能对事物发展的状况和趋势作出正确的判断和预见。其次，要把握事物发展的因果关系，就需要运用推理的方法。由于事物的未来发展趋势受诸多因素的影响，人们难以由其过去和现在的状况必然地推知其未来，所以需要运用想象等思维方法弥补其前提条件的不足。最后，超前思维建立在对事物发展情况的把握之上，而把握事物的发展情况离不开调查研究。调查是有计划、有目的地了解事物的真实情况，研究是对调查得到的材料进行分析与综合，以便认识事物的本质和规律。只有通过调查研究，我们才能对事物作出正确的判断和预测。通过对超前思维三种方法内涵的比较，我们可以更好地把握这三种方法。

(3)理解记忆法。只有深刻理解了知识才能牢固地记住它。所谓理解是指当提到某一知识时，头脑中就能够想到跟它有关的事实，知道它的应用或意义，了解它跟有关知识的联系。理解记忆的基本条件是对知识的理解和进行思维加工。针对超前思维的方法与意义的学习可以采用此种方法。我们知道超前思维的方法主要是矛盾分析方法、推理和想象、注重调查研究。只有理解并把握了超前思维方法的内涵，我们才能掌握与落实超前思维的实际意义。

2.主要特点

"超前思维的方法与意义"这一框，包括两目。第一目"超前思维的方法"，主要阐述了超前思维的三种方法，明确了超前思维的方法主要是矛盾分析方法、推理和想象、注重调查研究；第二目"超前思维的意义"，主要区分了超前思维之于哲学层面和现实层面的意义。

3. 核心观点

超前思维的方法。

第一，超前思维要运用矛盾分析方法。任何事物、任何时候都存在矛盾，事物的内在矛盾是推动事物发展的内在动力，并决定事物发展的方向。矛盾分析方法是分析矛盾、解决矛盾的方法。把握了事物发展的内在矛盾，才能对事物发展的状况和趋势作出正确的判断和预见。

第二，超前思维要运用推理和想象的方法。超前思维是依据事物发展的历史和现实状况，对事物未来的发展趋势进行预测。要把握事物发展的因果关系，就需要运用推理的方法。由于事物的未来发展趋势受诸多因素的影响，人们难以由其过去和现在的状况必然地推知其未来，所以需要运用想象等思维方法弥补其前提条件的不足。

第三，超前思维要注重调查研究。超前思维是建立在对事物发展情况的把握之上，而把握事物的发展情况离不开调查研究。没有调查就没有发言权。调查是有计划、有目的地了解事物的真实情况，研究是对调查得到的材料进行分析与综合，以便认识事物的本质和规律。只有通过调查研究，我们才能对事物作出正确的判断和预测。

第四，超前思维要以事物发展的状况为依据，是根据事物发展的可能性进行预测的。超前思维不能陷于不切实际的胡思乱想之中。要提高超前思维的正确性，需要运用科学的思维方法。

超前思维的意义分为一般意义和具体意义。

从一般意义上讲，超前思维有助于人们能动地认识世界，也有助于人们趋利避害、防患于未然，成功地改造世界。超前思维能使人们通过前瞻性思考，把握事物发展状态，帮助人们规划和调整思路，从而进行正确的决策，抓住有利的发展机遇。

从具体意义上讲，培养超前意识，提高超前思维水平，利用超前思维的前瞻性功能，有利于我们规划成长成才的方案，有利于企业开发供给侧的产品和市场，有利于社会绘制更为全面合理的服务蓝图，有利于国家和民族进行科学的顶层设计和整体谋划，推动经济社会的持续健康发展。

4. 比较分析

我们对超前思维的三种方法的学习可以采取比较分析的方法，在比较中把握超前思维的三种方法的具体使用。掌握超前思维的三种方法是本框的核心知识点，我们可以结合超前思维的具体含义与特征把握这三种方法的区别与具体实践。具体来说，矛盾分析方法是分析矛盾、解决矛盾的方法，推理和想象可以把握事物发展的因果关系以及弥补无法必然地推知未来的不足，调查研究是分析和综合调查材料以对事物作出正确的判断和预测。超前思维是实现创新思维的方式之一，因而对超前思维方法的把握也有利于更好地达成创新。此外，将超前思维与前文所学的联想思维、发散思维、聚合思维、正向思维、逆向思维进行比较，也是学懂弄通超前思维的关键。

5. 强化理解

超前思维的三种方法与两层意义是本框学习的核心内容，需要进行强化理解。

学习诀窍

1. 课前预习与课后复习

提前预习是为了上课时更轻松，更有目的，学习效率更高。预习的时候，自己已掌握的知识可以不看，关键是将不懂的问题记在书本或笔记本上，这样在课堂上就能有针对性地听讲，从而解决预习时遇到的问题，把握相关的知识点。

课后要对上过的知识点进行复习，特别是核心知识点，比如超前思维的三种方法以及两层意义等知识，一定要在课后进行深入的复习和把握。

2.记、看课堂笔记

记笔记是课堂上的一种重要的学习手段，其目的是给思考和掌握知识留下线索。在记笔记时，要选择重点内容记。课后一定要对笔记进行及时的复习。如果只是看重记笔记，而忽视掌握的话，则不会取得很好的效果。

3.理论与实践相结合

理论来源于实践，科学理论形成后又会对实践起到指导作用。学习超前思维的具体方法、了解超前思维的积极功能，最终都要服务于培养超前思维、提升超前思维能力，进而实现有所创新。实践是最好的老师，我们要做生活中的有心人，智慧的观察者，既要善于查找现实中的超前思维案例，从中体会、验证所学的超前思维理论知识；也要立足现实，善于运用所学的多种超前思维方法对个人、群体甚至国家社会的未来发展进行超前规划。

4.积极思考与练习

思考是人们掌握以往的知识、发现新的问题、掌握规律的必然途径。在学习超前思维的方法与意义的知识时，一定要认真思考、领会何谓超前思维的方法，从而把握落实超前思维的现实意义。

此外，有的知识需要进行练习。做练习题是对知识点的回顾和深入理解。做题时，要注意积极思考，注意和知识点联系起来。做题要少而精。所谓精，就是做一道题，就要学会掌握这一类题的解决方法。我们可以制作集错本，将自己的错题集中起来，并分析出错误原因以警示自己。

我们在把握“超前思维的方法”与“超前思维的意义”知识点时，可以通过练习达到对此类知识点的熟练掌握和运用。

典型例题

简答题

1.请问超前思维的方法有哪些？

答案解析：

第一，矛盾分析方法；第二，推理和想象的方法；第三，调查研究。

2.培养超前思维的具体意义是什么？

答案解析：

培养超前意识，提高超前思维水平，利用超前思维的前瞻性功能，有利于青年学生规划成长成才的方案，有利于企业开发供给侧的产品和市场，有利于社会绘制更为全面合理的服务蓝图，有利于国家和民族进行科学的顶层设计和整体谋划，推动经济社会的持续健康发展。

3.有人认为，超前思维的结果都是正确的，对此你怎么看？

答案解析：

超前思维的结果不一定都是正确的，即使是基于调查研究等方法的超前思维也不一定正确，因为超前思维有不确定性的特点，所以要提高超前思维的正确性，需要运用科学的思维方法。因此，“超前思维的结果都是正确的"这种观点是错误的。

选择题

(多项选择题)"不谋万世者,不足谋一时",这句话既是对不具备超前思维能力的人的警示,也是对具有超前思维能力企业家的启迪。可见,企业家具备超前思维有利于(　　)

A.加强社会治理

B.企业产品研究开发

C.积极开拓市场

D.规划成长成才方案

答案解析:

BC　我们通过题干信息,可以看到本题考查的是超前思维对企业家的意义,A选项是对国家的意义,D选项是对青年学生的意义,都不符合题意;B、C选项才是对企业家的意义。所以,本题答案为BC。

实战演练

简答题

从超前思维的角度分析,提出共建"一带一路"倡议的意义是什么?

参考答案:

首先,超前思维有助于人们能动地认识世界,也有助于人们趋利避害、防患于未然,成功地改造世界。超前思维能使人们通过前瞻性思考,把握事物发展状态,帮助人们规划和调整思路,从而进行正确的决策,抓住有利的发展机遇。其次,培养超前意识,提高超前思维水平,利用超前思维的前瞻性功能,有利于社会绘制更为全面合理的服务蓝图,有利于国家和民族进行科学的顶层设计和整体谋划,推动经济社会的持续健康发展。为携手应对世界经济面临的挑战,开创发展新机遇,谋求发展新动力,拓展发展新空间,实现优势互补、互利共赢,2013年,习近平总书记提出了共建"一带一路"倡议。共建"一带一路"倡议逐渐从理念转化为行动,从愿景转化为现实,从谋篇布局的"大写意"走向深耕细作的"工笔画"新阶段,在国际舞台上发挥着越来越重要的作用。

选择题

1.(多项选择题)习近平在浙江工作时就曾指出,要解决矛盾和问题,就要深入基层,深入群众,拜群众为师,深入调查研究。调查研究多了,情况了然于胸,才能够找出解决问题、克服困难的办法,作出正确决策。从超前思维角度看,重视调查研究才能(　　)

A.决定事物发展的方向

B.把握事物的发展情况

C.把握事物发展的因果关系

D.对事物作出正确的判断和预测

2.(多项选择题)超前思维是在多角度、全方位地分析事物的历史和现状的基础上,从事物发展的现实情况出发,认识和把握事物的发展状态,运用合理的推理和想象,判断事物未来发展趋势的思维形态。从

中可以看出，超前思维要(   )

A.坚持以分析为先导，为综合做准备

B.以把握事物发展的内在矛盾为先决条件

C.以事物发展的历史和现实状况为根据

D.运用科学思维方法，才能提高其正确性

3.(多项选择题)我们党在综合分析国际国内形势和我国发展条件的基础上，将我国从2020年到本世纪中叶的发展分两个阶段来安排。第一个阶段，从2020年到2035年，在全面建成小康社会的基础上，再奋斗15年，基本实现社会主义现代化；第二个阶段，从2035年到本世纪中叶，在基本实现现代化的基础上，再奋斗15年，把我国建成富强民主文明和谐美丽的社会主义现代化强国。到那时，我国人民将享有更加幸福安康的生活，中华民族将以更加昂扬的姿态屹立于世界民族之林。这个战略性安排说明(   )

A.把握事物发展的外部矛盾，才能构想事物发展的可能的趋势

B.超前思维有利于国家和民族进行科学的顶层设计和整体谋划

C.超前思维指向的未来存在多向变化的可能性

D.超前思维要以事物发展的历史和现实状况为根据

参考答案：

1.BD　　　　2.CD　　　　3.BD

综合探究　结合社会实践　勇于开拓创新

学霸笔记

学习要点

1.创新思维的可能性及其含义

(1)创新思维的可能性。人的认识反映客观事物不是简单的“照相”或“复制”，而是要经过头脑的加工制作。从这个意义上说，人的思维具有主观能动性，这种主观能动性具体地体现在思维所具有的间接性、概括性等方面。这种主观能动性就是创新思维之所以可能的依据所在。

(2)创新思维的含义。科学思维所说的创新思维，不是泛指所有思维都具有的能动性，而是特指人们在实践中破除迷信、超越陈规，有所发现、有所发明的思维活动。

2.创新思维的特征

(1)创新思维的思路具有多向性的特征。在思维方向上，创新思维是从不同的角度，以及不同方面、层次、条件等构思设想、探试多个答案。当某一思路受阻时，能够很快转向其他方向。与单向性的思维相比，多向性是创新思维的明显特征。

(2)创新思维的步骤具有跨越性的特征。创新思维常常表现为对推理步骤的省略或跨越，但并不排斥其中的逻辑推导与分析。创新思维往往是直觉、灵感等思维活动在发生作用，这使得创新思维难以详细描述，染上神秘色彩，如“灵机一动”就是创新思维中出现的灵感现象。

(3)创新思维的结果具有独特性的特征。实践中，人们遇到的问题常常没有现成的答案，很多问题甚至不能用常规方法解决。这就使得通过创新思维得到的结果往往“非同寻常”，因而具有独特性。

(4)创新思维之“新”的表现及其评判标准。一是思路新，二是方法新，三是结果新。教材特别指出了创新思维的检验标准，创新思维要经得起实践的反复验证。

3.联想思维的基础及其含义

(1)联想思维的客观基础。事物之间是普遍联系的，是联想思维的客观基础。人的大脑的工作机制，是联想思维的生理基础。

(2)联想思维的含义。联想思维就是将记忆中对不同事物的认识进行联结与思考的思维活动。

4.联想中的迁移与想象

(1)迁移是联想思维的“联结”方式。迁移的本义是离开原地而另换地点，或由于自然力的作用从某地移至他地。联想思维中的迁移，是将不同认识对象的性质、作用等进行位置变迁与功能移植，以寻求解决问题的新思路。

(2)想象是联想思维的“畅想”方式。想象是在头脑中对已有的事物表象进行加工、改造，通过重新组合而产生新的事物形象的思维过程。想象的特点在于，它以表象为基本材料，但不是表象的简单再现，而是对表象进行积极的再加工、再组合，所产生的主观形象不一定直接反映现实对象。

5.发散思维和聚合思维

(1)发散思维。发散思维是根据已知的事物信息，从不同的角度、不同的方向思考，以寻求解决问题的多样性答案的思维方式。事物具有多种多样的性质和关系，不同的性质和关系具有不同的功能和作用，人们已知的只是其中的一部分。揭示事物其他的性质和关系，寻求事物其他的功能和作用，需要运用发散思维。发散思维的特点在于思维方向的发散性。发散思维是从一个出发点向四面八方想，向新奇、独特之处想，是思维的扩散与辐射。这里的出发点是已知事物，四面八方的发散方向是事物可能存在的其他性质和关系、功能和作用，思维发散的目的在于寻求解决问题的可能思路。

(2)聚合思维。聚合思维是利用已有的知识和经验，把众多信息逐步引导到条理化的逻辑思路中，以便得出合乎逻辑的解决问题的方案。聚合思维常用来揭示不同事物之间的联系，把握事物的整体发展。聚合思维的特点是围绕一个目标点，向事物的联系和共同之处想，是收敛和集中。

6.正向思维与逆向思维

(1)正向思维。从思维习惯看，正向思维是常规性思维，是人们按照常规的思维习惯去思考、分析和推测问题；从思维方向上看，正向思维是按照从已知进到未知、从原因探索结果的逻辑顺序理解问题的思维方法。

(2)逆向思维，就是反向求索，或者称为反向法。作为思维创新的一种方法，逆向思维是从人们过去所把握的事物原理的反面、构成要素的反面、功能结构的反面，去思考、去求索，以实现创新目的。

7.超前思维的基础和含义

(1)超前思维的基础。事物的发生和发展是有其规律性的，人的思维对事物的反映具有能动性，能动性的思维能够反映事物发生和发展的规律，因而在某种程度上能够对事物的发展趋势作出预测。

(2)超前思维的含义。超前思维是在多角度、全方位地分析事物的历史和现状的基础上，从事物发展的现实情况出发，认识和把握事物的发展状态，运用合理的推理和想象，判断事物未来发展趋势的思维方式。

学习心得

1.识记方式

(1)在比较分析中识记。创新思维的学习重心在实践,不在于知识的识记,但是任何自觉的创新思维又离不开有效的知识作为基础,只是不能拘泥于知识而止步于实践。从知识学习的角度说,教材介绍的几种创新思维方式是选择性的、代表性的,而不是全部的。对于这些代表性的思维方式,我们可以采取比较分析的方式区分它们,把握它们的核心要义。比如,发散思维与聚合思维、正向思维与逆向思维、联想思维与逻辑思维、超前思维与非超前思维等,可以通过比较,分析它们之间的不同点,从而把握它们各自的特点。

(2)在"做"中识记。创新思维要在"做"中体悟。创新思维的"做",指的是动手进行科技小发明、小创造,也可以是在思想中考虑问题的解决方法。

(3)在总结中识记。学习知识一定要注意总结。总结其中的"新"与"旧",总结其中的共同点和差异性,等等。通过总结不仅能够积累知识,积累经验,还能够积累智慧,为后面的学习和工作做好准备。

2.主要特点

本单元"提高创新思维能力"是"逻辑与思维"的应用部分,主要讲述提高创新思维能力的几种方法。这个部分首先讲述了创新思维的含义与特征,而要真正提高创新思维能力必须善于联想,为此,教材着重讲述了如何在联想中运用迁移方法,发挥想象的作用;如何运用发散思维的方法,打开思路,再围绕有待解决的问题而进行聚合思维;如何运用逆向思维突破思维定势,同时又要发挥逆向思维和正向思维的互补作用等。创新思维的特质在于"新"——思路新、方法新与结果新。若要"新",就必须别出心裁、另辟蹊径、高瞻远瞩、学会下"先手棋",所以,教材这一部分还讲述了超前思维的含义、特征和方法,意在让我们领悟创造性预测事物发展态势的意义。在这个单元中,体会联想思维中迁移和想象的方法,把握发散思维和聚合思维的方法,领悟正向思维与逆向思维的互补作用,培养超前思维意识,学会下"先手棋",是学习的重点所在。

3.核心观点

创新思维不是与逻辑思维、辩证思维相并列的思维方式,而是综合应用逻辑思维和非逻辑思维、以创新性地解决实际问题为目的的思维方式。创新性地解决实际问题,而且是真正地解决实际问题,这是创新思维教育教学的目的所在。

学习诀窍

1.联系思维实际学

创新思维也是思维,是以解决问题为目的的思维。我们每一个人都有思维,都有需要解决的问题,不妨把过去那种自发的思维转化为自觉的思维,在遇到问题时试试我们学习的一些方法是否可行,如果可行,那就加深了对知识的理解,也学会了一种思维方法;如果不行,想一想问题在哪里,如何克服。如果我们能够想出新的解决问题的方式,本身也是一种创新,也值得我们总结与汲取经验,为以后解决问题提供借鉴。

2.在案例类比中学

创新思维的"新"有几层含义:一是相比较我们自己遇到的问题、自己常用的思维方式等来说是新的;二是相比较于别人的包括前人的解决类似问题的思维方式来说是新的。一般而言,相比较自己的"新"是比较多的，因为我们每一个人的能力和水平是有限的，需要用“新”的方式解决问题比较常见。但是，相对于别人包括前人的思维而言，那样的“新”就比较少了。所以，以别人之“旧”来启迪我们之“新”，是我们进行创新思维的一条重要路径。这就需要借助别人的思维方式，我们遇到问题时要以别人成功的案例启发我们，这样可能会帮助我们打破思维的僵局，获得新的思路。

典型例题

简答题

1. 请思考下述案例中速算专家史丰收运用了哪种思维方式。

我国速算专家史丰收反思数学计算：为什么一定要从右向左、从低位开始呢？人们的读和写都是从左到右，计算能不能也从左到右、从高位数开始？沿着这一思路，他创造出驰名中外的“史丰收速算法”。

答案解析：

这是史丰收运用逆向思维方式，即运算的结构由常规的从右向左、从低位开始，逆向为从左到右、从高位数开始，并因此而总结出一套新的计算方式。

2. 有人认为，只要加强自由联想训练和强制联想训练，就可以实现创新思维。对此你怎么看？

答案解析：

这是错误的。联想是创新思维的手段或必要的过程，没有联想，思维创新就打不开思路，就难以找到新的解决问题的方案，但是，不论是通过自由联想训练还是强制联想训练，都不是一定能够获得创新思维的结果。从逻辑上来说，联想是创新思维的必要条件，不是充分条件。从创新意识上来说，没有明确的问题意识和解决问题的倾向性，联想就会失去方向和目标。从实现创新的条件来说，创新思维不仅仅涉及思路问题，还要有思维创新的必要基础——实践经验、科学知识等。

3. 有人认为，头脑风暴是利用集体智慧进行思维抽象的方法，这种方法就是要求思维发散。你怎么看待这种认识？

答案解析：

这种认识是错误的。头脑风暴的确是利用集体智慧进行思维发散，但是仅有思维发散是不可能实现思维创新目标的，发散之后必须进行聚焦，要聚焦到问题的解决方案。聚焦就必须运用聚合思维，特别是其中的逻辑推导思维，即把可能的方案进行思维的推导，看看那些方案能不能真正地解决问题。

4. 创新思维与逻辑思维是对立的，要创新就必须打破逻辑规则的束缚。这种认识正确吗？

答案解析：

这种认识是错误的。一方面，逻辑本身就具有创新思维的功能。演绎推理能够把前提中蕴含的新思想通过推理揭示出来，归纳推理是发现事物因果关系和规律性的逻辑工具，类比推理是创新思维的先锋。另一方面，通过运用发散思维得到的思维火花，必须通过逻辑的推敲才能成为创新思维的有效方案。

实战演练

简答题

1. 有户人家，丈夫每天上夜班回来都要吃夜宵。妻子总是等丈夫回来后现做，但半夜劳作，家人都睡不好觉。妻子便将饭菜事先准备好，放在锅中，让丈夫回家直接吃，这样不需半夜劳作。但丈夫吃完后，往往忘记收拾，引来老鼠，弄得一片狼藉。于是，妻子试着用一次性餐具盛装夜宵，但丈夫常常忘记倾倒，仍留有后患。后来，妻子受小孩吃东西舔手指的启发，将餐具也用食品制成。这样，饭菜和餐具可以全部被吃掉，再也没有后患了。为此，她还申请了蛋卷冰淇淋、巧克力冰淇淋的包装专利。

上述材料中，妻子发明蛋卷冰淇淋、巧克力冰淇淋的包装运用了哪种思维方法？

2. 谷歌公司前资深工程师、IT畅销书《浪潮之巅》的作者吴军提出了一个令人印象深刻的基因决定论，即由于公司基因的影响，当一家大公司要转型占领新的领域，做出颠覆性创新产品的时候往往会败得很惨。例如，摩托罗拉、诺基亚等公司，尽管它们在所处的行业当中拥有无可争议的垄断地位，但当时代发生变化，行业发生转型之后，它们都不同程度地衰败了，大公司体制内的创新窘境已经成为常态。

结合材料，请说一说摩托罗拉、诺基亚等公司衰败的原因。

3. 1984年，哈尔滨一位普通司机王洪成宣布发明“水变油”：在3/4的水中加进1/4的汽油，再加进少量配置的“洪成基液”（所谓的水基燃料膨化剂）就可以实现水变油，一点即燃，热值高于普通汽油、柴油，且无污染、成本低。这项“发明”受到不少权威人士肯定，被全国几十家新闻媒体炒得火热，一家部队企业专门为此办了公司，300多家企业拿着上亿元基金供他搞开发，王洪成因此获得了数亿元的钱财。但最终，事实证明“水变油”是一个骗局，王洪成因此被判刑。

为什么说王洪成发明的“水变油”是骗局？

参考答案：

1. 蛋卷冰淇淋、巧克力冰淇淋的包装发明，是用了联想迁移的方法，即受小孩吃东西舔手指的启发，将餐具也用食品制成。

人们关注的是这个创新思维案例的结果，即蛋卷冰淇淋、巧克力冰淇淋的包装发明，我们也应该关注这个发明的前提，就是“妻子总是等丈夫回来后现做。但半夜劳作，家人都睡不好觉”这个问题意识，因为意识到这是个要解决的问题，所以才有后来的各种尝试性的探索，直到问题的妥善解决，甚至是获得了发明专利。

2. 摩托罗拉、诺基亚等公司衰败的原因：行动迟缓、错失智能手机时代，老大心态作祟、不肯与操作系统新秀结盟，战略摇摆不定、不断从零开始折腾，固守传统思维、封闭策略导致移动互联战略失败，总是低估市场、巨资研发未转化成生产力。

3. 任何发明都受客观规律的制约，违背规律的发明，特别是经受不住实践检验的发明，只能是骗局。